Tavakoli/Eisenberg/Jautz

Rechtsfälle aus dem Wirtschaftsprivatrecht

Anusch Tavakoli/Claudius Eisenberg/Ulrich Jautz

Rechtsfälle aus dem Wirtschaftsprivatrecht

begründet von

Professor Dr. Hartmut Eisenmann

11., völlig neu bearbeitete Auflage

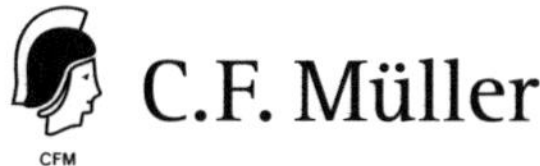

Bibliografische Information der Deutschen Nationalbibliothek
Die Deutsche Nationalbibliothek verzeichnet diese Publikation in der Deutschen Nationalbibliografie; detaillierte bibliografische Daten sind im Internet über <https://portal.dnb.de> abrufbar.

Print: ISBN 978-3-8114-6079-9
ePub: ISBN 978-3-8114-6121-5

E-Mail: kundenservice@cfmueller.de
Telefon: +49 6221 1859 599
Telefax: +49 6221 1859 598

www.cfmueller.de

Satz: TypoScript, München
Druck: Westermann Druck Zwickau

Vorwort

Wir freuen uns, Ihnen die 11. Auflage der „Rechtsfälle aus dem Wirtschaftsprivatrecht“ vorzulegen. Das Werk wurde für diese Neuauflage vollständig überarbeitet und aktualisiert. Gesetzesänderungen und wichtige Entscheidungen des Bundesgerichtshofs und des Bundesarbeitsgerichts seit Erscheinen der Vorauflage sind eingearbeitet. Insbesondere wurde im Bereich des Gesellschaftsrechts das am 1. Januar 2024 in Kraft tretende Personengesellschaftsmodernisierungsgesetz (MoPeG) in mehreren Fällen eingebunden.

Lösungsschema und die didaktisch orientierte Darstellungsweise der bisherigen Auflagen werden beibehalten.

Mit Claudius Eisenberg und Ulrich Jautz sind außerdem zwei neue Autoren hinzugekommen. Herr Joachim Quittnat ist altershalber aus der Autorenschaft ausgeschieden – wir danken ihm herzlich für die langjährige Mitwirkung an diesem Buch. Der Begründer dieses Werkes Hartmut Eisenmann ist leider verstorben. Wir trauern um einen geschätzten Kollegen, der dieses Buch mit seiner Leidenschaft und seinem Wissen geschaffen und über die Jahre bereichert hat. Wir werden ihn sehr vermissen und ihm ein ehrendes Andenken bewahren.

Pforzheim, im September 2023

Anusch Tavakoli
Claudius Eisenberg
Ulrich Jautz

Vorwort zur ersten Auflage

Die vorliegende Fallsammlung ist aus dem Werk „Rechtsfälle für den Studierenden der Wirtschaftswissenschaften“ hervorgegangen, das in zwei Auflagen erschienen ist. Mit ihr sollte ein vielfach geäußerter Wunsch von Studenten erfüllt werden. Dieses Anliegen ist maßgebend geblieben.

Es sind vor allem wirtschaftsnahe Fälle ausgewählt. Die Gruppierung richtet sich weitgehend nach dem Gesetzesaufbau. Es stehen deshalb Fälle aus dem BGB an der Spitze, denen sich Fälle aus dem Handels- und Gesellschaftsrecht, dem Wettbewerbs- und Markenrecht sowie dem Arbeitsrecht anschließen. Auf eine Steigerung des Schwierigkeitsgrades bei der Anordnung der Fälle ist geachtet.

Den Falllösungen liegt ein einheitliches und einfaches Schema zugrunde, das auch dort konsequent eingehalten ist, wo eine andere Form der Darstellung möglich gewesen wäre. Pädagogische Gesichtspunkte waren auch bei der Auswahl der Zitate maßgebend. Diese wurden sparsam verwendet; grundlegende Gerichtsentscheidungen standen dabei im Vordergrund.

Pforzheim, im Juni 1983

Hartmut Eisenmann
Herbert Gnauk
Helmut Käß

Inhaltsverzeichnis

Seite

Abkürzungsverzeichnis

AG	Aktiengesellschaft
AGB	Allgemeine Geschäftsbedingungen
AGG	Allgemeines Gleichbehandlungsgesetz
AktG	Aktiengesetz
BAG	Bundesarbeitsgericht
BB	Betriebsberater (Zeitschrift)
BDSG	Bundesdatenschutzgesetz
BetrVG	Betriebsverfassungsgesetz
BGB	Bürgerliches Gesetzbuch
BGH	Bundesgerichtshof
BGHZ	Entscheidungen des Bundesgerichtshofs in Zivilsachen
BUrlG	Bundesurlaubsgesetz
CISG	UN-Kaufrecht (Convention on the International Sale of Goods)
DesignG	Gesetz über den rechtlichen Schutz von Design
DLG	Deutsche Landwirtschaftsgesellschaft
DPMA	Deutsches Patent- und Markenamt
EGBGB	Einführungsgesetz zum Bürgerlichen Gesetzbuch
EntgFG	Entgeltfortzahlungsgesetz
EU	Europäische Union
GBO	Grundbuchordnung
GebrMG	Gebrauchsmustergesetz
GewO	Gewerbeordnung
GmbH	Gesellschaft mit beschränkter Haftung
GmbHG	Gesetz betreffend die Gesellschaften mit beschränkter Haftung
HGB	Handelsgesetzbuch
InsO	Insolvenzordnung
KG	Kommanditgesellschaft
KI	Künstliche Intelligenz
KSchG	Kündigungsschutzgesetz
MarkenG	Markengesetz
MiLoG	Mindestlohngesetz
MMA	Madrider Markenabkommen über die internationale Registrierung von Marken
MuSchG	Mutterschutzgesetz

NJW	Neue Juristische Wochenschrift
NZA	Neue Zeitschrift für Arbeitsrecht
OHG	Offene Handelsgesellschaft
OLG	Oberlandesgericht
PatG	Patentgesetz
PMMA	Protokoll zum Madrider Abkommen über die internationale Registrierung von Marken
ProdHaftG	Produkthaftungsgesetz
PVÜ	Pariser Verbandsübereinkunft
RIW	Recht der Internationalen Wirtschaft
SGB	Sozialgesetzbuch
StGB	Strafgesetzbuch
TVG	Tarifvertragsgesetz
TzBfG	Teilzeit- und Befristungsgesetz
UNO	United Nations Organization
UrhG	Urheberrechtsgesetz
UWG	Gesetz gegen den unlauteren Wettbewerb
UKlaG	Unterlassungsklagengesetz
VOB	Verdingungsordnung für Bauleistungen
VZBV	Verbraucherzentrale Bundesverband e.V.
WIPO	World Intellectual Property Organization
ZPO	Zivilprozessordnung
ZVG	Gesetz über die Zwangsversteigerung und die Zwangsverwaltung

Anleitung zur Lösung von Fällen

Gehen wir von folgendem Fall aus:

Ein Bauherr stellt fest, dass die Fenster seines Neubaus immer undichter schließen. Der Glaser hat offensichtlich zu grünes Holz verarbeitet. Der Bauherr drängt auf Mängelbeseitigung vor dem nächsten Winter. Er wird von seinem Glaser von Mal zu Mal vertröstet. Deswegen nervös geworden, fragt er sich – Mitte August –, ob er vom Vertrag mit diesem Glaser zurücktreten kann. Er beabsichtigt dann, die Fenster von der Konkurrenz in Ordnung bringen zu lassen.

Wie finden wir die Antwort auf diese Frage?

Wir müssen uns zunächst vergegenwärtigen, dass in unserem Staat der Gesetzgeber in vielen Gesetzen nahezu alles geregelt hat. Diese Gesetze sind generell gefasst. Sie bringen also nicht für jeden Einzelfall eine Regelung, sondern für ganze Fallgruppen. Das hat den Vorteil, dass die Gesetze kürzer werden und mit hoher Wahrscheinlichkeit keine Lücken haben. Aber der Laie oder Anfänger weiß oft nicht, welche gesetzlich geregelte Fallgruppe den zu beurteilenden Einzelfall betrifft. Das wird besonders schwierig, wenn das Gesetz eigene technische Begriffe verwendet, um eine solche Fallgruppe zu umreißen.

Der *erste Arbeitsschritt* wird damit deutlich: Es muss die gesetzliche Entscheidungsgrundlage gesucht werden. Dazu müssen wir die gestellte Frage sorgfältig aufnehmen. Wir müssen sehen, dass hier ein Bauherr gegenüber seinem Bauhandwerker etwas ganz Bestimmtes – Rücktrittsrecht vom Vertrag – ausüben möchte. Dann müssen wir bedenken, welche Gesetzesstelle dazu etwas sagen könnte. Gesetzeskenntnis hilft dabei. Wer weiß, dass ein Bauvertrag grundsätzlich ein Werkvertrag im Sinne der §§ 631 ff. BGB ist, hat bereits halb gewonnen. Man muss dann nämlich nur noch in diesem Bereich weiterlesen. Im vorliegenden Fall handelt es sich um einen Bauvertrag nach § 650a Abs. 1 BGB, für den ergänzend die §§ 650a ff. BGB gelten. Das Mängelgewährleistungsrecht bestimmt sich aber auch beim Bauvertrag nach den allgemeinen werkvertraglichen Regelungen. §§ 633 ff. BGB bringen die Regelung zur Schlechterfüllung, also zum hier interessierenden schlechterfüllten Bauvertrag. § 634 Nr. 1 BGB räumt dem Bauherrn das Recht auf Nacherfüllung gem. § 635 BGB ein, nämlich nach Wahl des Glasers Neuherstellung des Werkes oder Mangelbeseitigung. Das Letztere ist das Recht, das unser Bauherr bisher vergeblich verlangt hat und von dem er jetzt abrücken möchte. An folgenden Rechten hat der Bauherr ebenfalls kein Interesse: bei Vorliegen der jeweiligen Voraussetzungen hätte er nach § 634 Nr. 2 BGB ein Selbstbeseitigungsrecht und könnte Ersatz der erforderlichen Aufwendungen verlangen; nach § 634 Nr. 3 BGB könnte er die Vergütung mindern; nach § 634 Nr. 4 BGB hätte er den Anspruch auf Schadensersatz. Das vom Bauherrn gewünschte Rücktrittsrecht enthält § 634 Nr. 3 BGB. § 634 Nr. 3 BGB ist also die gesuchte gesetzliche Grundlage. In dieser Vorschrift wird nur beschrieben, ob ein Rücktrittsrecht besteht. Nicht behandelt wird dagegen die Frage, wie das Rücktrittsrecht vollzogen wird und welche Folgen es hat. Das steht in den §§ 346 ff. BGB.

Für unsere weitere Arbeit müssen wir uns jetzt die Architektur einer gesetzlichen Normierung, wie des § 634 Nr. 3 BGB, verdeutlichen. Es zeigt sich dabei immer das gleiche Bild. Die gesetzliche Norm nennt bestimmte Voraussetzungen, unter denen ganz Bestimmtes gelten soll. So zählt § 634 BGB Voraussetzungen auf und verweist in Nr. 3

a auf die §§ 636 und 323 BGB. Als Folge legt § 634 Nr. 3 BGB fest: der Besteller kann vom Vertrag zurücktreten. Die gesetzliche Norm macht also die interessierende Rechtsfolge – Rücktritt – jeweils von genau bestimmten Voraussetzungen abhängig.

Der *zweite Arbeitsschritt* ist damit vorgezeichnet: Es müssen die Kriterien der gefundenen Gesetzesgrundlage ermittelt werden. Dazu müssen wir den fraglichen Paragraphen, hier also unseren § 634 BGB und seine Nr. 3, genau lesen und erfassen. Wir müssen erkennen, dass der Rücktritt zunächst offensichtlich von folgender Voraussetzung abhängt: der Mangelhaftigkeit der Bauleistung. Die Bauleistung ist nach § 633 Abs. 2 BGB mangelhaft, wenn sie nicht die vereinbarte Beschaffenheit hat oder wenn sie sich nicht für die nach dem Vertrag vorausgesetzte oder die gewöhnliche Verwendung eignet. Außerdem darf nicht ein anderes bestimmt sein. Die Rechte des Bauherrn nach § 639 BGB dürfen nicht ausgeschlossen oder beschränkt sein. Die weiteren Voraussetzungen sind durch die Verweisung auf die §§ 636, 323 BGB genannt. § 323 Abs. 1 BGB setzt voraus, dass der Bauherr eine angemessene Frist zur Nacherfüllung bestimmt hat, die erfolglos abgelaufen ist. Außerdem verlangt § 323 Abs. 5 Satz 2 BGB für den Rücktritt, dass der Werkmangel erheblich war. Die Verweisung auf § 636 BGB zeigt allerdings, dass die Fristsetzung nicht erforderlich ist, wenn die Nacherfüllung wegen unverhältnismäßiger Kosten verweigert wurde, fehlgeschlagen oder unzumutbar ist oder der Unternehmer gem. § 323 Abs. 2 BGB die Nachbesserung ernsthaft und endgültig verweigert hat oder besondere Umstände vorliegen, die den sofortigen Rücktritt rechtfertigen.

Unser Recht zum Rücktritt nach § 634 Nr. 3 BGB hat also drei Voraussetzungen: Werkvertrag, Mangelhaftigkeit der Bauleistung, Vorliegen der Voraussetzungen des § 323 BGB, nämlich Erheblichkeit des Mangels und erfolgloser Ablauf einer zur Nacherfüllung bestimmten angemessenen Frist oder Entbehrlichkeit der Fristsetzung. Damit ist der zweite Schritt zur Lösung der gestellten Frage bewältigt.

Dritter und letzter *Arbeitsschritt* ist die Prüfung, ob diese Voraussetzungen der Entscheidungsgrundlage nach dem zu beurteilenden Sachverhalt gegeben sind oder nicht. Entweder besteht dann das Recht – hier also die Möglichkeit, zurückzutreten – oder nicht. Dazu müssen wir jede einzelne Voraussetzung gesondert anhand des gegebenen Sachverhalts durchgehen. Dass hier ein Werkvertrag vorliegt und die Bauleistung mangelhaft ist, kann nicht fraglich sein. Der Sachverhalt sagt ja, dass der Glaser zu grünes Holz verarbeitet hat und deshalb die Fenster immer undichter schließen. Das ist eine Mangelhaftigkeit der Bauleistung, wie sie nach § 633 BGB nicht vorliegen darf. Dieser Mangel ist auch erheblich, weil Fenster in Neubauten nicht undicht sein dürfen. Die Mängelrechte des Bauherrn sind nicht ausgeschlossen oder beschränkt. Die nächste Voraussetzung liegt allerdings nicht vor: zwar hat der Bauherr dem Glaser eine Frist zur Nacherfüllung gesetzt, nämlich vor Einbruch des Winters. Diese Frist ist aber nicht erfolglos abgelaufen. Die Fristsetzung war auch nicht entbehrlich nach § 636 BGB. Der Glaser hat die Nacherfüllung nämlich nicht wegen unverhältnismäßiger Kosten (§ 635 Abs. 3 BGB) verweigert, die Nacherfüllung ist auch nicht fehlgeschlagen oder dem Besteller unzumutbar. Auch die weiteren Ausnahmen, die durch die Verweisung durch § 636 BGB auf § 323 Abs. 2 BGB in Betracht kommen, liegen nicht vor. Nach § 323 Abs. 2 Nr. 1 BGB hat der Glaser die Nacherfüllung nicht ernsthaft und endgültig verweigert, sondern nur den Bauherrn vertröstet. Es liegen auch keine besonderen Umstände gem. § 323 Abs. 2 Nr. 3 BGB vor, die den sofortigen Rücktritt rechtfertigen könnten. Durch eine Nacherfüllung vor Beginn des Winters könnte das Problem der undichten Fenster behoben werden. Unser Bauherr ist also nicht berechtigt, vom Vertrag zurückzutreten. Er müsste erst abwarten, bis die Nacherfüllungsfrist abgelaufen ist.

Die *Lösungsskizze* unseres Ausgangsfalles hat nach alledem folgendes Aussehen:

Entscheidungsgrundlage: Der Bauherr könnte nach § 634 Nr. 3 BGB vom Vertrag zurücktreten.

Voraussetzungen: § 634 Nr. 3 BGB verlangt

- Werkvertrag
- eine mangelhafte Werkleistung
- kein Haftungsausschluss
- Vorliegen der Voraussetzungen des § 323 BGB, nämlich
- Erheblichkeit des Mangels (§ 323 Abs. 5 Satz 2 BGB)
- Bestimmen einer angemessenen Frist zur Nacherfüllung
- erfolgloser Fristablauf.

Überprüfung: Zwischen dem Bauherrn und dem Glaser wurde ein Werkvertrag geschlossen, weil der Glaser einen Erfolg zu erbringen hat (§ 631 Abs. 2 BGB).

Die zweite Voraussetzung ist nach dem Sachverhalt erfüllt. Eingesetzte Fenster, die immer undichter schließen, sind im Sinne von § 633 Abs. 2 Nr. 2 BGB nicht für die gewöhnliche Verwendung geeignet.

Undichte Fenster setzen deren Gebrauchstauglichkeit beträchtlich herab und sind daher ein erheblicher Mangel. Auch liegt kein Haftungsausschluss vor. Problematisch sind die weiteren Merkmale der Voraussetzung gem. § 323 BGB. Der Bauherr hat dadurch eine Frist gesetzt, dass er Mängelbeseitigung vor Einbruch des Winters verlangt; diese Frist ist aber noch nicht abgelaufen. Nach § 636 BGB wäre eine Fristsetzung aber nicht erforderlich, wenn der Unternehmer wegen unverhältnismäßiger Kosten die Nacherfüllung verweigert hat oder wenn die Nacherfüllung fehlgeschlagen oder dem Besteller unzumutbar wäre. Diese Fälle liegen hier nicht vor. § 323 Abs. 2 Nr. 1 bis 3 BGB enthält weitere Ausnahmen, die eine Fristsetzung entbehrlich machen. Der Glaser hat die Mangelbeseitigung nicht endgültig verweigert; er hat den Bauherrn lediglich vertröstet. Ein Fixgeschäft im Sinne von § 323 Abs. 2 Nr. 2 BGB liegt nicht vor. Es besteht auch kein besonderes Interesse des Bauherrn im Sinne des § 323 Abs. 2 Nr. 3 BGB, da bis zum Einbruch des Winters noch genügend Zeit zur Nacherfüllung verbleibt.

Ergebnis: Der Bauherr ist also nicht berechtigt, vom Vertrag zurückzutreten. Dazu müsste er zuvor den erfolglosen Ablauf einer angemessenen Frist zur Nacherfüllung abwarten.

Bevor wir unsere Arbeitsanleitung zusammenfassen, müssen wir noch *ein besonderes Problem* überdenken. Es ist möglich, dass wir bei unserem ersten Arbeitsschritt, der Suche nach der gesetzlichen Entscheidungsgrundlage, nicht nur eine, sondern zwei, ja noch weitere Gesetzesstellen entdecken. Um uns das zu verdeutlichen, müssen wir unseren Ausgangsfall nur dahin abwandeln, dass dieser Bauvertrag, wie häufig, die VOB als Vertragsbestandteil aufgenommen hat. Dann steht neben § 634 BGB zugleich Teil B der VOB. In einem solchen Fall ist die speziellere Grundlage zuerst Schritt für Schritt durchzuprüfen. Das ist die Regelung mit dem engeren Anwendungsgebiet, hier also Teil B der VOB vor § 634 BGB. Bringt die Prüfung der speziellen Grundlage bereits ein positives Ergebnis, hier also die Berechtigung, vom Vertrag zurückzutreten, so ist die Aufgabe selbstverständlich damit gelöst. Schwieriger wird es, wenn die spezielle Grundlage versagt, wie das in unserem Fall gegeben ist. Die VOB gibt nämlich kein Recht zum Rücktritt vom Werkvertrag wegen mangelhafter Leistung. Dann ist nämlich weiter zu fragen, ob die generelle Regelung neben der Spezialregelung Bestand hat oder gänzlich verdrängt wird. Wenn das Erste anzunehmen ist, muss jetzt die generelle Regelung auch noch Schritt für Schritt geprüft werden.

Wir können jetzt zusammenfassen: Wer die Antwort auf eine rechtliche Frage finden will, muss drei Arbeitsschritte bewältigen:

1. **Von der Frage zum Gesetz!** Man muss die gesetzliche Entscheidungsgrundlage finden.
2. **Voraussetzungen herausholen!** Man muss die Kriterien dieser Entscheidungsgrundlage ermitteln.
3. **Sachverhalt herantragen!** Man muss prüfen, ob die Kriterien der Entscheidungsgrundlage nach dem gegebenen Sachverhalt vorliegen oder nicht.

Schließlich muss man noch wissen, dass die *speziellere Grundlage zuerst* abzuhandeln ist, wenn mehrere Gesetzesstellen in Frage kommen.

Teil I

Bürgerliches Recht

Fall 1 Begehrte Rohstoffe

> Die Transformation von Wirtschaft und Gesellschaft infolge der Digitalisierung sowie die Verteilung der Vorkommen auf der Welt haben bestimmte Rohstoffe wie z.B. Seltene Erden sehr begehrt werden lassen. Vor diesem Hintergrund bot die H-GmbH dem Rohstoffhändler V in Hamburg am 2. Mai per E-Mail „freibleibend" 0,5 t Indium zum Preis von 300 000,– € an. V telefonierte daraufhin noch am 2. Mai mit K, einem Unternehmen der Tech-Branche in München, wobei er ihm die 0,5 t Indium zum Preis von 350 000,– € anbot. K bat sich eine Überlegungsfrist aus; V erwiderte, er halte sich an dieses Angebot bis zum 5. Mai gebunden, erwarte angesichts der Marktlage, Bedeutung und Dringlichkeit des Geschäfts aber eine Antwort per Expressbrief.
>
> K bestellte die 0,5 t Indium bei V per Expressbrief am 4. Mai, wie sich auch dem Poststempel entnehmen lässt. Aus nicht geklärten Gründen ging das Schreiben aber erst am 6. Mai bei V ein.
>
> Am 8. Mai bestellte V daraufhin bei der H-GmbH das am 2. Mai angebotene Indium. Die H-GmbH antwortete am 9. Mai, sie könnte wegen der rasch gestiegenen Weltmarktpreise allenfalls für 380 000,– € liefern. V wollte auf diesen Preis ohne Rückfrage bei K nicht eingehen und teilte daher dem K am 11. Mai mit, das Indium koste jetzt 400 000,– €. Mit diesem Preis war K nicht einverstanden.
>
> **Frage 1:** Ist V berechtigt, von der H-GmbH die Lieferung von 0,5 t Indium zum Preis von 300 000,– € zu verlangen?
>
> **Frage 2:** Ist K berechtigt, von V die Lieferung des Indiums für 350 000,– € zu fordern?

Lösung Frage 1:

Entscheidungsgrundlage: Der Lieferanspruch könnte sich auf § 433 Abs. 1 BGB stützen. Voraussetzung dafür ist, dass zwischen V und der H-GmbH ein Kaufvertrag über 0,5 t Indium zustande gekommen ist. Dies beurteilt sich nach den §§ 145 ff. BGB.

Voraussetzungen: Danach kommt ein Vertrag durch Antrag und Annahme zustande.

Für einen Vertragsantrag (§ 145 BGB) ist erforderlich:

- inhaltliche Bestimmtheit
- Bindungswille des Antragenden
- Zugang beim Adressaten.

Die Vertragsannahme setzt voraus:

- inhaltliche Übereinstimmung mit dem Antrag
- Einhaltung der Frist
- Zugang beim Antragenden.

Überprüfung: Die Mail der H-GmbH an V vom 2. Mai war inhaltlich bestimmt. Es war nämlich die zu verkaufende Ware (0,5 t Indium) und der Preis (300 000,– €)

genannt. Jedoch fehlte es an der zweiten Voraussetzung, dem Bindungswillen des Antragenden. Durch den Zusatz „freibleibend" brachte die H-GmbH zum Ausdruck, dass sie sich die Entscheidung über die Lieferung noch vorbehalten, sich also nicht selbst binden wollte. Das Schreiben vom 2. Mai stellt also kein Angebot dar.

Dagegen ist die Bestellung vom 8. Mai ein Vertragsangebot des V an die H-GmbH. Es ist inhaltlich bestimmt, denn V wollte zu dem von der H-GmbH genannten Preis die 0,5 t Indium erwerben. Der Bindungswille des V war vorhanden, denn V hatte ihn bei seiner konkreten Bestellung nicht ausgeschlossen. Der Zugang (§ 130 Abs. 1 BGB) ist ebenfalls erfolgt.

Die H-GmbH hat dieses Angebot des V nicht so, wie es ihr gemacht wurde, angenommen. Sie hat den von V gebotenen Preis von 300 000,– auf 380 000,– € abgeändert. Dies gilt nach § 150 Abs. 2 BGB als Ablehnung, verbunden mit einem neuen Antrag.

Diesen neuen Antrag der H-GmbH an V vom 9. Mai hat V nicht angenommen. Er will ja zu dem ursprünglich genannten Preis von 300 000,– € beliefert werden.

Ergebnis: Es besteht somit kein Kaufvertrag zwischen V und der H-GmbH. Lieferung kann daher nicht verlangt werden.

Lösung Frage 2:

Entscheidungsgrundlage: Auch K könnte seinen Lieferanspruch gegen V auf § 433 Abs. 1 BGB stützen.

Voraussetzungen: Dafür wäre erforderlich, dass zwischen beiden ein Kaufvertrag zum Preis von 350 000,– € abgeschlossen wurde. Die Voraussetzungen für den Abschluss eines Vertrags wurden bereits oben dargelegt.

Überprüfung: Das Telefongespräch vom 2. Mai zwischen V und K enthielt ein Vertragsangebot. V erklärte, dem K 0,5 t Indium zum Preis von 350 000,– € verkaufen zu wollen. Diese inhaltlich vollständige Erklärung wurde auch mit Bindungswillen abgegeben. V wollte erkennbar an K verkaufen und hat seine Gebundenheit nicht ausgeschlossen; er hat vielmehr erklärt, „sich bis zum 5. Mai gebunden zu halten". Diese mündliche Erklärung ist dem K zugegangen.

K hat mit seinem Antwortschreiben, das am 4. Mai per Expressbrief versendet wurde, seinen Annahmewillen erklärt. Dieses Schreiben ist dem V erst am 6. Mai zugegangen, also nach Ablauf der gesetzten Frist zum 5. Mai. Dies wäre nach § 148 BGB verspätet, weil ein Angebot, das befristet abgegeben wurde, nur innerhalb der gesetzten Frist wirksam angenommen werden kann. Von dieser grundsätzlichen Regelung macht § 149 BGB eine Ausnahme unter folgenden engen Voraussetzungen:

- rechtzeitige Absendung der Annahmeerklärung
- verspäteter Zugang wegen unregelmäßiger Beförderung
- Erkennbarkeit für den Empfänger
- keine Anzeige der Verspätung.

Dies trifft hier alles zu: Da K den Expressbrief bereits am 4. Mai versendet hatte, hätte er unter normalen Umständen spätestens am 5. Mai zugehen müssen. V musste dies aus dem Poststempel erkennen. Er hat dies nicht unverzüglich angezeigt, sondern erst am 11. Mai. Dies kann angesichts der Marktlage nicht mehr als unverzüglich angesehen werden. Daher gilt die verspätete Annahme des K als rechtzeitig. Ein Kaufvertrag ist somit zustande gekommen.

Ergebnis: V ist verpflichtet, dem K die 0,5 t Indium für 350 000,– € zu liefern.

Fall 2 High-End Gaming-PC und Minderjährige

Multimediahändler M in Münster bietet für einen kurzen Zeitraum High-End Gaming-PCs für 1900,– € (üblicher Verkaufspreis: 2800,– €) und Ratenzahlung an. Der gamingbegeisterte und fast 18-jährige K kaufte bei M daraufhin einen solchen PC. Dabei zahlte er 1000,– € sogleich an; dieses Geld hatte er selbst zusammengespart und durfte damit nach dem Willen seiner Eltern anfangen, was er wollte. Die restlichen 900,– € sollten aus dem zukünftigen Zuverdienst als Aushilfe in einem Schnellimbiss in 10 Monatsraten beglichen werden. Als K die dritte Rate nicht pünktlich zahlte, erfuhr V das wahre Alter des K.

Frage 1: Sind die Befürchtungen des V begründet, dass dieser Kaufvertrag noch nicht wirksam ist?

Frage 2: Kann V gegebenenfalls etwas unternehmen, um möglichst rasch zu klären, ob es beim PC-Kauf an K bleibt oder nicht?

Lösung Frage 1:

Entscheidungsgrundlage: Der Kaufvertrag könnte deshalb nicht wirksam sein, weil der noch nicht 18 Jahre alte K beschränkt geschäftsfähig war (§ 106 BGB).

Voraussetzungen: Verträge eines beschränkt Geschäftsfähigen sind nur wirksam,

- wenn sie mit Einwilligung des gesetzlichen Vertreters erfolgen (§ 107 BGB), oder
- wenn sie dem Minderjährigen lediglich rechtlichen Vorteil bringen (§ 107 BGB), oder
- wenn der Minderjährige die eigene vertragsmäßige Leistung mit so genanntem Taschengeld bewirkt hat (§ 110 BGB).

Im Übrigen hängt die Wirksamkeit des Vertrages jeweils von der Genehmigung des gesetzlichen Vertreters ab (§ 108 Abs. 1 BGB).

Überprüfung: Der erste Ausnahmefall, in dem der Vertragsabschluss des Minderjährigen voll wirksam ist, liegt nicht vor. Die gesetzlichen Vertreter des K – seine Eltern (§§ 1629, 1626 BGB) – haben in die Willenserklärung des K nicht eingewilligt, also nicht vorher zugestimmt (§ 183 BGB).

Der zweite Ausnahmefall, in dem der Vertragsabschluss des Minderjährigen voll wirksam ist, liegt ebenfalls nicht vor. Der Kaufvertrag bringt dem K nicht nur den rechtlichen Vorteil, dass er vom Verkäufer die Übereignung des Kaufobjektes verlangen kann, sondern zugleich den Nachteil, dass er zur Kaufpreiszahlung verpflichtet ist (§ 433 Abs. 2 BGB).

Auch der dritte Ausnahmefall ist nicht gegeben. Zwar hat K 1000,– € Taschengeld für den PC-Kauf verwendet. Er hat damit aber nur einen Teil des Kaufpreises bezahlen können. Die übrigen 900,– € sind offen geblieben, also nicht bewirkt worden, wie es § 110 BGB voraussetzt.

Auf den Kaufvertrag zwischen K und V trifft damit die Regelung des § 108 Abs. 1 BGB zu. Der Vertrag ist bis zur Genehmigung durch den gesetzlichen Vertreter schwebend unwirksam. Diese Genehmigung der Eltern liegt bisher nicht vor.

Ergebnis: Die Befürchtungen des V, dass der Kaufvertrag noch nicht wirksam ist, sind danach begründet. Auf den guten Glauben des V kommt es dabei nicht an. Das BGB stellt in §§ 104 ff. ausschließlich auf das wahre Alter des K ab.

Lösung Frage 2:

V könnte einmal die Eltern des K auffordern, den Kaufvertrag zu genehmigen. Würde dann nach zwei Wochen keine Antwort eingehen, so stünde fest, dass der Vertrag unwirksam ist (§ 108 Abs. 2 BGB).

V könnte auch abwarten, bis der fast 18 Jahre alte K volljährig geworden ist, und ihn dann um Genehmigung bitten (§ 108 Abs. 3 BGB).

Fall 3 Der falsch beurkundete Kaufpreis

Kaufmann K will ein Betriebsgrundstück erwerben. Er einigt sich mündlich mit V, der ein geeignetes Grundstück anzubieten hat, auf einen Kaufpreis von 500 000,– €. Vor dem Notar erklären V und K, um Steuern und Gebühren zu sparen, der Kaufpreis betrage 300 000,– €. Dieser Betrag wird vom Notar als Kaufpreis beurkundet.

Nachträglich bekommen V und K Meinungsverschiedenheiten. K verlangt Erfüllung des notariell beurkundeten Kaufvertrages, während V auf Einhaltung der mündlichen Abrede besteht.

Frage 1: Kann K Übereignung des Grundstücks auf Grund des notariellen Vertrags fordern?

Frage 2: Oder muss er das Grundstück für 500 000,– € abnehmen?

Frage 3: K hat im Vertrauen auf den erwarteten Eigentumserwerb einen Architekten zur Begutachtung der Bebauung herangezogen und muss dafür 10 000,– € zahlen. Kann er, falls er mit seinem Standpunkt nicht durchdringen sollte, diesen Betrag von V ersetzt verlangen?

Frage 4: V übereignet das Grundstück wirksam an den K und dieser wird als neuer Eigentümer im Grundbuch eingetragen; nun verlangt V von K 500 000,– €. Zu Recht?

Lösung Frage 1:

Entscheidungsgrundlage: Als Anspruchsgrundlage kommt § 433 Abs. 1 BGB in Betracht.

Voraussetzungen: Die Anwendung dieser Vorschrift setzt voraus, dass ein gültiger Kaufvertrag über einen Kaufpreis von 300 000,– € zustande gekommen ist.

Überprüfung: V und K haben zwar übereinstimmend vor dem Notar entsprechende Willenserklärungen abgegeben. Sie waren sich aber dabei einig, dass das von ihnen Erklärte nicht gelten sollte, denn sie hatten sich insgeheim auf einen Kaufpreis von 500 000,– € geeinigt. Ihre Erklärungen vor dem Notar waren nur zum Schein abgegeben. Der beurkundete Kaufvertrag ist daher nichtig (§ 117 Abs. 1 BGB).

Ergebnis: K kann also das Grundstück nicht für 300 000,– € von V verlangen.

Lösung Frage 2:

Entscheidungsgrundlage: Gesetzliche Grundlage für eine Abnahmepflicht des K ist § 433 Abs. 2 BGB.

Voraussetzungen: Es müsste ein gültiger Kaufvertrag über 500 000,– € vorliegen.

Überprüfung: V und K waren sich darüber einig, dass K das Grundstück für 500 000,– € von V erwerben sollte. Dieser Verkauf war ernstlich gewollt; er sollte durch das vor dem Notar erklärte Scheingeschäft verdeckt werden. Nach § 117 Abs. 2 BGB finden die für das verdeckte Rechtsgeschäft, hier also für den Verkauf von Grundstücken, geltenden Vorschriften Anwendung.

Der Kaufvertrag über 500 000,– € hätte gem. § 311b Abs. 1 BGB notariell beurkundet werden müssen. Da diese Form nicht eingehalten wurde, ist der Vertrag nach § 125 BGB nichtig.

Ergebnis: K muss daher das Grundstück nicht für 500 000,– € abnehmen.

Lösung Frage 3:

1. Entscheidungsgrundlage: Der Ersatzanspruch könnte auf §§ 280 Abs. 1, 241 Abs. 2 BGB gestützt werden.

Voraussetzungen: Dabei wird vorausgesetzt:

- Bestehen eines Schuldverhältnisses
- Pflichtverletzung,
- die der Schuldner zu vertreten hat.

Überprüfung: Zwar besteht kein gültiger Kaufvertrag zwischen V und K. Aber bereits durch die Aufnahme von Vertragsverhandlungen entsteht nach § 311 Abs. 2 Nr. 1 BGB ein Schuldverhältnis mit Pflichten nach § 241 Abs. 2 BGB. Das bedeutet, dass bereits mit Beginn der Vertragsverhandlungen die Partner zur Rücksicht auf die Rechte, Rechtsgüter und Interessen des anderen Teils verpflichtet sind.

Aus diesem Schuldverhältnis ergab sich für V die Pflicht, keine unbegründeten Erwartungen in K zu erwecken und ihn dadurch zu nutzlosen Aufwendungen zu veranlassen. Davon kann hier aber keine Rede sein. V und K haben bewusst und gewollt einen unsauberen Weg beschritten, um Steuern und Gebühren zu sparen. In einem solchen Fall kann keiner von beiden berechtigterweise erwarten, dass der andere den unsauberen Weg bis zum Ende mitgeht. Wer einen fehlerhaften Vertrag in Kenntnis des Fehlers abschließt, handelt auf eigenes Risiko und ist nicht schutzwürdig.

Ergebnis: K ist daher nicht berechtigt, Ersatz seiner Aufwendungen von V zu verlangen.

2. Entscheidungsgrundlage: Der Anspruch auf Ersatz der Aufwendungen könnte auf § 284 BGB gestützt werden.

Voraussetzungen:

- Anspruch auf Schadensersatz statt der Leistung nach §§ 280 Abs. 1, 3, 281 BGB
  - Bestehen eines Schuldverhältnisses
  - Pflichtverletzung durch Nichtleistung oder Schlechtleistung
  - bei Vertretenmüssen des Schuldners
  - Bestimmen einer angemessenen Frist durch den Gläubiger
  - keine ordnungsgemäße Leistung während der Frist
- Aufwendungen im Sinne von § 284 BGB.

Überprüfung: Das Schuldverhältnis liegt, wie oben dargelegt, vor (§ 311 Abs. 2 Nr. 1 BGB). Aus diesem Schuldverhältnis hat der Schuldner V nach § 241 Abs. 2 BGB lediglich Schutzpflichten, aber keine Leistungspflichten.

Ergebnis: K ist daher nicht berechtigt, Ersatz seiner Aufwendungen von V zu verlangen.

Lösung Frage 4:

Entscheidungsgrundlage: Der Zahlungsanspruch auf die 500 000,– € könnte auf § 433 Abs. 2 BGB gestützt werden.

Voraussetzungen: Es müsste ein gültiger Kaufvertrag über 500 000,– € vorliegen.

Überprüfung: V und K waren sich darüber einig, dass K das Grundstück für 500 000,– € von V erwerben sollte. Aus Vorstehendem ergibt sich, dass dieser Vertrag wegen Formmangels nichtig ist. Jedoch könnte dieser Formmangel geheilt sein gem. § 311b Abs. 1 Satz 2 BGB, wenn die Auflassung und die Eintragung im Grundbuch erfolgt sind. Die Einigung über den Eigentumsübergang (Auflassung) sowie die Eintragung des K im Grundbuch als neuer Eigentümer sind hier erfolgt gem. §§ 925, 873 BGB. Der Formmangel wird also nachträglich geheilt. Mit Auflassung und Eintragung des K im Grundbuch wird der (mündliche) Kaufvertrag über das Grundstück zum Kaufpreis von 500 000,– € wirksam.

Ergebnis: V kann von K den Kaufpreis in Höhe von 500 000,– € verlangen.

Fall 4 Zwei Brauereien und ein Gastwirt

Gastwirt G hatte vor einigen Jahren mit der Brauerei A einen Bierlieferungsvertrag geschlossen. Darin verpflichtet sich A gegenüber G, bestimmtes Mobiliar zur Verfügung zu stellen, G gegenüber A, alles Bier für die Dauer von 10 Jahren ausschließlich von A zu beziehen.

Jetzt schließt G mit der Brauerei B einen zweiten Vertrag, der im Wesentlichen aus folgenden drei Teilen besteht:

a) G bezieht seinen gesamten Bierbedarf mit sofortiger Wirkung bei B; der Vertrag mit A wird nicht mehr erfüllt.

b) Bierpreise.

c) B gewährt G ein Darlehen zu sehr günstigen Bedingungen.

Frage 1: Ist Teil a) des zweiten Vertrages wirksam?

Frage 2: Welche Bedeutung hätte die Unwirksamkeit von Teil a) auf den gesamten Vertrag zwischen G und B?

Lösung Frage 1:

Entscheidungsgrundlage: Grundlage für die Gestaltung schuldrechtlicher Verträge ist das Prinzip der Vertragsfreiheit (§ 311 Abs. 1 BGB). Das bedeutet, dass die Parteien grundsätzlich den Vertragsinhalt frei bestimmen können. Grenzen der Vertragsfreiheit ergeben sich aus §§ 134, 138 BGB. Davon kommt hier § 138 Abs. 1 BGB in Betracht.

Voraussetzungen: Nach dieser Vorschrift ist ein Rechtsgeschäft nichtig, das gegen die guten Sitten verstößt.

Überprüfung: Die Rechtsprechung nimmt einen Verstoß gegen die guten Sitten an, wenn das Rechtsgeschäft dem Rechtsgefühl aller billig und gerecht Denkenden widerspricht. Bei der Bejahung der Sittenwidrigkeit sind die Gerichte äußerst zurückhaltend. Dies wird aus § 138 Abs. 2 BGB abgeleitet. Dort wird ein Einzelfall der Sittenwidrigkeit behandelt, nämlich der Wucher. Hierfür genügt nicht das auffällige Missverhältnis zwischen Leistung und Gegenleistung; es müssen außerdem noch die aufgeführten subjektiven, verwerflichen Merkmale hinzutreten. Davon ausgehend ist nach der Rechtsprechung ein Sittenverstoß nach § 138 Abs. 1 BGB u.a. dann gegeben, wenn einem Dritten gegenüber ein bewusster Treuebruch begangen wird.

G und B führen einen bewussten Treuebruch gegenüber A herbei. Teil a) ihres Vertrags richtet sich gegen die Erfüllung des Vertrags zwischen G und A. Diesen Vertragsbruch bezwecken G und B.

Ergebnis: Damit verstößt Teil a) des Vertrages gegen § 138 Abs. 1 BGB und ist nichtig.

Lösung Frage 2:

Entscheidungsgrundlage: Diese Frage wird durch § 139 BGB beantwortet.

Voraussetzungen: Danach ist das ganze Rechtsgeschäft nichtig, wenn

- ein Teil des Rechtsgeschäfts nichtig ist und
- nicht ausnahmsweise anzunehmen ist, dass es auch ohne den nichtigen Teil vorgenommen worden wäre.

Überprüfung: Teil a) des Vertrages zwischen G und B ist, wie oben dargestellt, nichtig. Die Bierpreise in Teil b) des Vertrages wären ohne die – nichtige – Bierbezugsverpflichtung von Teil a) nicht vereinbart worden. Das Gleiche gilt für die Darlehensgewährung in Teil c). B hätte das sehr günstige Darlehen nicht gewährt, wenn sich G nicht seinerseits zum Bierbezug bei B verpflichtet hätte. Die zweite Voraussetzung von § 139 BGB ist somit auch erfüllt.

Ergebnis: Damit ist der gesamte Vertrag zwischen G und B nichtig.

Fall 5 Der umstrittene Bauauftrag

Eigentümer E wollte in seinem Haus einen Umbau durchführen. Er beauftragte die Architektin A mit der Planung, der Bauleitung und der Vergabe des Auftrages. A verhandelte in der Folge mit Bauunternehmer U und forderte ihn auf, ein Angebot abzugeben. U bot daraufhin die Ausführung der Arbeiten für 280 000,– € an. Dabei kalkulierte er eine relativ hohe Gewinnspanne ein, in der Erwartung, dass A ihn noch im Preis „drücken" werde.

In der Folgezeit fanden mehrere mündliche Besprechungen zwischen A und U statt. Bei der letzten war auch E anwesend, wobei er am Ende der Besprechung dem U erklärte: *„Wegen der Erteilung des Auftrages werden Sie von Frau A wieder hören".*

Am 1.6. einigten sich A und U endgültig über die Ausführung der Arbeiten. A unterschrieb eine Erklärung: *„Hiermit erteile ich der Firma U im Namen von Herrn E den Auftrag, die Umbauarbeiten im Hause ... auf der Basis des Angebots vom ... mit den vereinbarten Änderungen gemäß Besprechungsprotokoll vom ... zum Gesamtpreis von 280 000,– € auszuführen. A."*

Als A am Abend des gleichen Tages in ihr Büro zurückkam, leitete ihr ihr Assistent eine Mail des E weiter. Darin entzog E der A „mit sofortiger Wirkung den Auftrag, verbunden mit dem Verbot, weiterhin für mich tätig zu sein". Als Begründung wurde Unzufriedenheit mit den Leistungen der A angeführt. Die Mail war bereits am 30.5. abrufbereit in der info@-Mailbox der A gelandet; infolge Arbeitsüberlastung von ihrem Assistenten zunächst aber unbeachtet liegen gelassen.

Nachdem sich dies alles herausgestellt hatte, bestand U gegenüber E auf der Ausführung der Arbeiten. E lehnte ab. Er erklärte, A habe für ihn nicht abschließen können.

Frage: Ist E an die Auftragserteilung gebunden?

Lösung:

Entscheidungsgrundlage: Ob E an die Erklärung der Architektin A gebunden ist, beurteilt sich nach dem Stellvertretungsrecht der §§ 164 ff. BGB.

Voraussetzungen: Eine wirksame Stellvertretung erfordert nach § 164 Abs. 1 Satz 1 BGB:

- Abgabe einer Willenserklärung durch den Vertreter
- im Namen des Vertretenen
- innerhalb der ihm zustehenden Vertretungsmacht.

Überprüfung: A gab durch die schriftliche Erklärung vom 1.6. gegenüber U eine Willenserklärung ab, die zum Abschluss eines Werkvertrages (§ 631 BGB) führte.

A tat dies im Namen des E, wie sich aus der Erklärung selbst ergibt.

Für diese Erklärung hatte E der A zunächst die Vollmacht erteilt (§ 167 Abs. 1 BGB). A war neben der Planung und Bauleitung auch mit der Vergabe des Auftrages betraut worden; sie konnte also ursprünglich für den E rechtsgeschäftlich tätig werden. Mit seiner späteren Mail, in dem E der A „mit sofortiger Wirkung den Auftrag" entzog, hat E nicht nur den Geschäftsbesorgungsvertrag sofort wirksam beendet (§§ 675, 649 BGB), sondern zugleich auch das Erlöschen der erteilten Vollmacht bewirkt (§ 168 Satz 1 BGB). Diese Mail ist der A bereits am 30.5. zugegangen und damit wirksam geworden (§ 130 Abs. 1 BGB); dass der Assistent die Mail zunächst nicht beachtet hatte, ändert daran

nichts. Somit hatte A am 1.6., als sie gegenüber dem U ihre Willenserklärung abgab, eigentlich keine Vollmacht mehr gehabt. Hier greift aber zum Schutz eines gutgläubigen Dritten die Sonderregelung des § 170 BGB ein.
E hatte dem U in einer gemeinsamen Besprechung erklärt, „wegen der Erteilung des Auftrags werden Sie von Frau A noch hören". Dies bedeutete nach Treu und Glauben (§ 133 BGB) auch eine Bevollmächtigung gegenüber dem Dritten U, dem gegenüber die Vertretung stattfinden soll (§ 167 Abs. 1 BGB). Somit bleibt zugunsten des U diese Erklärung solange in Kraft, bis ihm das Erlöschen der Vollmacht der A angezeigt wird, oder bis er auf andere Weise das Erlöschen kannte oder kennen musste (§ 173 BGB). Beides trifft hier nicht zu. Weder hat E gegenüber dem U die Vollmacht der A widerrufen, noch musste U auf andere Weise von dem Widerruf etwas wissen. Daher bestand die Vollmacht der A gegenüber dem U nach wie vor. A hat daher am 1.6. den E wirksam gegenüber U vertreten.

Ergebnis: E ist an die Erteilung des Auftrages gebunden.

Fall 6 Das Designer-Hoodie-Schnäppchen

K hat in der Boutique des V einen Designer-Hoodie für 260,– € gekauft. Den Hoodie hatte K bereits an der Kasse bei Verkäuferin X bezahlt und eingepackt. Als K die Boutique gerade verlassen will, stürzt aufgeregt der V auf sie zu und erklärt, dieser Hoodie koste 460,– €, er sei von einer Aushilfskraft versehentlich falsch ausgezeichnet worden. Deshalb habe die Verkäuferin X den niedrigeren Preis genannt.
Frage 1: Ist V berechtigt, von K weitere 200,– € zu verlangen?
Frage 2: Oder kann er die Rückgabe des Hoodie fordern?

Lösung Frage 1:

Entscheidungsgrundlage: Anspruchsgrundlage ist § 433 Abs. 2 BGB.

Voraussetzungen: Die Anwendbarkeit dieser Vorschrift setzt voraus, dass zwischen V und K ein Kaufvertrag über einen Kaufpreis von 460,– € zustande gekommen ist.

Überprüfung: K hat sich mit X über den Kauf des Hoodie für 260,– € geeinigt. X ist dabei als Stellvertreterin des V aufgetreten und hat diesen nach §§ 164 Abs. 1 BGB, 56 HGB wirksam vertreten. Somit ist ein Kaufvertrag zwischen K und V über 260,– € zustande gekommen.

Das Verlangen des V auf Zahlung von weiteren 200,– € ist als Angebot zur Abänderung des bereits geschlossenen Kaufvertrags auf den höheren Preis von 460,– € zu werten. K hat dieses Angebot jedoch abgelehnt, sodass ein Kaufvertrag über 460,– € nicht abgeschlossen worden ist.

Ergebnis: V kann deshalb keine weiteren 200,– € von K fordern.

Lösung Frage 2:

Entscheidungsgrundlage: Der Rückgabeanspruch des V kann auf § 812 BGB gestützt werden.

Voraussetzungen: Die Anwendbarkeit dieser Vorschrift verlangt,

- dass der Bereicherte etwas erlangt hat
- auf Kosten des Entreicherten
- ohne rechtlichen Grund.

Überprüfung: K hat etwas, nämlich Eigentum und Besitz an dem Hoodie, erlangt. X hat ihr gem. §§ 929, 164 Abs. 1 BGB den Hoodie wirksam übereignet.

K hat beides auf Kosten des V erlangt, denn dieser hat Eigentum und Besitz an dem Mantel verloren.

Rechtsgrund für diese Leistung des V an K war zunächst der Kaufvertrag über 260,– €. Der Kaufvertrag könnte jedoch durch Anfechtung rückwirkend nichtig geworden sein (§ 142 BGB). In dem Rückgabeverlangen des V ist eine Anfechtung zu sehen (§ 133 BGB); denn V hat eindeutig seinen Willen erklärt, von dem Kaufvertrag wegen des Irrtums der X loszukommen. Es ist deshalb zu prüfen, ob V einen Anfechtungsgrund hatte.

Dies beurteilt sich nach den §§ 119 Abs. 1 und 2, 120 BGB. Dabei kommt es auf die Person der Vertreterin X, nicht auf die des Vertretenen V an (§ 166 Abs. 1 BGB).

1. Der Anfechtungsgrund nach § 119 Abs. 1, 1. Alt. BGB setzt voraus:

- Abgabe einer Willenserklärung
- Irrtum des Erklärenden über deren Inhalt
- Wesentlichkeit des Irrtums.

X hat beim Abschluss des Kaufvertrages eine Willenserklärung im Namen des V abgegeben. Sie hat sich dabei jedoch nicht über den Inhalt ihrer Erklärung geirrt. Sie hat erklärt, den Mantel für 260,– € zu verkaufen. Genau das wollte sie auch erklären, da das Preisetikett über diesen Betrag lautete. Es fehlt damit an der zweiten Voraussetzung für eine Anfechtung nach § 119 Abs. 1, 1. Alt. BGB.

2. Die Anfechtung nach § 119 Abs. 1, 2. Alt. BGB setzt voraus:

- Abgabe einer Willenserklärung
- dass der Erklärende eine Erklärung dieses Inhalts überhaupt nicht abgeben wollte
- Wesentlichkeit des Irrtums.

Eine Willenserklärung liegt vor, wie oben dargelegt. Ob X eine Erklärung dieses Inhalts überhaupt nicht abgeben wollte, beurteilt sich danach, ob sie ihre Erklärung anders aufgefasst hat, als sie objektiv zu verstehen war. Das ist nicht der Fall. Ihre Erklärung lautete, wie ausgeführt, objektiv über 260,– €, und subjektiv hat sie die Erklärung nicht anders aufgefasst.

Deshalb entfällt auch der Anfechtungsgrund aus § 119 Abs. 1, 2. Alt. BGB.

3. Die Anfechtung nach § 119 Abs. 2 BGB setzt voraus:

- Abgabe einer Willenserklärung
- Irrtum über eine verkehrswesentliche Eigenschaft der Sache
- Wesentlichkeit des Irrtums.

Eine Willenserklärung liegt vor, wie oben dargelegt. X hat sich bei ihrer Erklärung, den Mantel für 260,– € zu verkaufen, über den Wert des Mantels geirrt. Der Wert einer Sache ist jedoch keine Eigenschaft dieser Sache, er ist vielmehr das Bewertungsresultat der einzelnen Eigenschaften der Sache.

Daher ist auch eine Anfechtung nach § 119 Abs. 2 BGB nicht möglich.

4. Die Anfechtung nach § 120 BGB setzt voraus:

- Abgabe einer Willenserklärung
- unrichtige Übermittlung derselben durch den dafür eingesetzten Boten
- Wesentlichkeit.

Eine Willenserklärung liegt vor, wie oben dargelegt. X hat keine fremde Willenserklärung übermittelt, sondern als Stellvertreter des V eine eigene Willenserklärung abgegeben. Sie ist daher nicht Botin, was § 120 BGB voraussetzt.

Auch das Versehen der Aushilfskraft fällt nicht unter diese Vorschrift. Diese Arbeitnehmerin hat zwar ein falsches Preisetikett angebracht; dies stellt aber keine Willenserklärung gegenüber dem Kunden K dar.

Damit entfällt auch eine Anfechtung nach § 120 BGB.

V hat somit keinen Anfechtungsgrund. Der Kaufvertrag über 260,– € ist deshalb wirksam geblieben. K hat den Mantel mit rechtlichem Grund erlangt.

Ergebnis: V ist nicht berechtigt, Rückgabe des Mantels gegen Rückzahlung des Kaufpreises von K zu verlangen.

Fall 7 Alte Forderung, neue Chance?

In der Bau- und Immobilienbranche spricht sich immer mehr herum, dass sich die Einzelfirma A, die Fertighäuser herstellt, wirtschaftlich wieder gefangen hat. Die mehrfach von A engagierte Werbeagentur B wittert daher die Chance, alte Außenstände gegenüber A doch noch realisieren zu können.

Die Geschäftsunterlagen ergeben folgendes Bild:
- Die Firma A erteilte im Oktober 2019 einen größeren Auftrag für Entwurf und Erstellung von Verkaufsbroschüren.
- Die Auslieferung erfolgte am 15. November 2019.
- Die Firma A leistete daraufhin, genau am 12. Dezember 2019, eine Teilzahlung in Höhe von 10 000,– €.
- Der restliche Außenstand über 15 000,– € wurde ab Februar 2020 monatlich, jeweils am 5., angemahnt.
- Am 26. Juli 2020 bat die Firma A um Stundung.
- Das Gesuch wurde von der Werbeagentur B unter dem 5. August 2020 abgelehnt und zugleich das gerichtliche Mahnverfahren angedroht.
- Am 22. August 2020 stellte die Firma A Insolvenzantrag.
- Dieses Verfahren wurde am 4. November 2020 mangels Masse eingestellt, ohne dass die Werbeagentur B zuvor ihren Zahlungsanspruch angemeldet gehabt hätte.
- Zum Jahresende 2020 wurde dieser Außenstand von 15 000,– € als nicht beitreibbar ausgebucht.

Die Werbeagentur B möchte im Juni 2023 wissen:

Frage 1: Wann ist die Restforderung über 15 000,– € verjährt?

Frage 2: Was sollte unternommen werden, um eine Zahlung vielleicht doch noch zu erreichen? Begründen Sie Ihren Vorschlag.

Lösung Frage 1:

Entscheidungsgrundlage: Nach § 214 Abs. 1 BGB ist der Schuldner bei Verjährung berechtigt, die Leistung zu verweigern.

Voraussetzungen für das Entstehen dieses Leistungsverweigerungsrechtes sind:
- Bestehen eines Anspruchs (§ 194 Abs. 1 BGB)
- Ablauf der Verjährungsfrist (§§ 195 ff. BGB)
- keine Verjährungshemmung (§§ 203 ff. BGB)
- kein Neubeginn der Verjährung (§ 212 BGB).

Überprüfung: Die Zahlungsforderung, um die es hier geht, ist ein Anspruch; von der Firma A wird ein Tun verlangt (§ 194 BGB).

Die Verjährungsfrist beträgt nach § 195 BGB drei Jahre. Die Broschüren wurden am 15. November 2019 ausgeliefert und entgegengenommen; damit wurde die Vergütung fällig (§§ 271 Abs. 1, 320 Abs. 1 Satz 1 BGB). Die Verjährungsfrist beginnt demnach nach § 199 BGB am Ende des Jahres, in dem die Forderung fällig wird, also am 31. Dezember 2019, zu laufen und endet drei Jahre später, also am 31. Dezember 2022.

Die Verjährung könnte nach §§ 203 ff. BGB gehemmt sein.

Die Teilzahlung in Höhe von 10 000,– € erfolgte am 12. Dezember 2019 und damit vor Verjährungsbeginn; sie war daher unerheblich.

Zwar suchte die Firma A am 26. Juli 2020 um Stundung nach. Dadurch könnte die Verjährung gem. § 205 BGB gehemmt worden sein. Jedoch lehnte die Werbeagentur B das Gesuch ab. Damit kam es zu keiner Stundungsvereinbarung, die nach § 205 BGB notwendig gewesen wäre, um die Verjährung zu hemmen.

Die monatlichen Mahnungen – auch unter Androhung des gerichtlichen Mahnverfahrens – waren verjährungsrechtlich bedeutungslos; sie sind nicht in § 204 BGB als Hemmungsgrund aufgeführt. Gleiches galt für das Insolvenzverfahren über das Vermögen der Firma A; erst eine Anmeldung der Forderung in diesem Verfahren hätte zur Hemmung geführt (§ 204 Abs. 1 Nr. 10 BGB).

Allerdings ließ das Stundungsgesuch am 26. Juli 2020 nach § 212 Abs. 1 BGB die Verjährung neu beginnen. Dazu genügte das einseitige Anerkenntnis des Schuldners, noch 15 000,– € zu schulden, wie es in diesem Gesuch zum Ausdruck kam. Nach § 212 BGB begann die neue Verjährungsfrist von drei Jahren nach Beendigung des Neubeginns. Das war am 26. Juli 2020 und nicht erst am Jahresende.

Ergebnis: Die Restforderung der Werbeagentur B über 15 000,– € verjährt am 26. Juli 2023.

Lösung Frage 2:

Es sollte das gerichtliche Mahnverfahren eingeleitet werden. Mit Zustellung des Mahnbescheides wird die Verjährung gehemmt (§ 204 Abs. 1 Nr. 3 BGB). Der Mahnbescheid müsste spätestens am 26. Juli 2023 eingereicht werden (§ 167 ZPO).

Das Mahnverfahren ist kostengünstiger und weniger arbeitsintensiv als die Klage; es ist keine Begründung erforderlich. Auch ist hier der Berechtigte nicht von einem Anerkenntnis des Verpflichteten abhängig.

Fall 8 Der rostrote Segelanzug

A ist gerade dabei, den Segelschein zu machen und interessiert sich daher für einen Segelanzug. Er sieht sich daher auf verschiedenen Websites um und findet schließlich am 10. März im Online-Shop des B ein Angebot für einen rostroten Segelanzug in Größe 54 zum Preis von 250,– €.

Als A während des Bestellvorgangs auf der Website des Online-Shop des B den entsprechenden Link zur Widerrufsbelehrung anklickte, erschien mehrfach auf seinem Bildschirm der Hinweis „Error 404 – page not found". Die Widerrufsbelehrung des B konnte A daher nicht abrufen.

A hatte anschließend noch die Möglichkeit, Eingabefehler zu korrigieren, bevor er auf "zahlungspflichtig bestellen" klickte. B bestätigte unverzüglich per E-Mail den Zugang der Bestellung des A. Ein Hinweis auf das Widerrufsrecht fand sich aber auch dort nicht.

Der Segelanzug wurde am 15. März angeliefert. Am 25. April fiel A durch die Prüfung für den Segelschein und wollte deswegen den neuen Segelanzug nicht mehr. Am 3. Mai schickte er den Segelanzug daher an B zurück und erläuterte in einem kurzen Anschreiben seine Gründe für den Widerruf.

Frage: Hat A am 3. Mai den Kaufvertrag wirksam widerrufen?

Lösung:

Entscheidungsgrundlage: A hat wirksam widerrufen, wenn ihm ein Widerrufsrecht zustand und er dieses ordnungsgemäß ausgeübt hat (§§ 355, 312c, 312g BGB). Dann hätte A seine auf den Abschluss des Vertrages gerichtete Willenserklärung widerrufen und beide Vertragspartner wären dann nicht mehr an den Vertrag gebunden.

Voraussetzungen: Der wirksame Widerruf setzt voraus:

- Verbrauchervertrag gem. §§ 312 Abs. 1, 310 Abs. 3 BGB
- gesetzliches Widerrufsrecht (hier: Fernabsatzvertrag, §§ 312c, 312g BGB)
- keine Ausnahme gem. §§ 312, 312g Abs. 2, 3 BGB
- Widerrufserklärung.

Überprüfung: A hat mit B einen Kaufvertrag abgeschlossen. Dieser Vertrag kam zustande durch Antrag und Annahme. Die Angebote des B im Internet stellen keinen Antrag (§ 145 BGB) dar, weil sie an einen unbestimmten Personenkreis gerichtet sind und daher keinen Bindungswillen enthalten. Sie sind lediglich Anpreisungen. Der Bestellbutton entsprach mit der Beschriftung „zahlungspflichtig bestellen" der zwingenden Vorgabe des § 312j Abs. 3 BGB. A hat somit durch Anklicken des Bestellbuttons den Antrag abgegeben, nämlich den rostroten Segelanzug in Größe 54 zum Preis von 250,– € erwerben zu wollen. Der Eingang dieses Angebots ist unverzüglich von B bestätigt worden (§ 312i Abs. 1 Nr. 3 BGB). Dies stellt noch keine Annahme des Angebots dar, sondern lediglich eine Empfangsbestätigung hinsichtlich des Angebots. Die Annahme erfolgte vielmehr konkludent durch die Lieferung der bestellten Ware am 15. März.

Es handelt sich zudem um einen Verbrauchervertrag nach § 310 Abs. 3 BGB. A ist gem. § 13 BGB Verbraucher. Er hat als natürliche Person einen Vertrag zu Zwecken abgeschlossen, die weder seiner gewerblichen noch seiner selbstständigen beruflichen Tätigkeit zugerechnet werden können. B ist Unternehmer gem. § 14 BGB, weil er bei Abschluss des Kaufvertrages in Ausübung seiner gewerblichen Tätigkeit handelte.

Das gesetzliche Widerrufsrecht könnte sich aus § 312g Abs. 1 BGB ergeben, wenn dieser Vertrag als Fernabsatzvertrag zu qualifizieren ist. Fernabsatzverträge erfordern nach § 312c BGB:

- Abschluss eines Verbrauchervertrages
- unter ausschließlicher Verwendung von Fernkommunikationsmitteln
- im Rahmen eines für den Fernabsatz organisierten Vertriebssystems.

Ein Verbrauchervertrag über den rostroten Segelanzug wurde hier abgeschlossen, wie bereits dargelegt.

Fernkommunikationsmittel sind nach § 312c Abs. 2 BGB Kommunikationsmittel, die zwischen einem Verbraucher und einem Unternehmer ohne gleichzeitige körperliche Anwesenheit eingesetzt werden, z.B. Briefe, Kataloge, Telefonate, SMS, E-Mails und Telemedien. Die Benutzung des Internets durch A fällt unter diese Definition. Die Annahme des B erfolgte (konkludent) durch die Zusendung der Ware, was ebenfalls als Fernkommunikationsmittel anzusehen ist. Damit sind zum Vertragsschluss ausschließlich Fernkommunikationsmittel verwendet worden. Ein Online-Shop stellt auch ein für den Fernabsatz organisiertes Vertriebssystem dar.

Es liegt auch kein Ausnahmefall vor, der das gesetzliche Widerrufsrecht ausschließt, vgl. §§ 312, 312g Abs. 2 BGB.

A könnte von dem Widerrufsrecht am 3. Mai Gebrauch gemacht haben. Voraussetzung hierfür ist, dass der Widerruf fristgerecht und in der entsprechenden Form erfolgte.

Die Widerrufsfrist beträgt grundsätzlich 14 Tage und beginnt mit Vertragsschluss, § 355 Abs. 2 BGB. Nach § 356 Abs. 2 Nr. 1 BGB beginnt die Frist bei einem Verbrauchsgüterkauf – wenn also ein Verbraucher von einem Unternehmer eine Ware (§ 241a Abs. 1 BGB) kauft (§ 474 BGB) – erst mit Erhalt der Ware, was hier am 15. März erfolgte. Denn der Käufer soll vor seiner Entscheidung über einen Widerruf die Ware zunächst in Augenschein nehmen können. Weitere Voraussetzung für den Fristbeginn ist aber auch die ordnungsgemäße Belehrung über das Widerrufsrecht, § 356 Abs. 3 BGB, Art. 246a § 1 Abs. 2 Satz 1 Nr. 1 EGBGB. Da hier keine Widerrufsbelehrung erfolgt war, beginnt die Widerrufsfrist also gar nicht zu laufen. Nach § 356 Abs. 3 Satz 2 BGB erlischt das Widerrufsrecht in diesen Fällen nach 12 Monaten und 14 Tagen ab Erhalt der Ware. Daher war ein Widerruf am 3. Mai noch rechtzeitig.

Eine bestimmte Form ist bei der Erklärung des Widerrufs nicht zu beachten, er kann auch mündlich erklärt werden. Umstritten ist, ob der Widerruf auch durch kommentarlose Rücksendung der Ware erfolgen kann, wie dies bislang geltendes Recht war oder ob der Widerruf nunmehr ausdrücklich erklärt werden muss. Diese Streitfrage ist für den Fall jedoch ohne Bedeutung, da A der Retoure ein Schreiben beigefügt hat, aus dem sich der Widerruf explizit ergibt.

Eine Begründung für den Widerruf, wie sie A dem B übersandt hat, wäre nicht notwendig gewesen, denn für den Widerruf bedarf es gerade keines speziellen Grundes (§ 355 Abs. 1 Satz 4 BGB). Es kommt also nicht darauf an, ob A die Segelscheinprüfung bestanden hat oder nicht. Eine Begründung anzugeben, schadet rechtlich aber auch nicht.

Ergebnis: A hat seine Willenserklärung somit am 3. Mai wirksam widerrufen; die Vertragsparteien sind an den Vertrag nicht mehr gebunden.

Fall 9 Der heimlich verzogene Schuldner

Kunde K kaufte bei Elektrohändler V einen OLED-Fernseher zum Preis von 1200,– €. Davon zahlte er 800,– € sofort an; der Rest sollte in etwa vier Wochen nach Anschluss des Apparates beglichen werden. Jedoch ging dieser Restbetrag nicht bei V ein. Auch blieb ein erstes Schreiben – etwa sechs Wochen nach Anschluss –, in dem freundlich an die Bezahlung erinnert wurde, ohne Antwort. Ein zweites Schreiben schließlich, in dem eine Zahlungsfrist gesetzt wurde, kam mit dem Vermerk zurück: „Empfänger unbekannt verzogen". Das Einwohnermeldeamt konnte nicht helfen. Erst eine Privatdetektei – Kosten 200,– € – ermittelte die neue Anschrift.

Frage: Kann V von K diese 200,– € erstattet verlangen?

Lösung:

Entscheidungsgrundlage: Die Detektivkosten könnten über §§ 280 Abs. 1, 2, 286 Abs. 1 BGB erstattet werden müssen.

Voraussetzungen: Diese Schadensersatzgrundlage setzt voraus:

- Bestehen eines Schuldverhältnisses
- Pflichtverletzung wegen Verzögerung der Leistung
- die der Schuldner zu vertreten hat (§ 280 Abs. 1 Satz 2 BGB)
- Vorliegen der zusätzlichen Voraussetzungen des § 286 BGB, also:
  - schuldhaftes Nichterbringen der geschuldeten Leistung
  - trotz Fälligkeit und
  - trotz Mahnung.

Überprüfung: K hat den aus dem mit V geschlossenen Kaufvertrag geschuldeten Restkaufpreis nicht erbracht.

Diese Kaufpreisforderung sollte etwa vier Wochen nach Anschluss des Fernsehers bezahlt werden. Die Forderung war also sicherlich sechs Wochen nach Anschluss fällig. Diese Pflichtverletzung hat ein Schuldner immer zu vertreten, da er bei Geldschulden das Beschaffungsrisiko übernommen hat (§ 276 Abs. 1 BGB).

Problematisch wird aber die weitere Verzugsvoraussetzung, dass die fällige Leistung grundsätzlich auch angemahnt werden muss. Ein Ausnahmefall, wie ihn § 286 Abs. 2 BGB zulässt, in dem Verzug ohne Mahnung eintritt, ist hier nicht gegeben. Die Zeit für die Bezahlung des restlichen Kaufpreises ist nicht kalendermäßig bestimmt. Der Ausgangszeitpunkt – Anschluss des Fernsehers – war schon nicht nach Kalender bestimmt; der Endzeitpunkt konnte es damit auch nicht sein. Zudem war die kalendermäßig genannte Zwischenzeit zwischen einem Ereignis und der Leistung nach § 286 Abs. 2 Nr. 2 BGB auch nicht bestimmt; es wurde nur von etwa vier Wochen gesprochen. Es kommt also darauf an, ob die Bezahlung des restlichen Kaufpreises angemahnt worden ist oder nicht. Das erste Schreiben – sechs Wochen nach Anschluss – war seinem Inhalt nach keine Mahnung. Es war keine ernsthafte Zahlungsaufforderung, die irgendwie erkennen ließ, dass ein weiteres Nichtzahlen Folgen haben werde. Das zweite Schreiben war zwar inhaltlich eine Mahnung. Die gesetzte Zahlungsfrist ließ erkennen, dass V nicht länger zuwarten werde. Dieses zweite Schreiben erreichte den Schuldner jedoch nicht; er war verzogen. Ohne Zugang kann eine Mahnung nicht wirksam werden (§ 130 BGB). Damit wäre Verzug wegen fehlender Mahnung nicht gegeben. Dieses Ergebnis ist unbefriedigend. Die Mehraufwendungen sind allein im Verhalten des säumigen Schuldners begründet. In diesem Fall hilft § 286 Abs. 2 Nr. 4 BGB, denn es liegen besondere Gründe vor, nach denen unter Abwägung der beiderseitigen Interessen der sofortige Eintritt des Verzuges gerechtfertigt ist. K würde sich nämlich zu seinem eigenen früheren Verhalten in Widerspruch setzen (Verbot des venire contra factum proprium), wenn er sich einerseits durch seinen Wohnungswechsel dem Zugang der Mahnung entzieht, sich andererseits anschließend darauf beruft, dass ihm die Mahnung nicht zugegangen sei. Deshalb bedarf es der Mahnung nicht. Die dritte Voraussetzung des Verzugs ist damit erfüllt.

Ergebnis: V kann also die Erstattung der Detektivkosten in Höhe von 200,– € verlangen.

Fall 10 Das Holz kam nicht termingerecht

Das Sägewerk V und das Zimmereiunternehmen K schließen am 1. Juni einen Kaufvertrag, wonach V am 1. Juli 20 cbm Bauholz, Fichte, Güteklasse II, zu einem Preis von 100,– € pro cbm an K zu liefern hat.

Infolge von Fehldispositionen hat V das Holz am 1. Juli und auch später nicht geliefert.

Am 1. August schreibt K dem V, völlig verärgert, folgende E-Mail: „... *Sie haben am 1. Juli nicht geliefert. Auch bis heute sind Sie Ihrer Lieferpflicht nicht nachgekommen. Mit dieser Verzögerung haben Sie deutlich gezeigt, dass Sie für mich nicht der richtige Geschäftspartner sind. Aus diesem Grunde bin ich an Ihrer Lieferung nicht mehr interessiert und mache Schadensersatz in Höhe von 5000,– € geltend, und zwar 4000,– € Gewinnausfall sowie 1000,– € nutzlos aufgewendeter Löhne; die betreffenden Arbeiter konnte ich nicht anderweitig einsetzen ...*“

Frage: Ist K berechtigt, von V Schadensersatz in Höhe von 5000,– € zu fordern?

Lösung:

Als Anspruchsgrundlagen kommen die §§ 280 Abs. 1, 3, 281 BGB in Betracht. Dabei unterscheidet sich der Schadensersatz statt der Leistung nach § 281 Abs. 1 BGB vom Schadensersatz neben der Leistung nach § 280 Abs. 1 BGB.

Der Schadensersatz statt der Leistung nach § 281 Abs. 1 BGB beinhaltet das positive Interesse. Bei diesem Erfüllungsinteresse ist der Geschädigte so zu stellen, als ob vertragsgemäß abgewickelt worden wäre. Dann hätte K den Gewinn von 4000,– € erzielt. Die 1000,– € hätte K als Arbeitskosten ohnehin aufwenden müssen, um den Gewinn zu machen. Das positive Interesse beträgt somit 4000,– €.

Nach §§ 280 Abs. 1, 2, 286 BGB ist hingegen der Schaden zu ersetzen, der durch die Verzögerung entstanden ist. Dies sind hier die 1000,– €, die K an seine Arbeiter zahlte, ohne dafür eine Gegenleistung zu erlangen. Die 4000,– € können aber nicht nach §§ 280 Abs. 1, 2, 286 BGB verlangt werden, denn mit dem Holz, das V nach wie vor zu liefern hat, kann K auch jetzt noch den Gewinn von 4000,– € erzielen.

1. Entscheidungsgrundlage: Zunächst ist zu prüfen, ob K einen Schadensersatzanspruch auf §§ 280 Abs. 1, 3, 281 BGB stützen kann. Voraussetzungen: Die Rechtsvoraussetzungen für diesen Schadensersatz statt der Leistung in Höhe von 4000,– € sind:

- Bestehen eines Schuldverhältnisses
- Pflichtverletzung durch Nichterbringung der Leistung
- bei Vertretenmüssen des Schuldners (§ 280 Abs. 1 Satz 2 BGB)
- Voraussetzungen des § 281 Abs. 1, 2 BGB
  - Bestimmen einer angemessenen Frist durch den Gläubiger
  - keine Leistung während der Frist.

Überprüfung: Durch den Kaufvertrag wurde ein Schuldverhältnis zwischen K und V begründet. V ist verpflichtet, K Eigentum und Besitz am Holz zu verschaffen. Die Pflichtverletzung des V lag darin, dass er das Holz nicht vereinbarungsgemäß zum Fälligkeitstermin am 1. Juli lieferte.

V hat dies zu vertreten; seine Fehldispositionen stellen Fahrlässigkeit dar (§ 276 Abs. 2 BGB).

K hat jedoch vom 1. Juli bis 1. August geschwiegen. Er hat dem V keine Frist zur Lieferung gesetzt. Es sind hier auch keinerlei Anhaltspunkte erkennbar, die eine Fristsetzung entbehrlich machen könnten (§ 281 Abs. 2 BGB).

Ergebnis: Da somit die Voraussetzung des § 281 Abs. 1 BGB fehlt, ist K nicht berechtigt, von V 4000,– € Schadensersatz zu verlangen.

2. Entscheidungsgrundlage: Weiterhin ist zu untersuchen, ob ein Schadensersatzanspruch aus §§ 280 Abs. 1, 2, 286 BGB hergeleitet werden kann, wonach lediglich 1000,– € berechtigt sind.

Voraussetzungen: Diese Vorschrift verlangt:

- Bestehen eines Schuldverhältnisses
- Pflichtverletzung wegen Verzögerung der Leistung
- die der Schuldner zu vertreten hat (§ 280 Abs. 1 Satz 2 BGB)
- Vorliegen der zusätzlichen Voraussetzungen des § 286 BGB, also
  - Nichterbringen einer geschuldeten Leistung
  - trotz Fälligkeit und
  - trotz Mahnung.

Überprüfung: Das Vorliegen der ersten drei Voraussetzungen wurde bereits oben dargestellt.

Die Lieferung war zum 1. Juli fällig. Eine Mahnung brauchte hier ausnahmsweise nicht zu erfolgen, denn die Lieferzeit war nach dem Kalender bestimmt (§ 286 Abs. 2 Nr. 1 BGB). V hat die Verzögerung zu vertreten; seine Fehldispositionen stellen Fahrlässigkeit dar (§ 276 Abs. 2 BGB).

Ergebnis: Da somit alle Voraussetzungen erfüllt sind, ist K berechtigt, von V Schadensersatz in Höhe von 1000,– € zu verlangen. Ein weiterer Schadensersatzanspruch steht ihm nicht zu.

Fall 11 Der Hausbock im Gebälk

K erwarb im Mai ein frei gelegenes Bauernhaus, das er zu seinem Wochenendquartier herrichten wollte. Der Zimmermann, der zu einer Baubesprechung zugezogen wurde, entdeckte jedoch zufällig, dass das Gebälk dieses Bauernhauses vom Hausbock befallen ist; ein Befall, den ein Nichtfachmann kaum erkennen konnte. Genauere Untersuchungen eines Architekten ergaben, dass dieser Schädling schon in größerem Umfang und mindestens seit einem Jahr das Holz zerfressen hat. K teilte das sogleich – nämlich im September – seinem Verkäufer mit und fordert ihn auf, den Mangel zu beseitigen. V verweigert das. Anschließend erklärt K, dass er die ihm entstehenden Handwerkerkosten ersetzt verlangen werde. Den Betrag werde er im Einzelnen benennen, sobald die Handwerker, vor allem Zimmermann und Dachdecker, ihm gegenüber abgerechnet hätten.

Frage: Ist K's Forderung berechtigt?

Lösung:

Entscheidungsgrundlage: K verlangt der Sache nach Schadensersatz für die Handwerkerkosten, das Haus will er behalten. Allerdings ist V verpflichtet, das Haus ohne Mängel zu übertragen. Er hat den Mangel – Hausbock – nicht beseitigt, also nicht nacherfüllt (§§ 437 Nr. 1, 439 BGB). Deswegen verlangt K Schadensersatz statt der Nacherfüllung. Als Anspruchsgrundlage kommt hierfür §§ 437 Nr. 3, 280 Abs. 1, 2, 281 BGB in Frage.

Voraussetzungen: Die Rechtsvoraussetzungen für diesen Schadensersatz statt der Leistung sind:

- Bestehen eines Kaufvertrages
- Mangel der Sache im Zeitpunkt des Gefahrübergangs
- den der Verkäufer zu vertreten hat (§ 280 Abs. 1 Satz 2 BGB)
- kein Haftungsausschluss
- Vorliegen der zusätzlichen Voraussetzungen des § 281 BGB, also
  - fällige Leistung
  - nicht wie geschuldet erbracht
  - bestimmen einer angemessenen Frist zur Nacherfüllung
  - keine Nacherfüllung innerhalb der Frist.

Überprüfung: Ein Kaufvertrag liegt vor. Das Ungeziefer im Gebälk entspricht nicht der Beschaffenheit, die ein Käufer eines wenn auch älteren Gebäudes üblicherweise erwarten kann. Hausbock beeinträchtigt die Funktionsfähigkeit und es besteht die Gefahr, dass das Dach über dem Kopf des K zusammenbricht. Damit liegt ein Mangel nach § 434 Abs. 1, Abs. 3 Nr. 2 BGB vor. Der Mangel war bereits bei Gefahrübergang (§ 446 BGB) – der Übergabe des Grundstücks – vorhanden.

K kannte bei Vertragsabschluss den Mangel nicht (§ 442 BGB).

Der Verkäufer muss die Pflichtverletzung, also zunächst einmal die Übergabe des mangelhaften Grundstücks, zu vertreten haben. Aus der negativen Formulierung des § 280 Abs. 1 Satz 2 BGB ergibt sich, dass der Schuldner V sich entlasten muss. Das wird ihm zunächst gelingen, weil der Mangel nur zufällig und von einem Fachmann entdeckt wurde und deswegen keine Fahrlässigkeit des V nach § 276 Abs. 2 BGB vorliegt. Allerdings kann sich das Vertretenmüssen auch auf das Unterbleiben der Nacherfüllung beziehen. Voraussetzung hierfür ist ein fälliger und durchsetzbarer Nacherfüllungsanspruch des K nach § 437 Nr. 1, 439 BGB. Da ein solcher hier besteht – K verlangt von V Nachbesserung (§ 439 Abs. 1, 1. Alt. BGB) – und von V bewusst verweigert wird, ist sein Vertretenmüssen zu bejahen.

Eine angemessene Frist zur Nacherfüllung ist nicht erforderlich, weil V nach § 281 Abs. 2 BGB die Nachbesserung verweigert hat.

Ergebnis: Schadensersatz aus §§ 437 Nr. 3, 280 Abs. 1, 3, 281 BGB ist also begründet. K kann den Mangel selbst beseitigen lassen und die hierbei entstehenden Kosten von V erstattet verlangen.

Anmerkung: Da Hausbock ist eine erhebliche Pflichtverletzung darstellt, weil das Haus so nicht dauerhaft bewohnt werden kann, könnte K auch nach §§ 437 Nr. 2, 323 bzw. 441 BGB vom Vertrag zurücktreten oder den Kaufpreis mindern.

Fall 12 Eine verzögerte Nachbesserung

Mühlenbesitzer K hat bei Maschinenhändlerin V eine vollautomatische Verpackungsmaschine gekauft. Nach Lieferung stellt K fest, dass die Maschine sehr unregelmäßig arbeitet. K teilt das am 1.7. der V mit. Diese schickt einen Kundendienstingenieur vorbei, der jedoch die Ursache nicht findet.

K erleidet durch die schlechte Arbeitsweise der Maschine erhebliche Produktionsausfälle. Er fordert deshalb schriftlich die V auf, endlich den Mangel zu beseitigen, sonst sei ein Prozess unvermeidlich. Dieses Schreiben geht am 1.9. bei V ein. V schickt in der Folgezeit mehrfach ihren Kundendienst vorbei, bis schließlich am 1.11. festgestellt wird, dass die Unregelmäßigkeiten auf einer fehlerhaften Konfiguration der Maschine, die im Herstellerwerk erfolgte, beruht. Nach korrekter Konfiguration durch den Kundendienst von V arbeitet die Maschine einwandfrei.

K verlangt für die Zeit vom 1.7. bis 1.11. monatlich je 5000,– € Schadensersatz. V lehnt dies ab.

Frage: Ist K berechtigt, von V 20 000,– € Schadensersatz zu verlangen?

Lösung:

1. Entscheidungsgrundlage: Ein Schadensersatzanspruch könnte auf § 280 Abs. 1 BGB gestützt werden.

Voraussetzungen: Diese Vorschrift setzt voraus:

- Bestehen eines Schuldverhältnisses
- Pflichtverletzung
- die der Schuldner zu vertreten hat (§ 280 Abs. 1 Satz 2 BGB).

Überprüfung: Zwischen V und K besteht ein Schuldverhältnis, nämlich ein Kaufvertrag.

V hat nach § 433 Abs. 1 Satz 2 BGB die Pflicht, dem K eine Sache frei von Sachmängeln zu verschaffen. Die gelieferte Maschine hatte einen Sachmangel i.S.d. § 434 Abs. 1, Abs. 3 Nr. 1 BGB. Da sie sehr unregelmäßig arbeitete, eignete sie sich nicht für die gewöhnliche Verwendung, die ein Käufer einer derartigen Maschine üblicherweise erwarten kann. Die Maschine war, da der Mangel im Herstellerwerk entstand, bereits bei Gefahrübergang, nämlich bei der Übergabe (§ 446 BGB), mangelhaft.

V hat diese Pflichtverletzung nach § 276 Abs. 1 BGB zu vertreten, wenn sie vorsätzlich oder fahrlässig den Mangel verursacht hat. Vorsatz liegt nicht vor. V hat auch nicht die im Verkehr erforderliche Sorgfalt außer Acht gelassen (§ 276 Abs. 2 BGB), denn sie ist als Händlerin mangels konkreter Hinweise auf mögliche Mängel nicht verpflichtet, die ihr gelieferte Verpackungsmaschine auf Mängel zu überprüfen.

Daher kommt ein Schadensersatzanspruch aus § 280 Abs. 1 BGB nicht in Betracht.

2. Entscheidungsgrundlage: Ein Schadensersatzanspruch könnte auf §§ 280 Abs. 1, 2, 286 BGB gestützt werden.

Voraussetzungen: Diese Vorschriften setzen voraus:

- Bestehen eines Schuldverhältnisses
- Pflichtverletzung wegen Verzögerung der Leistung

- die der Schuldner zu vertreten hat (§ 280 Abs. 1 Satz 2 BGB)
- Vorliegen der zusätzlichen Voraussetzungen des § 286 BGB, also
  - Nichterbringen einer geschuldeten Leistung
  - trotz Fälligkeit und
  - trotz Mahnung.

Überprüfung: Zwischen V und K besteht ein Schuldverhältnis und die Sache hatte – wie oben geprüft – einen Sachmangel.

K war daher nach §§ 437 Nr. 1, 439 Abs. 1 BGB berechtigt, Nacherfüllung zu verlangen. Dies hat er hier getan, als er am 1.7. von V die Mängelbeseitigung forderte. V hat diese Leistung verzögert, da sie den Mangel erst 4 Monate nach Lieferung, nämlich am 1.11., beseitigte.

V hat die Verzögerung bei der Behebung des Mangels zu vertreten. Ein Maschinenhändler muss jederzeit in der Lage sein, auftretende Mängel der Kaufsache zu beheben. Wenn die Kundendienstleute der V den Mangel zunächst nicht fanden, haben sie die Maschine nicht gründlich genug untersucht und damit fahrlässig gehandelt (§ 276 Abs. 2 BGB). Für dieses Verschulden ihrer Erfüllungsgehilfen muss V einstehen (§ 278 BGB).

Es bleibt zu prüfen, ob die Voraussetzungen des § 286 BGB für den Verzug vorliegen. V hat die geschuldete Leistung, nämlich Mängelbeseitigung, zunächst nicht erbracht, wie oben dargelegt. Diese Pflicht war mangels einer anderen Vereinbarung sofort fällig (§ 271 BGB).

Für eine Mahnung ist erforderlich, dass dem Schuldner eindeutig klargemacht wird, dass das Ausbleiben der Leistung für ihn nachteilige Folgen haben wird. Eine bloße Mitteilung wie das Schreiben vom 1.7. ist daher keine Mahnung. Dagegen ist der zweite, mit einer Prozessandrohung verbundene Brief als Mahnung anzusehen.

V war daher seit dem 1.9. mit ihrer Nachbesserungspflicht im Verzug.

Ergebnis: K kann also für die Monate September/Oktober Schadensersatz verlangen, nicht aber für die Monate Juli/August. Er bekommt somit nur 10 000,– €.

Fall 13 Die unfallfreie BMW 500

Gebrauchtwagenhändler V verkaufte und übergab am 15. Januar 2022 an den Verbraucher K ein gebrauchtes Motorrad BMW 500 mit dem Hinweis: „unfallfrei". Außerdem wird durch die vereinbarten Allgemeinen Geschäftsbedingungen des V die Gewährleistung auf ein Jahr begrenzt. Am 20. März 2023 stellt sich anlässlich einer Reparatur heraus, dass das BMW-Motorrad einen Unfallvorschaden hatte. Dieser Schaden war weder V noch K bekannt.
Frage 1: Kann K Ende März 2023 vom Kaufvertrag zurücktreten?
Frage 2: Kann er das auch noch, wenn V sich auf Verjährung beruft?

Lösung Frage 1:

Entscheidungsgrundlage: K könnte nach §§ 437 Nr. 2, 323 BGB zurücktreten.

Voraussetzungen: Diese Vorschrift verlangt:

- Bestehen eines Kaufvertrages
- Mangel der Sache
- kein Haftungsausschluss
- Vorliegen der Voraussetzungen des § 323 BGB, nämlich
  - Bestimmen einer angemessenen Frist zur Nacherfüllung
  - erfolgloser Fristablauf
  - Erheblichkeit der Pflichtverletzung (§ 323 Abs. 5 Satz 2 BGB).

Überprüfung: Nach § 437 Nr. 2 BGB kann K vom Kaufvertrag zurücktreten, wenn die BMW bei Gefahrübergang nicht den subjektiven Anforderungen (§ 434 Abs. 1, Abs. 2 BGB) entsprach. Die BMW war bei der Übergabe an K nicht unfallfrei, daher fehlt die vereinbarte Beschaffenheit (§ 434 Abs. 2 Nr. 1 BGB).

Die Voraussetzungen des § 323 Abs. 1 BGB fordern, dass eine angemessene Frist zur Nacherfüllung gesetzt wird. Dies ist aber unabhängig von § 475d Abs. 1 BGB nicht notwendig, wenn die Voraussetzungen des § 326 Abs. 5 BGB vorliegen. Erforderlich ist, dass V von der Pflicht zur sachmangelfreien Leistung nach § 275 Abs. 1 BGB befreit wurde. Da die BMW einen Unfall gehabt hat, der nicht wieder beseitigt werden kann, ist V von der Pflicht zur sachmangelfreien Leistung befreit. Deswegen braucht K keine Frist zu setzen. Die Pflichtverletzung durch V ist nach § 323 Abs. 5 Satz 2 BGB nicht unerheblich, da ein Unfallvorschaden zu einem deutlichen Wertverlust führt.

Ergebnis: Wenn also K den Rücktritt erklärt (§ 349 BGB), dann kann er die Rückzahlung des Kaufpreises nach § 346 BGB verlangen; er muss allerdings Zug um Zug die BMW an V zurückübereignen.

Lösung Frage 2:

Entscheidungsgrundlage: Ein erfolgreiches Berufen des V auf die Verjährung würde ihm ein Leistungsverweigerungsrecht einräumen (§ 214 BGB).

Voraussetzungen: Die Verjährung setzt voraus:

- Bestehen eines Anspruchs (§ 194 Abs. 1 BGB)
- Ablauf der Verjährungsfrist (§ 438 BGB)

- keine Verjährungshemmung (§§ 203 ff. BGB)
- kein Neubeginn der Verjährung (§ 212 BGB).

Überprüfung: Der Rücktritt des K ist kein Anspruch, sondern ein Gestaltungsrecht und verjährt daher nicht. Nach § 438 Abs. 4 Satz 1 BGB ist gem. § 218 BGB der Rücktritt aber nicht möglich, wenn der Nacherfüllungsanspruch verjährt ist und sich V hierauf beruft. Ein solcher Nacherfüllungsanspruch besteht hier jedoch wegen § 275 Abs. 1 BGB nicht, weil der Unfall nicht rückgängig gemacht werden kann. § 218 BGB schreibt aber vor, die Verjährung eines hypothetischen Nacherfüllungsanspruchs zu prüfen.

Nach § 438 Abs. 1 Nr. 3 BGB beträgt die gesetzliche Verjährungsfrist für den Nacherfüllungsanspruch 2 Jahre seit Ablieferung (§ 438 Abs. 2 BGB) des Motorrades an K. Diese Frist ist im März 2023 noch nicht abgelaufen.

Allerdings könnte die Verjährungsfrist durch die AGB-Klausel „Gewährleistung 1 Jahr" verkürzt worden sein. Die Unwirksamkeit der Verkürzung könnte sich ergeben aus:

- §§ 202, 444 BGB
- aus der Regelung über den Verbrauchsgüterkauf
- nach den Vorschriften über die Allgemeinen Geschäftsbedingungen.

Eine Verkürzung der Verjährung ist nach § 202 BGB zulässig, weil Vorsatz des V nicht vorliegt. V hat den Mangel nicht arglistig verschwiegen. Er hat auch keine Garantie übernommen, denn ein bloßer Hinweis auf „unfallfrei" ist nicht als Garantieübernahme anzusehen. Daher ist die Verkürzung der Verjährung auch nicht nach § 444 BGB unzulässig.

Da V als Unternehmer an K als Verbraucher eine Ware (§ 241a Abs. 1 BGB) verkauft hat, sind hier die besonderen Vorschriften des Verbrauchsgüterkaufs nach §§ 474 ff. BGB zu berücksichtigen. Nach § 476 Abs. 2 Satz 1 BGB ist bei gebrauchten Waren eine einjährige Verjährung zulässig. Eine entsprechende Vereinbarung ist jedoch nur unter den besonderen Voraussetzungen des § 476 Abs. 2 Satz 2 BGB wirksam. Für deren Erfüllung, durch die dem Verbraucher deutlich vor Augen geführt werden soll, auf was er sich einlässt, enthält der Sachverhalt allerdings keine Hinweise. Die Verkürzung ist daher unwirksam.

Zudem könnte sich die Unwirksamkeit der Verjährungsverkürzung auf ein Jahr auch aus den AGB-Regelungen ergeben. Nach dem Fall liegen in den Vertrag einbezogene Allgemeine Geschäftsbedingungen vor (§§ 305, 310 Abs. 3 Nr. 1 BGB), Einbeziehungshindernisse nach den §§ 305b und 305c BGB sind nicht gegeben. Im Rahmen der inhaltlichen Überprüfung verweist § 476 Abs. 3 BGB auf die §§ 307 bis 309 BGB. Nach § 309 Nr. 7 BGB sind die die Verjährung verkürzenden Klauseln unwirksam, wenn sie Personenschäden oder Vermögensschäden betreffen, die auf grobem Verschulden des Verwenders beruhen. Die AGB-Klausel des V hätte also um wirksam zu sein, Personenschäden ausschließen und für Vermögensschäden sich auf leichte Fahrlässigkeit beziehen müssen. Mangels dieser Differenzierung ist die Verjährungsklausel unwirksam, der Vertrag bleibt aber dennoch wirksam (§ 306 Abs. 1 BGB). Anstelle der unwirksamen Klausel gilt das dispositive Gesetzesrecht (§ 306 Abs. 2 BGB).

Die Verkürzung der Verjährung ist also in jedem Fall unwirksam.

Eine Hemmung oder ein Neubeginn liegen nicht vor.

Damit läuft die Verjährung bis zum 15. Januar 2024.

Ergebnis: Der Anspruch auf Nacherfüllung ist nicht verjährt, der Rücktritt Ende März 2023 ist damit wirksam.

Fall 14 Streaming ins Off

Verbraucherin K hat ein neues Smartphone erworben und möchte die Gelegenheit nutzen, ihren Musikstreamingdienst zu wechseln. Sie lädt hierzu im App-Store die App des Anbieters MΩsic herunter und schließt über diese ein 2-Jahres-Abo zum Monatspreis von 13,99 € ab. V möchte sich auch gleich neue Musikstile erschließen und immer wieder die laut Bewerbung des Dienstes in das Abo integrierte Songerkennung nutzen. Allerdings muss sie hierbei bald feststellen, dass die App bei Nutzung der Songerkennung regelmäßig „abstürzt" und wieder neu geladen werden muss. Sie lässt zunächst von einer Expertin ihr Smartphone testen. An diesem liegt es aber nicht. Daraufhin wendet sie sich an den Kundenservice von MΩsic, schildert den Sachverhalt und bittet um Abhilfe. Sie erhält noch eine Bestätigung über den Eingang ihrer Nachricht und den Hinweis, dass aufgrund des derzeitigen starken Anfrageaufkommens die Bearbeitung etwas länger dauern kann. Als sie nach vier Wochen jedoch noch immer keine Rückmeldung und vor allem keine Abhilfe ihres Problems erhalten hat, möchte sie das Abo kündigen.

Frage: Kann V das Abo mit MΩsic vor Ablauf der zwei Jahre kündigen?

Lösung:

Mit Inkrafttreten zum 1.1.2022 hat der Gesetzgeber in den §§ 327 ff. BGB erstmals Verträge über digitale Produkte, allerdings nur für Verbraucherverträge, geregelt. Diese Regelungen fallen etwas aus der bisherigen Systematik des BGB heraus. Auch wurden neue Begriffe eingeführt, wie beispielsweise derjenige der Vertragsbeendigung, um den es in unserem Fall geht. Viele Rechtsfragen rund um diese neuen Regelungen sind noch ungeklärt und werden erst über die folgenden Jahre eine Klärung durch die Rechtsprechung erfahren. Unser Fall bietet einen guten Einstieg in die Systematik der neuen Regelungen.

Entscheidungsgrundlage: V könnte nach §§ 327i Nr. 2, 327m BGB den Vertrag beenden.

Voraussetzungen: Diese Vorschrift verlangt:

- Anwendbarkeit der §§ 327 ff. BGB
- Produktmangel nach § 327e BGB
- Vorliegen der Voraussetzungen des § 327m BGB, nämlich
  - Nacherfüllungsverlangen oder ein sonstiger Fall des § 327m Abs. 1 BGB
  - erfolgloser Fristablauf
  - Erheblichkeit des Mangels (§ 327m Abs. 2 BGB).

Überprüfung: Nach § 327 Abs. 1 handelt es sich bei dem Musikstreamingabo zwischen V und MΩsic um einen Verbrauchervertrag (§ 310 Abs. 3 BGB) über eine digitale Dienstleistung (§ 327 Abs. 2 Satz 2 BGB). Die, durchaus umstrittene, Einordung des Musikstreamingvertrags in einen der Vertragstypen des BGB ist dabei unerheblich, da die §§ 327 ff. BGB bei Vorliegen ihrer Anwendungsvoraussetzungen unabhängig vom Vertragstyp eingreifen.

Es liegt auch ein Produktmangel nach § 327e Abs. 1, Abs. 3 Satz 1 Nr. 2 und Satz 2 BGB vor. Da der Musikstreamingdienst mit der Funktion der Songerkennung beworben wurde, gehört dieses Feature nach § 327e Abs. 3 Satz 2 BGB zur üblichen Beschaffenheit des Produkts. Ein Musikstreamingdienst, der bei Nutzung dieses Features regelmäßig zum Absturz der Streamingapp und damit zu deren Ausfall führt, weist jedoch nicht die übliche, vom Verbraucher erwartbare Beschaffenheit auf. Die Unklarheit der Mangelursache geht hierbei zu Lasten von MΩsic (§ 327k BGB).

V hat auch Nacherfüllung verlangt (eine Fristsetzung ist dabei nicht erforderlich), die von MΩsic nach § 327l Abs. 1 BGB nicht in angemessener Frist erbracht wurde (§ 327m Abs. 1 Nr. 2 BGB). Da eine maßgebliche Funktion des Produkts überhaupt nicht genutzt werden kann, ist der Mangel auch erheblich (§ 327m Abs. 2 BGB).

Ergebnis: Wenn also V die Vertragsbeendigung erklärt (§ 327o Abs. 1 BGB), kann sie das Abo bereits vor Ablauf von 2 Jahren beenden.

Fall 15 Ein später Rückzieher

E ist Eigentümer eines Bauplatzes, an dem sein Nachbar N großes Interesse hat. N hatte E wiederholt vergeblich bestürmt, ihm das Grundstück zu verkaufen. Bei einem erneuten Versuch zeigte sich E aber schließlich bereit und erklärte dem N: „Also gut, ich verkaufe Ihnen den Bauplatz für 300,– € pro Quadratmeter." N war hoch erfreut, sagte sofort zu und stieß mit E mit einem Glas Sekt auf das Grundstücksgeschäft an.

Drei Tage später teilte E dem N mit, er habe für den 26.7. um 9 Uhr einen Beurkundungstermin bei Notar X vereinbart.

Unmittelbar danach beauftragte N einen Architekten mit der Bauplanung und verhandelte mit der Volksbank, wo er einen Finanzierungs-Vorvertrag abschloss.

Am 25.7. teilte E dem N telefonisch mit, er müsse vom Kaufvertrag „leider Abstand nehmen", weil sein Sohn das Grundstück selbst bebauen wolle. Den Notartermin habe er schon abgesagt. Seine Entscheidung sei endgültig.

N hat inzwischen 5000,– € für Architekten- und Finanzierungskosten aufgewendet. Für den Erwerb eines vergleichbaren Grundstücks müsste er 30 000,– € mehr aufwenden.
Frage 1: Hat N gegen E einen Anspruch auf Übereignung des Grundstücks?
Frage 2: Hat er einen Anspruch auf Schadensersatz, gegebenenfalls in welcher Höhe?

Lösung Frage 1:

Entscheidungsgrundlage ist § 433 Abs. 1 BGB.

Voraussetzung ist ein gültiger Kaufvertrag über den Bauplatz.

Überprüfung: E und N haben sich zwar mündlich über das Kaufobjekt und den Kaufpreis geeinigt. Der Kaufvertrag über das Grundstück bedurfte aber nach § 311b Abs. 1 BGB der Beurkundung durch einen Notar. Diese ist nicht erfolgt. Die mündliche Vereinbarung ist nichtig, § 125 Satz 1 BGB.

Ergebnis: N hat keinen Anspruch auf Übereignung des Bauplatzes.

Lösung Frage 2:

Entscheidungsgrundlage: Ein Anspruch auf die 30 000,– € Mehrkosten scheidet hier von vornherein aus. Dies wäre nämlich Schadensersatz statt der Leistung wegen nicht erbrachter Leistung nach §§ 280 Abs. 1, 3, 281 BGB. Vorausgesetzt wird also eine Leistungspflicht, hier die Übereignung des Grundstücks. Eine solche Pflicht bestand aber für E nicht, weil, wie bereits bei der Lösung der 1. Frage dargelegt, kein formgültiger Kaufvertrag abgeschlossen wurde. Dagegen kommt ein Ersatzanspruch für die nutzlos aufgewendeten 5000,– € in Betracht. Als Anspruchsgrundlagen bieten sich §§ 280 Abs. 1, 311 Abs. 2 BGB an.

Voraussetzungen: Diese Vorschriften verlangen:
- Bestehen eines Schuldverhältnisses
- Pflichtverletzung
- die der Schuldner zu vertreten hat.

Überprüfung: Ein gültiger Kaufvertrag besteht nicht. Aber gem. § 311 Abs. 2 Nr. 1 BGB entsteht bereits durch die Aufnahme von Vertragsverhandlungen ein Schuldverhältnis mit Pflichten nach § 241 Abs. 2 BGB. Das bedeutet, dass jeder der beiden Vertragspartner auf die Rechte und Interessen des anderen Teils Rücksicht nehmen muss.

E hat dem N zugesagt, ihm das Grundstück zu verkaufen. Er hat bei N das Vertrauen erweckt, es werde mit Sicherheit zum formgültigen Abschluss des Grundstückskaufvertrages kommen, zumal bereits ein Beurkundungstermin mit dem Notar vereinbart wurde. Dies könnte es rechtfertigen, dem N einen Schadensersatzanspruch wegen seiner nutzlos aufgewendeten Kosten zuzubilligen.

Zu beachten ist hier aber die Besonderheit, dass für das in Aussicht gestellte Immobiliengeschäft notarielle Beurkundung erforderlich ist. Diese Norm soll sicherstellen, dass ohne Beachtung der notariellen Form keine Bindung zwischen den Beteiligten entsteht. Eine solche Bindungswirkung darf aber auch nicht faktisch erreicht werden, indem etwa der Abbruch von Vertragsverhandlungen eine Schadensersatzpflicht auslöst. Daher kommt bei formpflichtigen Geschäften eine Schadensersatzpflicht im vorvertraglichen Verhältnis nur dann – ausnahmsweise – in Betracht, wenn es sich um besonders schwerwiegende vorsätzliche Treuepflichtverletzungen handelt (z.B. Vorspiegeln einer nicht vorhandenen Abschlussbereitschaft oder späteres Abrücken von der Abschlussbereitschaft, ohne dies zu offenbaren, vgl. BGH NJW 1996, 1884). Ein derart vorsätzliches Handeln auf Seiten des E liegt hier nicht vor. Daher scheidet eine Schadensersatzpflicht des E aus.

Ergebnis: Der Schadensersatzanspruch in Höhe von 5000,– € ist nicht begründet.

Fall 16 Der vergessene Hydrant

Bauherr B ließ Gipserarbeiten an seinem Neubau durch den Stuckateurbetrieb des G durchführen.

Der langjährige, stets zuverlässige Vorarbeiter X leitete – immer wieder einmal von G kontrolliert – die Baustelle. Sein Bautrupp ließ an einem Freitag den von ihm angeschlossenen Hydranten vor dem Baugrundstück ungesichert mitten auf der Baustraße stehen.

B, der noch Freitagnacht nach dem Baufortschritt sehen wollte, bemerkte dieses Hindernis zu spät und fuhr auf den Hydranten auf. Sein Pkw wurde beschädigt, und er selbst erlitt erhebliche Verletzungen, obwohl er angegurtet war.

Frage: Ist B berechtigt, von G Schadensersatz einschließlich Schmerzensgeld zu verlangen?

Lösung:

B könnte seine Ansprüche auf Vertragsverletzung und auf unerlaubte Handlung stützen.

1. Entscheidungsgrundlage: Anspruchsgrundlage wegen Pflichtverletzung ist § 280 Abs. 1 BGB.

Voraussetzungen: Hierfür wird vorausgesetzt:

- Bestehen eines Schuldverhältnisses
- eine Pflichtverletzung
- die der Schuldner zu vertreten hat.

Überprüfung: Der Werkvertrag zwischen dem Stuckateurbetrieb G und dem Bauherrn B begründet nicht nur die in §§ 631 Abs. 1, 633 Abs. 1 BGB aufgeführte Hauptleistungspflicht, die Gipserarbeiten ordnungsgemäß durchzuführen, sondern nach § 241 Abs. 2 BGB auch Nebenpflichten. Dazu gehört es, dafür zu sorgen, dass B auf der Zufahrt zu seinem Baugrundstück keinen Schaden an Körper, Gesundheit und Eigentum erleidet.

Gegen diese Pflicht wurde verstoßen, denn vor dem Grundstück des B stand der Hydrant völlig ungesichert auf der Baustraße.

G hatte dies nicht nach § 276 Abs. 1 BGB zu vertreten, da er ja nicht selbst den Hydranten ungesichert stehen ließ, sondern X, dem dies als Vorarbeiter oblag. Ob G hierfür einzustehen hat, beurteilt sich nach § 278 BGB. Dort wird gefordert,

- dass für G eine Verbindlichkeit besteht,
- dass er sich zu deren Erfüllung eines anderen bedient,
- dass dieser Erfüllungsgehilfe sich bei der Erfüllungstätigkeit schuldhaft

verhalten hat.

Die Verbindlichkeit ist die bereits erwähnte Nebenpflicht, die Schutzpflicht für Körper, Gesundheit und Eigentum des B.

Diese muss auch X beachten, nachdem er von G zur Leitung der Baustelle eingesetzt worden ist. G hat sich des X auch in Bezug auf diese Nebenpflicht bedient.

X hat sich hierbei schuldhaft verhalten. Wer vor einer Baustelle auf einer Baustraße einen Hydranten nicht abbaut oder sichert, lässt die im Verkehr erforderliche Sorgfalt außer Acht und handelt somit fahrlässig, § 276 Abs. 2 BGB.

G hat also nach § 278 BGB das Verschulden des X wie eigenes Verschulden zu vertreten. Somit ist auch die dritte Voraussetzung erfüllt.

Der Schaden des B ergibt sich aus dem Sachverhalt.

Ergebnis: G ist also zum Ersatz des Personen- und Sachschadens verpflichtet.

Schmerzensgeld muss G auch zahlen, wenn er Pflichten aus dem Schuldverhältnis verletzt. Es handelt sich insoweit um einen immateriellen Schaden, für den Schadensersatz in Geld verlangt werden kann (§ 253 Abs. 2 BGB).

Der zu ersetzende materielle und immaterielle Schaden wird durch ein Mitverschulden des B bei der Entstehung des Schadens gemindert (§ 254 Abs. 1 BGB), denn bei entsprechender Aufmerksamkeit hätte er den Hydranten wahrnehmen müssen.

2. Entscheidungsgrundlage: Als deliktische Anspruchsgrundlage bietet sich § 831 BGB an.

Voraussetzungen: Die Haftung nach § 831 Abs. 1 BGB ist an folgende Voraussetzungen geknüpft:

- Bestellung eines anderen zu einer Verrichtung
- Schädigung eines Dritten durch den Verrichtungsgehilfen
- bei Ausführung der übertragenen Verrichtung
- in widerrechtlicher Weise
- keine Exkulpation nach § 831 Abs. 1 Satz 2 BGB.

Überprüfung: G hat den X dazu bestellt, die Baustelle zu leiten. Dazu gehört es auch, für Abbau oder Sicherung des Hydranten vor der Baustelle auf der Baustraße Sorge zu tragen.

Dies tat X nicht und war damit ursächlich dafür, dass B an Körper, Gesundheit und Eigentum Schaden erlitt. Damit hat X absolut geschützte Rechtsgüter des B im Sinne des § 823 Abs. 1 BGB verletzt.

Dies geschah in Ausführung der dem X übertragenen Verrichtung, da die Sicherung des Zuganges zum Grundstück zur Baustellenleitung gehört.

X hat widerrechtlich gehandelt, da er keinen Rechtfertigungsgrund für die Verletzung des B hatte. Auf ein Verschulden des X kommt es hier, anders als bei § 278 BGB, nicht an.

Um sich zu exkulpieren, muss G nach § 831 Abs. 1 Satz 2 BGB beweisen,

- dass er bei der Auswahl des Verrichtungsgehilfen
- und bei der Bereitstellung von Gerätschaften
- und bei der Überwachung der übertragenen Verrichtung

die im Verkehr erforderliche Sorgfalt beobachtet hat.

X ist ein langjähriger, stets zuverlässiger Arbeitnehmer. Ein Verschulden des G bei der Auswahl lag daher nicht vor.

Gerätschaften brauchten hier nicht bereitgestellt zu werden.

Eine dauernde Überwachung eines langjährigen, zuverlässigen Vorarbeiters war nicht erforderlich. Eine immer wieder einmal erfolgte Kontrolle war hier ausreichend.

Ergebnis: Bei den nicht allzu hohen Anforderungen, die die Gerichtspraxis an den Entlastungsbeweis stellt, ist anzunehmen, dass G sich exkulpieren kann. Eine Ersatzpflicht des G nach § 831 BGB besteht daher nicht.

Fall 17 Ein Produktfehler mit Folgen

A erlitt mit seinem neu gekauften PKW, einem japanischen Modell, nach drei Monaten einen schweren Unfall. Der PKW sackte auf gerader Strecke plötzlich hinten ab, geriet ins Schleudern und überschlug sich. A wurde erheblich verletzt; er lag zwei Monate im Krankenhaus. Der PKW war nahezu total beschädigt.

Ein Sachverständigengutachten ergab: Der Unfall ist auf einen Bruch der hinteren Schubstrebe zurückzuführen. Diese hat Risse aufgewiesen, die auf einen Bearbeitungsfehler – Schmieden bei zu niedriger Temperatur – zurückgehen. Die Risse hätten bei einer Untersuchung im Wege magnetischer Flutung festgestellt werden können.

A möchte wegen des Unfallschadens – hoher PKW-Schaden, von der Versicherung nicht gedeckte Arzt- und Krankenhauskosten, Schmerzensgeld – keinen Rechtsstreit in Japan gegen das Herstellerwerk D führen. Ihn interessiert daher, ob und welche Geldansprüche ihm gegen Firmen zustehen, die in der Bundesrepublik Deutschland ansässig sind, nämlich
Frage 1: die Autohändlerin B, bei der A den PKW gekauft hat;
Frage 2: die Vertriebs-GmbH C, die das japanische Modell importiert hat.

Lösung Frage 1:

Geldansprüche des A gegen das Autohaus B, das allein als Händler und nicht als Hersteller oder Quasi-Hersteller beteiligt war, könnten sich aus § 437 BGB ergeben. Danach kann A wählen, ob er Rücktritt, Minderung, Ersatz vergeblicher Aufwendungen oder Schadensersatz verlangt. Den Ersatz vergeblicher Aufwendungen verlangt A nicht.

1. Entscheidungsgrundlage: A könnte gem. §§ 437 Nr. 2, 323 BGB vom Kaufvertrag zurücktreten. Rechtsfolge des Rücktritts wäre es, dass A nach § 346 BGB den Kaufpreis zurückverlangen kann.

Voraussetzungen: § 437 Nr. 2 BGB verweist auf § 323 BGB. Danach ist ein Rücktritt möglich, wenn folgende Voraussetzungen vorliegen:

- Bestehen eines Kaufvertrages
- Mangel der Sache
- kein Haftungsausschluss
- Vorliegen der Voraussetzungen des § 323 BGB, nämlich
  - Bestimmen einer angemessenen Frist zur Nacherfüllung
  - erfolgloser Fristablauf
  - Erheblichkeit der Pflichtverletzung (§ 323 Abs. 5 Satz 2 BGB).

Überprüfung: Ein Kaufvertrag wurde geschlossen. Der gekaufte PKW hatte einen Sachmangel. Er eignete sich nach § 434 Abs. 1, Abs. 3 Nr. 1 BGB nicht für die gewöhnliche Verwendung. Der Käufer A durfte bei Übergabe des PKW erwarten, dass sein PKW so wenig gefahrenträchtig ist wie ein normaler Neuwagen.

A hat aber keine Frist zur Nacherfüllung gesetzt. Die Fristsetzung ist aber nach § 475d Abs. 1 Nr. 3 BGB entbehrlich, wenn der Mangel derart schwerwiegend ist, dass der sofortige Rücktritt gerechtfertigt ist. Ein Verbrauchsgüterkauf nach § 474 Abs. 1 BGB liegt hier vor. Der Mangel betraf hier ein sicherheitsrelevantes Bauteil, wodurch das Vertrauen des A in dieses Fahrzeug wegen Art und Schwere des Unfalls erheblich erschüttert ist.

Die Pflichtverletzung ist erheblich (§ 323 Abs. 5 Satz 2 BGB), weil der PKW nicht benutzt werden kann.

Ergebnis: Also kann A zurücktreten und bekommt dann den Kaufpreis zurück (§ 346 BGB). Er hat damit nur einen Ausgleich für das mangelhafte Auto, nicht aber für Schäden an anderen Rechtsgütern wie seine körperliche Unversehrtheit.

2. Entscheidungsgrundlage: A könnte gem. §§ 437 Nr. 2, 441 BGB vom Autohaus B Minderung verlangen.

Voraussetzungen: § 437 Nr. 2 BGB verweist für die Minderung auf § 441 BGB, dort tritt die Minderung anstelle des Rücktritts. Es gelten also die oben geschilderten Voraussetzungen, aber die Pflichtverletzung braucht nicht erheblich zu sein.

Überprüfung: Die Voraussetzungen sind – wie oben überprüft – gegeben.

Ergebnis: Der Käufer A kann den Kaufpreis mindern.

3. Entscheidungsgrundlage: A verlangt Schadensersatz nach § 437 Nr. 3, 280 BGB. § 437 Nr. 3 BGB verweist auf § 280 BGB oder auf § 281 BGB. Schadensersatz nach § 281 BGB wird statt der Leistung, hier Lieferung des PKW, gewährt. Darum geht es dem A nicht, er will vielmehr den durch die mangelhafte Lieferung entstandenen Schaden am PKW und die von der Versicherung nicht gedeckten Arzt- und Krankenhauskosten ersetzt bekommen. Dafür kommt § 280 BGB in Betracht.

Voraussetzungen: § 437 Nr. 3 BGB verlangt:

- Bestehen eines Kaufvertrages
- Mangel der Sache
- kein Haftungsausschluss
- Vorliegen der Voraussetzungen des § 280 BGB, nämlich
  - Pflichtverletzung durch Lieferung einer mangelhaften Sache
  - die der Verkäufer zu vertreten hat.

Überprüfung: Die drei ersten Voraussetzungen liegen nach Prüfung zur ersten Entscheidungsgrundlage vor.

Die Autohändlerin B hat also durch die Lieferung des mangelhaften PKW eine Pflicht verletzt. Ihr kann aber kein Verschulden nach § 276 BGB vorgeworfen werden. B ist bloße Händlerin; eine umfassende Materialprüfung ist einer Händlerin nicht möglich und nicht zuzumuten. Es bleibt § 278 BGB. Das Herstellerwerk D in Japan handelte fahrlässig; der Bearbeitungsfehler – zu niedrige Temperatur beim Schmieden – hätte schon nicht passieren dürfen, auf jeden Fall hätte er durch eine genaue Materialkontrolle entdeckt werden müssen. Dieses Verschulden muss sich aber das Autohaus B nicht anrechnen lassen. Der Produzent ist nicht Erfüllungsgehilfe des Händlers. Ein Händler ist nicht zur Herstellung der Kaufsache verpflichtet, sondern allein zur Lieferung des bereits hergestellten Produktes. Diesen Produktionsfehler hat B nicht nach §§ 276, 278 BGB zu vertreten.

Ergebnis: A ist daher nicht berechtigt, Schadensersatz von Autohändlerin B zu verlangen.

4. Entscheidungsgrundlage: Der Ersatzanspruch des A könnte über eine unerlaubte Handlung nach § 823 Abs. 1 BGB berechtigt sein.

Voraussetzungen: § 823 Abs. 1 BGB erfordert

- Verletzung eines dort aufgeführten Rechtsguts
- Widerrechtlichkeit
- Verschulden.

Überprüfung: Autohändlerin B unterließ es, eine umfassende Materialkontrolle durchzuführen. B setzte damit eine Mitursache für die Körperverletzung des A.

Ein Unterlassen ist aber nur dann widerrechtlich, wenn eine Rechtspflicht zum aktiven Tun bestand. Das kann hier nicht angenommen werden. B ist bloße Händlerin und als solche, wie oben ausgeführt, nicht zu einer Materialkontrolle verpflichtet, die nötig gewesen wäre, um den Fehler – Risse an der Schubstrebe – zu entdecken.

Ergebnis: Schadensersatz ist also auch nicht nach § 823 Abs. 1 BGB begründet.

5. Entscheidungsgrundlage: Es bleibt noch ein Schadensersatzanspruch aufgrund von § 831 BGB.

Voraussetzungen: Diese Haftungsnorm kommt zur Anwendung bei

- Bestellung eines anderen zu einer Verrichtung
- Schädigung eines Dritten durch diesen Gehilfen
- bei Ausführung der übertragenen Verrichtung
- in widerrechtlicher Weise
- keine Exkulpation nach § 831 Abs. 1 Satz 2 BGB.

Überprüfung: Ein Händler ist nicht der Geschäftsherr, der den Produzenten zum Gehilfen bestellt hat. Nur unter dieser Annahme könnte § 831 BGB zum Tragen kommen. Ein Händler hat kein Weisungsrecht, das ihn Einfluss auf den Produzenten nehmen lassen könnte. Das aber setzt § 831 BGB voraus, wie die Regelung zum Entlastungsbeweis zeigt.

Ergebnis: A steht gegen Autohändlerin B auch kein Schadensersatz nach § 831 BGB zu.

Nach alledem kann A gegen seine unmittelbare Vertragspartnerin B nur Ansprüche wegen der fehlerhaften Kaufsache selbst, nicht aber wegen des Körperschadens, durchsetzen.

Lösung Frage 2:

1. Entscheidungsgrundlage: Da zwischen A und der Vertriebsgesellschaft C kein Vertragsverhältnis besteht, ist zunächst die spezielle Regelung des § 1 ProdHaftG zu prüfen, die einen engen Personenkreis einer besonders strengen Haftung unterwirft.

Voraussetzungen: § 1 ProdHaftG setzt voraus:

- Hersteller
- verletzt ein aufgeführtes Rechtsgut
- durch fehlerhaftes Produkt
- kein Haftungsausschluss nach § 1 Abs. 2 ProdHaftG.

Überprüfung: Der Unglücks-PKW wurde nicht von der Vertriebsgesellschaft C hergestellt, sondern vom japanischen Herstellerwerk D. Jedoch erweitert § 4 ProdHaftG den Kreis der Verpflichteten über den eigentlichen Hersteller hinaus. Nach § 4 Abs. 2 ProdHaftG unterliegt auch der Importeur, der ein Produkt aus einem Land außerhalb des Europäischen Wirtschaftsraumes in ein Land dieses Raumes einführt, dem Geltungsbereich des ProdHaftG. Darunter fällt die Vertriebsgesellschaft C.

Die geschäftlichen Aktivitäten von C waren Mitursache, dass A in einem Rechtsgut verletzt wurde, das durch das ProdHaftG geschützt ist. Es liegt zwar keine Sachbeschädigung im Sinne dieses Gesetzes vor; dazu hätte eine andere Sache betroffen sein müssen als das fehlerhafte Produkt selbst (§ 1 Abs. 1 Satz 2 ProdHaftG). A wurde bei dem Unfall aber auch schwer verletzt; die körperliche Integrität zählt zu den geschützten Rechtsgütern des ProdHaftG.

Diese Körperverletzung wurde durch ein fehlerhaftes Produkt verursacht, das C importierte und vertrieb. Fehlerhaft sind nach § 3 ProdHaftG Produkte, die nicht die Sicherheit bieten, die berechtigterweise erwartet werden kann. Der Bearbeitungsfehler – Schmieden der Schubstrebe bei zu niedriger Temperatur – machte den PKW in hohem Maße gefahrenträchtig; ein Käufer durfte zu Recht einen weit höheren Sicherheitsstandard erwarten.

Die Vertriebsgesellschaft C kann sich auch nicht auf einen Haftungsausschluss nach § 1 Abs. 2 ProdHaftG berufen, insbesondere nicht auf die Nr. 5. Danach kommt es darauf an, ob der Fehler nach dem Stand der Wissenschaft und Technik nicht erkennbar gewesen ist. Diese Situation bestand hier nicht; eine magnetische Flutung hätte den Fehler zu Tage gebracht.

Ergebnis: A kann von der Vertriebsgesellschaft C nach dem ProdHaftG wegen der erlittenen Körperverletzung, nicht aber wegen des nahezu total beschädigten PKW, Schadensersatz verlangen. Dieser Anspruch umfasst nach § 8 Satz 2 ProdHaftG auch Schmerzensgeld.

2. Entscheidungsgrundlage: Nach § 15 Abs. 2 ProdHaftG bleibt eine weitergehende Haftung der Vertriebsgesellschaft C aufgrund anderer Vorschriften möglich. Dabei ist zunächst § 823 Abs. 1 BGB zu prüfen.

Voraussetzungen: Die Kriterien wurden bereits oben dargelegt.

Überprüfung: Die Vertriebsgesellschaft C wird in der Rechtsform einer GmbH betrieben. Eine GmbH ist, wie jede andere juristische Person, handlungsunfähig. Ihr wird aber das Handeln ihrer Organe, hier der Geschäftsführer als verfassungsmäßig berufene Vertreter (vgl. § 35 Abs. 1 GmbHG), über § 31 BGB zugerechnet.

Dieser Geschäftsführer unterließ es, die Gesellschaft so zu organisieren, dass von den von ihr vertriebenen PKWs keine Gefahr für die Nutzer oder Dritte ausging. Diese Unterlassung war mitursächlich für die Schädigung des A. Anders als nach dem ProdHaftG gilt die Vertriebsgesellschaft C im Rahmen von § 823 Abs. 1 BGB jedoch nicht als Hersteller. Als Importeur von Produkten von Herstellern außerhalb des EWR können ihr zwar auch herstellertypische Verkehrssicherungspflichten obliegen, in der Regel aber nicht Konstruktions- und Fabrikationspflichten. Da die Sicherheitsanforderungen an

Kraftfahrzeuge in Japan vergleichbar denjenigen in der EU sind, oblag der Vertriebsgesellschaft C daher hier keine entsprechende Kontrollpflicht. Anderes ist nur dann anzunehmen, wenn der Vertriebsgesellschaft bereits Schadensfälle bei der Produktverwendung bekannt geworden sind, oder wenn die Umstände des Falles eine Überprüfung nahelegen, was hier aber nicht der Fall ist.

Ergebnis: Eine weitergehende Haftung der Vertriebsgesellschaft C ist nicht nach §§ 823, 31 BGB begründet.

3. Entscheidungsgrundlage: Es bleibt noch, § 831 BGB zu prüfen.

Voraussetzungen: Die Merkmale dieser Haftungsnorm wurden oben erörtert.

Überprüfung: Bereits die erste Voraussetzung liegt nicht vor. Die Vertriebsgesellschaft hat nicht den Produzenten zum Gehilfen bestellt. Es besteht kein Weisungsrecht.

Ergebnis: § 831 BGB kommt nicht zur Anwendung. A stehen gegen die Vertriebsgesellschaft C nur die Ansprüche nach dem ProdHaftG zu, nämlich wegen der erlittenen Körperverletzung, einschließlich Schmerzensgeld.

Fall 18 Die verbrannten Holzverzierungen

Der Hersteller von Stilmöbeln K kaufte bei dem in Hannover niedergelassenen V – einem Produzenten von maschinell geschnitzten Holzverzierungen – 10 000 unterschiedliche Möbelverzierungen nach Katalog.

K bittet um Anlieferung in seine Niederlassung in Karlsruhe und vereinbart mit V, dass V „frachtfrei Werk Karlsruhe" liefert. V informiert hierzu den K, dass die Möbelverzierungen aus dem Zweigwerk Rostock angeliefert werden. K ist damit einverstanden.

V übergibt in Rostock die bestellten Möbelverzierungen an den Transporteur T. Der bei T angestellte Fahrer F fährt mit dem Lastwagen über Hannover nach Karlsruhe.

Zwischen Berlin und Hannover kommt es zu einem Verkehrsunfall, bei dem der Lastwagen des T mit der gesamten Ladung verbrennt. Der Fahrer F hat den Unfall grob fahrlässig verursacht.

Frage 1: Muss V nochmals liefern?
Frage 2: Kann V von K Bezahlung der verbrannten Lieferung verlangen?
Frage 3: Wenn K den Kaufpreis zahlen muss, kann K von T Schadensersatz verlangen?

Lösung Frage 1:

Entscheidungsgrundlage: Anspruchsgrundlage für die Lieferung ist § 433 Abs. 1 BGB.

Voraussetzung: Der nach § 433 Abs. 1 BGB erforderlich Kaufvertrag wurde zwischen V und K abgeschlossen. K hat also einen Anspruch auf Lieferung.

Der Lieferanspruch des K könnte aber nach § 275 Abs. 1 BGB entfallen sein. Dafür ist erforderlich, dass die Lieferung für V unmöglich ist.

Überprüfung: Bei den verkauften Holzverzierungen handelt es sich um industriell gefertigte Ware, also nach allgemeinen Merkmalen bestimmte Gattungsware. Diese kann V noch beschaffen und liefern.

Wenn es sich bei den Möbelverzierungen um eine Stückschuld handelt, dann ist durch den Brand die allein von V geschuldete Ware vernichtet worden, und es liegt Unmöglichkeit vor.

V hat aus der Gattungsschuld eine Stückschuld werden lassen, wenn er nach § 243 Abs. 2 BGB das seinerseits Erforderliche getan hat. Erforderlich für diese Konkretisierung ist, dass die vertragsgemäße Sache am richtigen Ort zur richtigen Zeit von V zur Verfügung gestellt wurde. Die Lieferung war qualitativ vertragsgemäß. Problematisch ist hier der Leistungsort nach § 269 BGB.

Nach § 269 Abs. 1 BGB kann der Leistungsort vereinbart werden. Durch die vertragliche Formulierung „frachtfrei Werk Karlsruhe" wird Karlsruhe nicht als Leistungsort bestimmt. Es wird gemäß Incoterms 2020 dadurch lediglich festgelegt, dass V die Kosten des Transportes übernimmt, wie sich aus § 269 Abs. 3 BGB ergibt.

V hatte den K informiert, dass die Ware von Rostock aus geliefert wird, also Rostock als Leistungsort angegeben. K war damit einverstanden, so dass Rostock der vereinbarte Leistungsort ist.

Da V dort zur richtigen Zeit geleistet hat, liegt eine Stückschuld vor. Die Vernichtung der Ware hat zur Unmöglichkeit der Erfüllung geführt.

Ergebnis: Der Anspruch des K auf Lieferung ist ausgeschlossen.

Lösung Frage 2:

Entscheidungsgrundlage: Anspruchsgrundlage für die Zahlung ist § 433 Abs. 2 BGB.

Voraussetzung: Der nach § 433 Abs. 2 BGB erforderlich Kaufvertrag wurde zwischen V und K abgeschlossen. V hat also einen Anspruch auf Zahlung des Kaufpreises.

Der Zahlungsanspruch des V könnte aber nach § 326 Abs. 1 1. Satzteil BGB entfallen sein. Dafür ist erforderlich, dass

- der Zahlungsanspruch ein Anspruch auf die Gegenleistung ist und
- V nach § 275 Abs. 1 bis 3 BGB nicht zu leisten braucht und
- die Gefahr des zufälligen Unterganges nicht mehr vom Verkäufer zu tragen ist und
- § 326 Abs. 2 BGB keine Anwendung findet.

Überprüfung: Bei einem Kaufvertrag werden die Leistungen jeweils dem anderen Vertragspartner, also gegenseitig, erbracht (gegenseitiger Vertrag, § 320 BGB). K schuldet die Zahlung des Kaufpreises damit als Gegenleistung für die Lieferung.

Dass V nicht zu leisten braucht, wurde zur Frage 1 bereits festgestellt.

Der Gefahrübergang wird in § 447 BGB geregelt, dessen Voraussetzungen sind:

- Kaufvertrag,
- Versendung auf Verlangen des K,
- an einen anderen als den Erfüllungsort,
- Übergabe an den Transporteur.

Die Voraussetzungen Kaufvertrag und Versendung auf Verlangen des K sind – wie sich aus dem Sachverhalt ergibt – gegeben. Die Versendung vom Erfüllungsort Rostock nach Karlsruhe ist die Versendung nach einem anderen als dem Erfüllungsort. Die Übergabe an T ist in Rostock erfolgt. Da somit die Kriterien des § 447 BGB erfüllt sind, ist die Gefahr des zufälligen Unterganges auf den Käufer K übergegangen. Ein zufälliger Untergang liegt hier auch vor, weil weder V noch K Verantwortung für den Unfall tragen. Insbesondere ist T kein Erfüllungsgehilfe des V nach § 278 BGB, weil er nicht dessen Pflichten wahrnimmt.

Also ist die Gefahr bereits auf K übergegangen, § 326 Abs. 1 BGB findet keine Anwendung.

Ausnahme von § 326 Abs. 1 BGB ist auch § 326 Abs. 2 BGB. Dessen Voraussetzungen sind nicht erfüllt. K ist nicht allein oder überwiegend für den Verkehrsunfall verantwortlich und befindet sich auch nicht im Annahmeverzug.

Ergebnis: K muss zahlen.

Lösung Frage 3:

1. Möglichkeit

Entscheidungsgrundlage: Der Schadensersatzanspruch könnte auf § 280 Abs. 1 BGB gestützt werden.

Voraussetzungen: Diese Vorschrift setzt voraus

- Bestehen eines Schuldverhältnisses
- Pflichtverletzung
- die der Schuldner zu vertreten hat.

Überprüfung: Zwischen K und T besteht kein Schuldverhältnis.

Ergebnis: K kann keinen Schadensersatz erlangen.

2. Möglichkeit

Entscheidungsgrundlage: Der Ersatzanspruch des K könnte über eine unerlaubte Handlung nach § 823 Abs. 1 BGB berechtigt sein.

Voraussetzungen: § 823 Abs. 1 BGB erfordert

- Verletzung eines dort aufgeführten Rechtsgutes
- Widerrechtlichkeit
- Verschulden.

Überprüfung: In Betracht kommt, dass T das Eigentum des K verletzt hat. Erforderlich wäre, dass K Eigentümer der Möbelverzierungen war. Für den Eigentumserwerb fehlt es an der Übergabe durch V nach § 929 Satz 1 BGB. K war kein Eigentümer.

Ergebnis: Schadensersatz ist also auch nicht nach § 823 BGB begründet.

3. Möglichkeit

Entscheidungsgrundlage: Als Anspruchsgrundlage kommt §§ 425, 421 Abs. 1 Satz 2 HGB in Betracht

Voraussetzungen: Erforderlich für diesen Anspruch des K als Empfänger des Gutes gegen T ist ein

- Frachtvertrag
- Verlust des Gutes
- von der Übernahme zur Beförderung bis zur Ablieferung
- kein Ausschluss der Haftung.

Überprüfung: Gegenstand des Frachtvertrages ist die gewerbsmäßige Beförderung von Gütern durch den Frachtführer zu Lande (§ 407 Abs. 3 HGB). T betreibt die Beförderung von Gütern als Gewerbe; Güter sind alle körperlichen Gegenstände, also auch die Möbelverzierungen.

Die Möbelverzierungen sind nach der Übernahme zur Beförderung zerstört worden.

K war der Empfänger des Gutes. Ein Ausschluss der Haftung nach §§ 426 ff. HGB liegt nicht vor.

Ergebnis: K kann von T Schadensersatz verlangen.

Fall 19 Vertragsstrafe bei überschrittenem Termin

Maschinenbauer V hatte sehr viele termingebundene Aufträge übernommen. So schuldet er auch K bis spätestens 1. September den Bau einer Spezialmaschine für 120 000,– €. Im Vertrag zwischen V und K war festgelegt worden, dass für jeden Tag der Zu-spät-Erfüllung eine Vertragsstrafe in Höhe von 500,– € zu bezahlen sei. V lieferte die Maschine erst am 21. September. Er entschuldigte sich damit, dass sein Betrieb vom 17. bis einschließlich 21. August bestreikt worden sei.

Frage 1: Kann K vom Kaufpreis die Vertragsstrafe absetzen? Wenn ja, in welcher Höhe?

Frage 2: K hatte den Einsatz dieser Spezialmaschine vom 6. September an fest eingeplant gehabt. Bis 21. September erlitt er daher selbst Schaden von zusammen 10 000,– €. Kann K diesen Schaden zusätzlich zur Vertragsstrafe geltend machen?

Lösung Frage 1:

Entscheidungsgrundlage: Anspruchsgrundlage ist § 339 Satz 1 BGB.

Voraussetzungen: Die Vertragsstrafe ist danach berechtigt, wenn der Schuldner in Verzug kommt. Schuldnerverzug setzt nach § 286 Abs. 1 und 4 BGB voraus:

- Bestehen eines Schuldverhältnisses
- Nichterbringen einer geschuldeten Leistung
- trotz Fälligkeit und
- trotz Mahnung,
- das der Schuldner zu vertreten hat.

Überprüfung: V schuldet die Lieferung der Spezialmaschine. Er hat sie zum vereinbarten Zeitpunkt, nämlich dem 1. September, nicht erbracht. Die Leistung, nämlich die Auslieferung der Spezialmaschine, war zum 1. September fällig.

Eine Mahnung brauchte hier, um Schuldnerverzug zu begründen, ausnahmsweise nicht zu erfolgen. Die Lieferzeit war kalendermäßig auf 1. September bestimmt (§ 286 Abs. 2 Nr. 1 BGB). Nichtlieferung zu diesem Termin liegt vor.

Bei der fünften Voraussetzung, dem Vertretenmüssen, ist zu unterscheiden. Soweit die Auslieferung durch den Streik verzögert wurde, hat das ein Schuldner nicht zu vertreten (str.). Diese fünf Tage Verzögerung hat er also nicht zu vertreten. Im Übrigen aber (15 Tage) geht die Verzögerung auf falsche Dispositionen zurück, für die ein Schuldner einzustehen hat. Wer nämlich so disponiert, dass er nicht alle übernommenen Terminaufträge rechtzeitig erfüllen kann, handelt mindestens fahrlässig (§ 276 Abs. 2 BGB).

Ergebnis: Vertragsstrafe ist also für 15 Tage Verzögerung berechtigt; daraus errechnet sich ein Betrag von 7 500,– €. Eine Herabsetzung über § 343 BGB ist nach § 348 HGB ausgeschlossen; der Inhaber einer Maschinenfabrik ist nach § 1 HGB Kaufmann, da er ein Handelsgewerbe betreibt.

Lösung Frage 2:

Zunächst ist die Vorfrage zu klären, ob neben einer Vertragsstrafe überhaupt Schadensersatz verlangt werden kann. Die Antwort gibt § 341 Abs. 2 BGB, der auf § 340 Abs. 2

BGB verweist. Die Vertragsstrafe von 7500,– € ist danach der Mindestschadensbetrag. Ein weitergehender Schaden, hier also von 2500,– €, kann geltend gemacht werden.

Entscheidungsgrundlage: In Betracht kommt §§ 280 Abs. 1, 2, 286 BGB. Nach diesen Bestimmungen kann nämlich ein Gläubiger bei Verzögerung neben der Vertragsleistung auch Ersatz des Schadens verlangen.

Voraussetzungen: Es müssen folgende Voraussetzungen vorliegen:

- Bestehen eines Schuldverhältnisses
- Verzögerung der Leistung
- die der Schuldner zu vertreten hat (§ 280 Abs. 1 Satz 2 BGB)
- Vorliegen der Voraussetzungen des § 286 BGB, also
  - Nichterbringen einer geschuldeten Leistung
  - trotz Fälligkeit und
  - trotz Mahnung.

Überprüfung: Diese Voraussetzungen sind, wie oben dargelegt wurde, für 15 Tage Verzögerung erfüllt. Das ist die Zeit, für die allein Verzögerungsschaden geltend gemacht wird.

Ergebnis: Schadensersatz ist also neben der Vertragsstrafe von 7500,– € in Höhe von weiteren 2500,– € berechtigt.

Fall 20 Der verrechnete Lohn

U ist Inhaber einer Küchenmöbelfabrik. A stand in seinen Diensten als Arbeiter.

Nach einigen Vorgesprächen schlossen beide am 5. Januar folgenden Vertrag:

„U verkauft an A eine Küchenzeile, Modell Claudia, zu einem Vorzugspreis von 4000,– €.

Dieser Kaufpreis wird von A an U in monatlichen Raten von jeweils 400,– € entrichtet. Die 400,– € werden ab Februar monatlich vom Lohn abgezogen. Kündigt A jedoch, bevor die 4000,– € abgetragen sind, so wird der noch offen stehende Betrag sofort fällig und mit der Restlohnforderung verrechnet. Unterschriften: U, A."

A war von U über sein Widerrufsrecht ordnungsgemäß belehrt worden; er hatte es aber nicht ausgeübt.

A kündigte fristgerecht auf Ende Juni. Als er am 30. Juni seine Papiere und seine Lohnabrechnung im Lohnbüro abholte, war er sehr erstaunt, dass er von den 2000,– € netto, die er noch an Lohn für den Monat Juni zu beanspruchen hatte, keinen Pfennig ausbezahlt erhielt. Er wandte sich deshalb an U. Dieser verwies auf den Vertrag vom 5. Januar, wonach er den aus dem Darlehen noch offen stehenden Betrag verrechnen dürfe.

Frage: Hat U damit recht?

Lösung:

Entscheidungsgrundlage: Die Antwort ergibt sich aus §§ 387 ff. BGB.

Voraussetzungen: Danach führt eine erklärte Aufrechnung zum Erlöschen der Forderungen bei

- Gegenseitigkeit der Leistungen
- Gleichartigkeit
- Fälligkeit der Aktivforderung
- Erfüllbarkeit der Passivforderung
- Fehlen eines speziellen Aufrechnungsverbotes.

Überprüfung: U und A schulden einander Leistungen: U dem A den Lohn für den Monat Juni in Höhe von 2 000,– € aus dem Arbeitsvertrag (§ 611 Abs. 1 BGB), A dem U noch 2 000,– € aus dem Kaufvertrag (§ 433 Abs. 2 BGB).

Diese Leistungen sind gleichartig; beides sind Geldforderungen.

Die restliche Kaufpreisforderung des U über 2000,– € wird nach dem Kaufvertrag vom 5. Januar durch die Kündigung des Arbeitsverhältnisses sofort fällig.

U kann die Lohnforderung des A über 2000,– € am 30. Juni bewirken.

Die danach zulässige Aufrechnung führt jedoch nicht zum vollständigen Erlöschen der beiden Forderungen. Es steht das spezielle Aufrechnungsverbot des § 394 Satz 1 BGB entgegen. Danach ist eine Aufrechnung insoweit unzulässig, als die Passivforderung der Pfändung nicht unterworfen ist. Nach § 850c ZPO ist ein Teil des Arbeitseinkommens als Existenzminimum unpfändbar und damit auch nicht aufrechenbar.

Ergebnis: U kann also nicht die gesamten 2000,– € verrechnen, sondern nur den pfändbaren Teil. Dass im Vertrag vom 5. Januar anderes festgelegt ist, ändert daran nichts. Der Passus, dass die Restlohnforderung beim Ausscheiden des A verrechnet wird, verstößt, was den Pfändungsfreibetrag nach § 850c ZPO betrifft, gegen die zwingende Vorschrift des § 394 Satz 1 BGB und ist daher insoweit nichtig (§ 134 BGB). Diese Teilnichtigkeit führt nicht zur Gesamtnichtigkeit des Vertrages vom 5. Januar (§ 139 BGB), da dies dem Willen der Parteien nicht entsprechen würde.

Fall 21 Schlägerei im Wahlkampf

A und B hatten sich zur Wahlkampfzeit mit Begeisterung einer Klebekolonne der X-Partei angeschlossen. Nach getaner Arbeit trafen sie den Nachtwachmann N an, der gerade dabei war, die Wahlplakate vom Fabriktor seines Arbeitgebers wieder zu entfernen. Wütend bestürmten sie den N, die Plakate hängen zu lassen. Als alle Worte nichts fruchteten, ließen sie sich dazu hinreißen, auf N einzuschlagen. Dabei verlor N zwei Zähne.

Die Zahnarztkosten betrugen 3200,– €.

Frage 1: Ist N berechtigt, von A und B Schadensersatz in Höhe von 3200,– € zu verlangen?

Frage 2: Hat A, wenn er die 3200,– € an N bezahlt hat, die Möglichkeit, von B einen Teil dieses Betrages zurückzuverlangen?

Frage 3: Wäre es von Bedeutung, wenn die wütenden A und B erst auf N eingeschlagen hätten, nachdem N sie wegen ihrer Arbeit für die X-Partei tüchtig gehänselt hatte?

Lösung Frage 1:

Entscheidungsgrundlage: Anspruchsgrundlage ist § 823 Abs. 1 BGB.

Voraussetzungen: Diese Vorschrift verlangt:

- Verletzung eines dort aufgeführten Rechtsgutes
- Widerrechtlichkeit
- Verschulden.

Überprüfung: Indem A und B dem N die Zähne einschlugen, verletzten sie ihn körperlich. Die körperliche Integrität wird in § 823 Abs. 1 BGB geschützt.

A und B waren dazu nicht berechtigt; sie haben insbesondere nicht in Notwehr gehandelt (§ 227 BGB).

Die beiden schlugen absichtlich auf N ein. Sie handelten also vorsätzlich.

Ergebnis: N ist somit berechtigt, Schadensersatz zu verlangen. A und B haben den Schaden des N gemeinschaftlich verursacht. Daher ist jeder für den Schaden verantwortlich (§ 830 Abs. 1 Satz 1 BGB). Damit haften sie als Gesamtschuldner (§ 840 Abs. 1 BGB). Bei gesamtschuldnerischer Haftung kann der Gläubiger die Leistung nach seinem Belieben von jedem der Schuldner ganz oder zum Teil fordern (§ 421 Satz 1 BGB). N kann also nach seiner Wahl sowohl von A auch von B den vollen Betrag verlangen, aber nicht mehr als insgesamt 3200,– €.

Lösung Frage 2:

Entscheidungsgrundlage: Anspruchsgrundlage hierfür ist § 426 BGB.

Voraussetzungen: Danach sind Gesamtschuldner im Innenverhältnis zu gleichen Teilen verpflichtet, soweit nichts anderes bestimmt ist (§ 426 Abs. 1 Satz 1 BGB).

Überprüfung: A und B haben also im Innenverhältnis je 1600,– € zu tragen. Etwas anderes ist nicht anzunehmen, weil nach dem Sachverhalt von gleichen Tatbeiträgen auszugehen ist.

Ergebnis: A ist somit berechtigt, sich wegen 1600,– € an B zu halten.

Lösung Frage 3:

Anspruchsgrundlage ist auch bei dieser Sachlage § 823 Abs. 1 BGB i.V.m. §§ 830 Abs. 1 Satz 1, 840 Abs. 1 BGB.

Die Körperverletzung bleibt widerrechtlich. A und B können sich nicht auf Notwehr berufen (§ 227 Abs. 1 BGB), weil sie sich nicht auf Verteidigung beschränkten (§ 227 Abs. 2 BGB).

Entscheidungsgrundlage: Es ergibt sich die Frage, ob die Schadensersatzpflicht nach § 254 Abs. 1 BGB gemindert sein könnte.

Voraussetzungen: Diese Vorschrift setzt voraus, dass bei der Schadenentstehung ein Verschulden des Beschädigten mitgewirkt hat. Ist dies der Fall, so hängt der Umfang der Schadensersatzpflicht vom Grad der Verursachung durch die Beteiligten ab.

Überprüfung: N hänselte die ohnehin schon wütenden A und B wegen ihrer Arbeit für die X-Partei. Dadurch trug er seinen Teil dazu bei, dass sie auf ihn einschlugen. Er wirkte also bei der Schadenentstehung mit.

Die überwiegende Verursachung liegt bei A und B. N ärgerte die beiden lediglich mit Worten. Sie dagegen sind zu Tätlichkeiten übergegangen. Daher haben sie den größten Teil des Schadens zu tragen. Inwieweit nun die Schadenverteilung im Einzelnen quotal durchgeführt wird, ist eine Bewertungsfrage. Es dürfte ein Verhältnis von ¼ zu ¾ zulasten von A und B angemessen sein.

Ergebnis: N kann bei dieser Sachlage lediglich 2400,– € von A und B als Gesamtschuldner verlangen.

Fall 22 Die beschädigte Drohne

Der siebzehnjährige K hat ohne Altersangabe bei der auswärtigen Firma V eine Drohne zum Preis von 500,– € bestellt. Die Drohne wird ihm von V übersandt; in dem Begleitschreiben heißt es: *„Sehr geehrter Kunde! Sie haben richtig gewählt. Wir beglückwünschen Sie als neuen Eigentümer der Drohne XY und empfehlen Ihnen, damit Sie recht lange Freude daran haben, immer folgende Regeln zu beachten ...“*

Als der Vater des K hiervon erfährt, schreibt er der V, dass er mit dem Kauf nicht einverstanden sei.

Nach diesem Schreiben zeigt K die Drohne seinem Bekannten B, der sie fahrlässig beschädigt.

Frage 1: Kann V von B Schadensersatz verlangen?

Frage 2: Wie wäre es, wenn K die Drohne nur „auf Besichtigung für zwei Wochen“ bestellt hätte und während dieser Zeit die Beschädigung durch B erfolgt wäre?

Frage 3: Hat V in der Situation von Frage 1 irgendwelche Ansprüche gegen K?

Lösung Frage 1:

Entscheidungsgrundlage: Anspruchsgrundlage ist § 823 Abs. 1 BGB.

Voraussetzungen: Diese Vorschrift verlangt:

- Verletzung eines dort aufgeführten Rechtsgutes
- Widerrechtlichkeit
- Verschulden.

Überprüfung: Indem B die Drohne beschädigte, könnte er das Eigentum der V verletzt haben.

Dies ist fraglich, weil K Eigentum an der Drohne erworben haben könnte. Das ist nach § 929 Satz 1 BGB zu beurteilen.

Voraussetzung hierfür ist:

- Eigentum der V
- Einigung zwischen ihr und K über den Eigentumsübergang
- Übergabe der Sache.

V als Verkäuferin war Eigentümerin der Drohne. Die Übergabe ist auch erfolgt, da V die Drohne dem K zugesandt hat (§ 854 Abs. 1 BGB).

Fraglich ist allein, ob sich V und K wirksam über den Eigentumsübergang geeinigt haben.

Zwar ist der Kaufvertrag nichtig; er brachte dem nur beschränkt geschäftsfähigen K nicht lediglich einen rechtlichen Vorteil, denn dieser hatte ja den Kaufpreis zu bezahlen (§ 107 BGB); deshalb wäre zur Wirksamkeit die Zustimmung des gesetzlichen Vertreters erforderlich gewesen, die jedoch verweigert wurde (§ 108 BGB). Diese Unwirksamkeit ist aber ohne Einfluss auf die Frage, ob die Einigung nach § 929 BGB wirksam ist. Kaufvertrag und Einigung über den Eigentumsübergang sind zwei verschiedene Verträge. Der Kaufvertrag begründet lediglich schuldrechtliche Verpflichtungen; die hiervon abstrakte Einigung nach § 929 BGB führt dagegen – zusammen mit der Übergabe – zum Erwerb einer sachenrechtlichen Position, nämlich des absolut geschützten Eigentums.

Das rechtliche Schicksal dieser verschiedenen Verträge kann auch verschieden sein. § 929 BGB zeigt, dass es für die Wirksamkeit der Übereignung nicht auf den Kaufvertrag ankommt. Es wird dort nur verlangt, dass sich die Parteien über den Eigentumsübergang als solchen einigen; der Grund hierfür ist unmaßgeblich.

V und K waren sich über den Eigentumswechsel einig. Das ergibt sich für V aus dem Begleitschreiben und für K aus der Tatsache, dass er die Drohne zu Eigentum erwerben wollte. Diese Einigung ist – im Gegensatz zum Kaufvertrag – wirksam. Sie brachte nämlich dem beschränkt geschäftsfähigen K lediglich einen rechtlichen Vorteil (§ 107 BGB), da er das Eigentum an der Drohne ohne Gegenleistung erwarb. Die Verpflichtung zur Kaufpreiszahlung beruhte nicht auf der Einigung.

Ergebnis: Da somit alle Voraussetzungen des § 929 Satz 1 BGB erfüllt sind, war K im Zeitpunkt der Schädigung Eigentümer der Drohne. V hatte kein Eigentum und kann daher von B keinen Schadensersatz verlangen.

Lösung Frage 2:

Entscheidungsgrundlage: Auch hier ist § 823 Abs. 1 BGB zu untersuchen.

Voraussetzungen: Die Erfordernisse wurden bereits oben dargelegt.

Überprüfung: Ob V noch Eigentümerin der Drohne ist, beurteilt sich erneut nach § 929 Satz 1 BGB.

V war Eigentümerin der an K übersandten Drohne. Mit der Übersendung wollte V dem K lediglich Gelegenheit geben, die Drohne zu besichtigen. Ob es zum Abschluss eines Kaufvertrages kommen würde, war völlig ungewiss. Die Firma V hatte deshalb keinen Anlass, K bereits zum Eigentümer zu machen. Deshalb ist die Zusendung nicht als Angebot auf Übereignung zu werten. Eine Einigung liegt somit nicht vor. Es fehlt daher an dieser Voraussetzung des § 929 Satz 1 BGB. V ist Eigentümerin geblieben.

Ergebnis: V kann daher von B Schadensersatz verlangen.

Lösung Frage 3:

1. Möglichkeit

Entscheidungsgrundlage: V könnte von K Zahlung des Kaufpreises nach § 433 Abs. 2 BGB verlangen.

Voraussetzungen ist ein wirksamer Kaufvertrag.

Überprüfung: Wie zu Frage 1 bereits ausgeführt, kam ein Kaufvertrag zwischen K und V aufgrund der beschränkten Geschäftsfähigkeit von K nach § 106 BGB mangels Zustimmung des gesetzlichen Vertreters bzw. lediglich rechtlichen Vorteils nach §§ 107,

108 BGB nicht zustande.

Ergebnis: V hat keinen Anspruch auf Kaufpreiszahlung gegen K.

2. Möglichkeit

Entscheidungsgrundlage: V könnte von K Herausgabe der Drohne nach § 812 Abs. 1 Satz 1 BGB verlangen.

Voraussetzungen: § 812 Abs. 1 Satz 1 erfordert

- dass der Bereicherte etwas erlangt hat
- durch Leistung des Anspruchstellers
- ohne rechtlichen Grund.

Überprüfung: K hat Eigentum und Besitz an der Drohne erlangt. Beides hat er durch Leistung von V erlangt. Leistung ist die bewusste und zweckgerichtete Mehrung fremden Vermögens. V hat K die Drohne bewusst übergeben und übereignet. Sie wollte damit ihrer vermeintlichen Verpflichtung aus dem, tatsächlich nicht bestehenden, Kaufvertrag mit K nachkommen.

K kann die Drohne allerdings nur beschädigt zurückgeben. Nach § 818 Abs. 1 BGB umfasst der Herausgabeanspruch aber auch dasjenige, was der Empfänger als Ersatz für die Beschädigung des erlangten Gegenstands erwirbt. K ist daher verpflichtet, V seinen Schadensersatzanspruch gegen B aus § 823 Abs. 1 BGB wegen der Beschädigung der Drohne abzutreten.

Ergebnis: V hat Anspruch auf Herausgabe der Drohne und Abtretung des Schadensersatzanspruchs gegen B.

Fall 23 Kreditsicherung durch Warenlager

Kaufmann K will seinem Gläubiger G zur Sicherheit für einen Kredit die im Lagerraum 1 seines Fabrikgebäudes befindlichen Rohmaterialien und Halbfertigteile übertragen. Da sich hierunter auch verschiedene Waren befinden, die K unter Eigentumsvorbehalt von seinen Lieferanten bezogen und noch nicht voll bezahlt hat, vereinbaren G und K, dass dem G das Eigentum nur an den dem K gehörenden Waren zustehen soll, und dass K diese Waren unentgeltlich für G verwahrt.

Um einen weiteren Kredit bei der Bank B zu erhalten, will K in gleicher Weise die im Lagerraum 2 befindlichen Waren der B übereignen. B gibt jedoch zu bedenken, dass auch die noch im Eigentum der Lieferanten stehenden Waren mit einbezogen werden sollen. Deshalb wird vereinbart, dass K der B das Eigentum an den ihm gehörenden Waren und das Anwartschaftsrecht an den noch nicht voll bezahlten Waren überträgt und die Waren für B verwahrt.

Als K in Zahlungsschwierigkeiten gerät, wollen die Gläubiger G und B auf ihre Sicherheiten zurückgreifen. K weigert sich; er hält beide Verträge für unwirksam.
Frage 1: Ist die Sicherungsübereignung zwischen G und K wirksam?
Frage 2: Und die zwischen B und K?

Lösung Frage 1:

Entscheidungsgrundlage: Die Wirksamkeit der Sicherungsübereignung zwischen G und K beurteilt sich nach §§ 929, 930 BGB.

Voraussetzungen: Danach wird vorausgesetzt:
- Eigentum des Veräußerers
- Einigung zwischen Veräußerer und Erwerber über den Eigentumsübergang
- Vereinbarung eines Besitzmittlungsverhältnisses.

Überprüfung: K war Eigentümer derjenigen Waren, die er auf G übertragen wollte.

K und G haben sich auch über den Eigentumsübergang geeinigt; sie haben eine entsprechende Vereinbarung getroffen. Fraglich ist jedoch, ob diese rechtswirksam ist. Die dingliche Einigung über den Eigentumsübergang muss sich auf bestimmte Sachen beziehen; es genügt nicht, dass die betreffenden Sachen lediglich bestimmbar sind. Das ergibt sich aus dem Wortlaut des § 929 BGB, der von der Übereignung einer beweglichen Sache, also einer bestimmten beweglichen Sache, spricht. Dieses Spezialitätsprinzip wird auch mit dem Schutz des Rechtsverkehrs, insbesondere der anderen Gläubiger, begründet. Die Einigung zwischen K und G bezog sich nicht auf konkret bestimmte Sachen, sondern die gemeinten Waren befanden sich, äußerlich nicht unterscheidbar, mit anderen in demselben Raum. Ein unbeteiligter Dritter konnte der Einigung der Beteiligten demnach nicht entnehmen, welche Waren zur Sicherung übereignet werden sollten. Die Einigung ist also mangels Bestimmtheit unwirksam.

Ergebnis: Deshalb hat G kein Eigentum erworben.

Lösung Frage 2:

Entscheidungsgrundlage: Auch die Wirksamkeit der Sicherungsübereignung zwischen B und K ist nach §§ 929, 930 BGB zu beurteilen. Das gilt auch, soweit es sich um die Übertragung des Anwartschaftsrechts handelt. Das Anwartschaftsrecht ist nämlich eine Vorstufe auf das Vollrecht Eigentum und wie dieses ein absolutes Recht; es wird daher nach den gleichen Grundsätzen wie das Eigentum übertragen.

Voraussetzungen: Die Erfordernisse der §§ 929, 930 BGB wurden bereits dargelegt.

Überprüfung: K war teils Eigentümer, teils Inhaber eines Anwartschaftsrecht an den einzelnen Sachen.

Die Einigung zwischen ihm und B ist erfolgt. Sie bezog sich auf alle in dem betreffenden Lagerraum befindlichen Waren. Damit war eindeutig bestimmt, welche Sachen die Vertragspartner meinten. Es wurde zwar nicht klargestellt, an welchen Sachen das Eigentum und an welchen nur das Anwartschaftsrecht übertragen wurde. Dies schadet aber nichts, da es sich hierbei lediglich um eine rechtliche Qualifizierung handelt. Dem Zweck des Bestimmtheitserfordernisses – Schutz des Rechtsverkehrs – ist genügt. Denn auf Grund des dinglichen Vertrags steht fest, dass der bisherige Rechtsinhaber K seine jeweilige Rechtsposition an den genau bestimmten Sachen, nämlich allen im Lagerraum 2 befindlichen Waren, auf B übertragen hat (vgl. BGH NJW 1992, 1161).

Auch die dritte Voraussetzung ist erfüllt. K und B haben ein Besitzmittlungsverhältnis, nämlich Verwahrung, vereinbart. Hierdurch hat B gem. § 868 BGB mittelbaren Besitz erlangt, wie es § 930 BGB voraussetzt.

Ergebnis: Die Sicherungsübereignung zwischen K und B ist demnach gültig.

Fall 24 Die eingesetzten Brillanten

Großhändler V belieferte die Uhrenmanufaktur K ständig mit Brillanten, die K in die serienweise gefertigten Uhrwerke einsetzte. Die fertige Uhr kostet bei K 600,– €; der Wert der Brillanten ist mit 350,– € und der des übrigen Materials mit 150,– € zu veranschlagen. Die eingesetzten Brillanten können jederzeit ohne Beschädigung der anderen Teile der Uhr herausgenommen werden. Die Lieferungen des V erfolgten unter Eigentumsvorbehalt. Als über das Vermögen des K das Insolvenzverfahren eröffnet wurde, hatte V eine erhebliche, bereits mehrfach mit ausreichender Frist angemahnte Kaufpreisforderung gegen K. Daher machte V seinen Eigentumsvorbehalt geltend.

Frage 1: Kann V die Brillanten, die noch in keine Uhr eingesetzt wurden, vom Insolvenzverwalter herausverlangen?

Frage 2: Wie steht es mit den eingesetzten Brillanten?

Lösung Frage 1:

Entscheidungsgrundlage: V könnte einen Anspruch auf Aussonderung der Brillanten haben. Er wäre damit kein Insolvenzgläubiger (§ 47 InsO); sein Anspruch ergibt sich aus §§ 985, 986 BGB.

Voraussetzungen: Danach ist erforderlich

- Eigentum dessen, der Herausgabe verlangt
- Besitz des anderen
- kein Gegenrecht des Besitzers nach § 986.

Überprüfung: Die gelieferten Brillanten fallen nicht in die Insolvenzmasse, weil sie dem Insolvenzschuldner K nicht gehören. Sie waren unter Eigentumsvorbehalt geliefert und noch nicht bezahlt. Deshalb war die aufschiebende Bedingung für den Eigentumsübergang auf K nach §§ 929, 158 BGB nicht eingetreten (§ 449 BGB). V war noch Eigentümer.

Der Insolvenzverwalter ist Besitzer der Brillanten (§ 854 BGB).

Das Besitzrecht des K ergibt sich aus dem Kaufvertrag. Auf Grund dessen war V verpflichtet, die Sache zu übergeben, d.h. dem K den Besitz an den Brillanten zu übertragen (§ 433 Abs. 1 Satz 1 BGB). Daraus folgt, dass K auf Grund des Kaufvertrages das Recht zum Besitz der Brillanten hat.

V war aber zum Rücktritt vom Kaufvertrag berechtigt (§ 449 Abs. 2 BGB), wenn die Voraussetzungen des § 323 BGB vorliegen:

- Bestehen eines gegenseitigen Vertrages
- Pflichtverletzung wegen Verzögerung einer fälligen Leistung
- Bestimmen einer angemessenen Frist zur Leistung
- erfolgloser Fristablauf.

K hat die fällige Kaufpreisforderung nicht erbracht. Er wurde durch V mit angemessener Frist gemahnt, K hat nicht innerhalb der Frist geleistet. V hat den Rücktritt im Herausgabeverlangen konkludent erklärt. Ein Gegenrecht besteht also nicht mehr.

Ergebnis: V kann daher die nicht eingesetzten Brillanten aus der Insolvenzmasse aussondern.

Lösung Frage 2:

Entscheidungsgrundlage: Auch hier ist §§ 985, 986 BGB die maßgebliche Anspruchsnorm.

Voraussetzungen: Sie wurden bereits dargelegt.

Überprüfung: Ob V die in diese Uhren eingesetzten Brillanten aussondern kann, hängt davon ab, ob sein Eigentumsvorbehalt fortbesteht. Der Eigentumsvorbehalt könnte auf Grund der §§ 950 oder 947 BGB untergegangen sein. Dabei ist § 950 BGB als Spezialvorschrift zunächst zu prüfen.

1. Nach § 950 BGB wird der Hersteller unter folgenden Voraussetzungen Eigentümer:
- Verarbeitung von Stoffen
- zu einer neuen Sache
- Verarbeitungswert nicht erheblich geringer als Stoffwert.

K verarbeitet Stoffe, wenn er die Uhren aus den Einzelteilen zusammensetzen lässt.

Es entsteht dabei auch eine neue Sache. Die fertige Uhr trägt eine andere Bezeichnung als die Ausgangsteile, Uhrwerk, Gehäuse oder Brillanten. Diese neue Bezeichnung ist maßgebendes Indiz für die Neuheit der Sache.

Danach hängt die Eigentumsbegründung zugunsten des Herstellers noch von der dritten Voraussetzung ab, dem Wertverhältnis. Der Wert der verarbeiteten Stoffe beträgt 500,– €. Die fertige Uhr ist 600,– € wert. Nach BGB ergibt die Differenz zwischen dem Wert der neuen Sache und dem Wert der verarbeiteten Stoffe den Arbeitswert. Das sind hier 100,– €. Dieser Arbeitswert ist erheblich geringer als der Stoffwert von 500,– €.

Der Eigentumsvorbehalt des V wird also durch § 950 BGB nicht berührt.

2. Nach § 947 Abs. 1 BGB entsteht unter folgenden Voraussetzungen regelmäßig Miteigentum:
- Verbindung beweglicher Sachen
- zu einer einheitlichen Sache
- in der Weise, dass die beweglichen Sachen wesentlicher Bestandteil der einheitlichen Sache werden.

K verbindet bei der Uhrenproduktion bewegliche Sachen.

Es entsteht dabei eine einheitliche Sache, nämlich die fertige Uhr.

Eine Änderung der Eigentumsverhältnisse hängt davon ab, ob die verbundenen Teile – Uhrwerk, Gehäuse und Brillanten – wesentliche Bestandteile der fertigen Uhr sind. Das entscheidet sich nach § 93 BGB. Es kommt danach darauf an, ob eine Zerlegung der Uhr in ihre Bestandteile – Gehäuse, Werk, Brillanten – dazu führt, dass die Teile zerstört oder in ihrem Wesen verändert werden. Dass die Uhr bei einer Zerlegung zerstört wird, ist für § 93 BGB nicht maßgebend, denn die Vorschrift stellt allein auf das Schicksal der Einzelteile ab. Die Einzelteile werden bei einer Zerlegung der Uhr weder zerstört noch in ihrem Wesen verändert. Das Gehäuse, das Werk und die Brillanten behalten ihren Wert; sie können als Serienprodukte ohne Schwierigkeiten weiterverwendet werden. Der Eigentumsvorbehalt des V wird also auch durch § 947 BGB nicht tangiert.

Auch die beiden übrigen Voraussetzungen sind erfüllt. Der Insolvenzverwalter ist Besitzer; das Besitzrecht ist durch Rücktritt entfallen.

Ergebnis: V kann die eingesetzten Brillanten aussondern.

Fall 25 Der nachträgliche Eigentumsvorbehalt

V verkaufte an K am 1. Juni eine Maschine für 70 000,– €; die Lieferung wurde auf 1. September, das Zahlungsziel auf 30. November vereinbart. Weitere Regelungen wurden nicht getroffen.

Am 15. August schrieb V an K zu Händen des Einkaufsleiters E, der im Juni den Vertrag für K abgeschlossen hatte, dass die Maschine termingerecht am 1. September ausgeliefert werde, wobei die Maschine bis zur vollständigen Bezahlung des Kaufpreises im Eigentum von V verbleibe. E nahm hiervon auch Kenntnis.

Am 1. September wurde die Maschine termingerecht angeliefert. Als K über den 30. November hinaus die 70 000,– € nicht bezahlte und V daraufhin eine Auskunft über K eingeholt hatte, die ungünstig ausgefallen war, verlangte V die Maschine zurück.

Frage 1: Ist V dazu berechtigt?

Frage 2: Wenn nicht, was müsste V tun, um die Voraussetzungen für einen Herausgabeanspruch gegen K zu schaffen?

Frage 3: Wie wäre die Rechtslage, wenn der Eigentumsvorbehalt nicht nachträglich, sondern bereits im Kaufvertrag vereinbart worden wäre?

Lösung Frage 1:

Entscheidungsgrundlage: Anspruchsgrundlage sind §§ 985, 986 BGB.

Voraussetzungen: Diese Vorschriften verlangen:

- Eigentum dessen, der Herausgabe verlangt
- Besitz des anderen
- kein Gegenrecht des Besitzers nach § 986 BGB.

Überprüfung: V ist Eigentümer der Maschine geblieben. Am 1. September fand keine Eigentumsübertragung nach § 929 BGB statt. Die nach dieser Vorschrift erforderliche Einigung wurde durch das Schreiben vom 15. August unter die aufschiebende Bedingung vollständiger Bezahlung des Kaufpreises gestellt. Ein derartiger nachträglicher Eigentumsvorbehalt ist hier möglich. Er ist dem E, einer – wie die Rechtsprechung fordert – für die inhaltliche Ausgestaltung von Verträgen zuständigen Person, zur Kenntnis gelangt. Die 70 000,– € wurden von K nicht bezahlt. Er hat also das Eigentum an der Maschine nicht erworben.

K ist Besitzer der Maschine; er erhielt die tatsächliche Gewalt (§ 854 Abs. 1 BGB).

K ist jedoch zum Besitz der Maschine berechtigt. Zwischen K und V besteht ein wirksamer Kaufvertrag. Auf Grund dessen war V verpflichtet, die Sache zu übergeben, d.h. dem K den Besitz an der Maschine zu übertragen (§ 433 Abs. 1 Satz 1 BGB). Daraus folgt, dass K auf Grund des Kaufvertrages das Recht zum Besitz der Maschine hat.

Ergebnis: V ist also nicht berechtigt, von K die Herausgabe der Maschine nach § 985 BGB zu verlangen, weil dieser ein Gegenrecht nach § 986 BGB hat.

Lösung Frage 2:

Dieses Gegenrecht nach § 986 BGB müsste V zu Fall bringen, um mit dem Herausgabeanspruch nach § 985 BGB durchzudringen.

Entscheidungsgrundlage: Hierzu bietet sich Rücktritt nach § 323 Abs. 1 BGB an.

Voraussetzungen: Diese Vorschrift erfordert:

- Bestehen eines gegenseitigen Vertrages
- Pflichtverletzung wegen Verzögerung einer fälligen Leistung
- Bestimmen einer angemessenen Frist zur Leistung
- erfolgloser Fristablauf.

Überprüfung: Der Kaufvertrag ist ein gegenseitiger Vertrag; er bringt für beide Teile Hauptleistungspflichten (§ 320 Abs. 1 Satz 1 BGB).

Die Bezahlung der 70 000,– € unterblieb, obwohl diese Forderung am 30. November fällig war.

V hat dem K bisher keine Frist zur Bezahlung gesetzt. Der Sachverhalt gibt auch keinen Anhalt dafür, dass eine Fristsetzung entbehrlich ist (§ 323 Abs. 2 BGB).

Ergebnis: Somit ist V bisher auch nicht zum Rücktritt nach § 323 Abs. 1 BGB berechtigt.

Um sich die Voraussetzung für den Rücktritt zu schaffen, muss V die Fristsetzung nachholen. Zahlt K innerhalb der Frist nicht, so sind dann sämtliche Voraussetzungen des § 323 Abs. 1 BGB erfüllt. Nun ist V zum Rücktritt berechtigt (§§ 346, 349 BGB). Damit entfällt das Gegenrecht des K nach § 986 Abs. 1 BGB, so dass V hiernach die Herausgabe der Maschine verlangen kann.

Lösung Frage 3:

Ist der Eigentumsvorbehalt bereits im Kaufvertrag vereinbart, so gilt § 449 Abs. 2 BGB. Danach kann der Verkäufer die Maschine auf Grund des Eigentumsvorbehaltes nur herausverlangen, wenn er vom Vertrag zurückgetreten ist. Da also auch in diesem Falle Rücktritt nach § 323 Abs. 1 BGB erforderlich ist, ändert sich an der Rechtslage nichts.

Fall 26 Der Streit um die Bücherwände

Am 1. Oktober wurde zwischen dem Furniergroßhändler V und der Möbelfabrik K ein Kaufvertrag über 100 Pack Teakholz-Furnier à 25 Blatt, 3 m × 0,20 m, zu einem Gesamtpreis von 10 000,– € abgeschlossen; Liefertermin: 8. Oktober. Der Kaufpreis wurde bis 30. November kreditiert.

Dem Kaufvertrag lagen die Verkaufsbedingungen zugrunde, deren Nr. 7 lautete:

„Die Furniere bleiben bis zur vollständigen Bezahlung des Kaufpreises Eigentum des Verkäufers.

Der Käufer ist berechtigt, die nach vorigem Absatz im Eigentum des Verkäufers stehenden Furniere bei der Möbelherstellung zu verarbeiten. Die Verarbeitung erfolgt jedoch im Auftrage des Verkäufers in der Weise, dass der Verkäufer als Hersteller im Sinne des § 950 BGB anzusehen und demgemäß Eigentümer der mit den Furnieren des Verkäufers hergestellten Möbel ist. Der Käufer ist berechtigt im Rahmen ordnungsgemäßen Geschäftsverkehr die Möbel weiter zu veräußern".

Am 8. Oktober wurden die 100 Pack Teakholz-Furnier angeliefert. In den folgenden Wochen stellte K daraus zusammen mit weiteren Stoffen im Wert von 3000,– € 200 Teak-Bücherwände (Wert: 30 000,– €) her.

K kam in immer größere finanzielle Schwierigkeiten und erhielt von der Bank B ein Darlehen von 200 000,– € gegen Sicherungsübereignung seines Fertigwarenlagers. Diesbezüglich schloss K mit B am 1. November folgenden Vertrag (Auszug):

„Zur Sicherung des Darlehens von 200 000,– € überträgt K an B das Eigentum seines Fertigwarenlagers.

K und B sind sich darüber einig, dass das Eigentum an allen auf beigefügtem Inventurverzeichnis angegebenen Fertigwaren auf B übergeht. Diese Fertigwaren werden von K für B verwahrt.

K versichert, dass die übereigneten Fertigwaren in seinem Eigentum stehen".

In dem Inventurverzeichnis über die übereigneten Gegenstände waren neben anderen Möbeln auch die 200 aus den Furnieren des V hergestellten Teak-Bücherwände aufgenommen.

K bezahlte die 10 000,– € zum 30. November nicht. Daher setzte ihm V am 2. Dezember eine Frist zur Begleichung dieses Betrages bis 16. Dezember. Diese verstrich erfolglos. Am 17. Dezember erklärte V seinen Rücktritt vom Kaufvertrag und verlangte die 200 Teak-Bücherwände von K heraus. B, die dies von K erfahren hatte, wandte sich an V mit der Behauptung, sie sei Eigentümer dieser 200 Bücherwände. B und V stritten sich nunmehr über die Eigentumsfrage.

Frage: Ist V berechtigt, von K die 200 Bücherwände herauszuverlangen?

Lösung:

Entscheidungsgrundlage: Als Anspruchsgrundlage kommen §§ 985, 986 BGB in Betracht.

Voraussetzungen: Diese Vorschriften erfordern:

- Eigentum dessen, der Herausgabe verlangt
- Besitz des anderen
- kein Gegenrecht des Besitzers nach § 986 BGB.

Überprüfung: Von diesen Voraussetzungen ist die zweite unproblematisch. K ist Besitzer der 200 Bücherwände; er hat die tatsächliche Gewalt (§ 854 Abs. 1 BGB). Problematisch sind dagegen die zwei anderen Voraussetzungen.

Die *Eigentumslage* war vor der Auslieferung klar; V war Eigentümer der 100 Pack Teakholz-Furniere. Es ist daher zu prüfen, ob sich daran später etwas geändert hat, nämlich durch die Lieferung an K, durch die Verarbeitung zu den 200 Bücherwänden oder durch die Sicherungsübereignung an B.

1. Die Lieferung der Furniere

Ob sich dadurch etwas an der Eigentumslage geändert hat, hängt davon ab, ob die Übereignung unter der aufschiebenden Bedingung vollständiger Bezahlung des Kaufpreises erfolgte. Grundlage dafür kann §§ 929 Satz 1, 158 BGB sein.

Diese Vorschriften setzen voraus:

- Eigentum des Veräußerers
- Einigung zwischen Veräußerer und Erwerber über den Eigentumsübergang
- aufschiebende Bedingung vollständiger Bezahlung des Kaufpreises
- Übergabe.

V war Eigentümer. V hat sich das Eigentum an den Furnieren bis zur Zahlung des Kaufpreises durch K im Kaufvertrag vorbehalten. Dies ergibt sich aus Nr. 7 Abs. 1 der Verkaufsbedingungen, die im Kaufvertrag vereinbart wurden. Die Furniere wurden an K geliefert.

Da somit ein wirksamer Eigentumsvorbehalt vorlag, wurde K durch die Anlieferung nicht Eigentümer der 100 Pack Teakholz-Furniere.

2. Die Verarbeitung der Furniere

Ob sich hierdurch etwas an der Eigentumslage geändert hat, beurteilt sich nach § 950 Abs. 1 BGB.

Voraussetzung dafür ist:

- Verarbeitung von Stoffen
- zu einer neuen Sache
- Verarbeitungswert nicht erheblich geringer als Stoffwert.

Die Furniere wurden zusammen mit anderen Stoffen verarbeitet.

Die Bücherwände stellen neue bewegliche Sachen dar. Für die Neuheit spricht die neue Bezeichnung.

Auch ist der Wert der Verarbeitung (17 000,– €) nicht erheblich geringer als der Stoffwert (13 000,– €).

Damit wird nach § 950 Abs. 1 BGB der Hersteller Eigentümer der 200 Bücherwände. Für die Frage, wer Hersteller ist, ist nach der Rechtsprechung in erster Linie der Parteiwille entscheidend. Danach kann der Lieferant mit dem Käufer einen verlängerten Eigentumsvorbehalt in der Weise vereinbaren, dass der Verkäufer Eigentümer der neuen Sache wird. Dies wird damit begründet, dass der Käufer die Kaufsache für den Verkäufer verarbeiten will und beide Parteien den Eigentumsvorbehalt achten wollen. Die Verarbeitung erfolgte hier nach dem Willen beider Vertragspartner für V. Dies ergibt sich aus Nr. 7 Abs. 2 der Verkaufsbedingungen, die Vertragsinhalt sind. Da V somit Hersteller nach § 950 Abs. 1 BGB ist, hat er das Eigentum an den 200 Bücherwänden erworben.

3. Die Sicherungsübereignung der Bücherwände

Ob sich dadurch etwas an der Eigentumslage geändert hat, entscheidet sich nach §§ 929, 930, 185, 933 BGB.

Rechtsvoraussetzungen des § 930 BGB sind:

- Eigentum des Veräußerers
- Einigung des Veräußerers und Erwerbers über den Eigentumsübergang
- Vereinbarung eines Besitzmittlungsverhältnisses.

Der Veräußerer K war nicht Eigentümer der 200 Bücherwände. Das war V, wie oben dargelegt.

Somit ist B nicht Eigentümer der 200 Bücherwände nach § 930 BGB geworden. Ein Eigentumserwerb nach § 185 Abs. 1 BGB kommt gleichfalls nicht in Betracht, da K die Bücherwände lediglich im Rahmen des normalen Geschäftsganges an Kunden veräußern durfte.

Die Erfordernisse des § 933 BGB sind:

- kein Eigentum des Veräußerers
- Veräußerung nach § 930 BGB
- Übergabe der Sache an den Erwerber
- guter Glaube des Erwerbers
- keine abhanden gekommene Sache (§ 935 Abs. 1 BGB).

Die 200 Bücherwände gehören K nicht. Sie stehen, wie oben dargelegt, im Eigentum von V.

K veräußert die 200 Bücherwände an B gem. § 930 BGB durch den Vertrag vom 1. November. Danach sind sich beide darüber einig (§ 929 BGB), dass das Eigentum an den Bücherwänden, die ja im Inventurverzeichnis aufgeführt sind, auf B übergeht. Durch die vereinbarte Verwahrung wird B mittelbarer Besitzer der Bücherwände (§ 868 BGB).

Die 200 Bücherwände sind B nicht übergeben worden. B hat die tatsächliche Gewalt nicht erlangt (§ 854 Abs. 1 BGB).

Da somit die dritte Voraussetzung von § 933 BGB fehlt, kommt ein gutgläubiger Eigentumserwerb durch B nicht in Betracht. V ist Eigentümer der Bücherwände geblieben.

Es bleibt noch zu prüfen, ob K ein *Gegenrecht* nach § 986 BGB hat. Auf Grund des Kaufvertrages war V verpflichtet, dem K den Besitz an den Furnieren zu übertragen (§ 433 Abs. 1 Satz 1 BGB). Somit hatte K aus dem Kaufvertrag ein Recht zum Besitz der Furniere. Da er nach Nr. 7 Abs. 3 der Verkaufsbedingungen zur Verarbeitung berechtigt war, hatte er auch das Recht zum Besitz der 200 Bücherwände. Dieses Gegenrecht kann V jedoch durch seine Rücktrittserklärung vom Kaufvertrag zu Fall gebracht haben.

Als gesetzliche Grundlage für den Rücktritt bieten sich §§ 323, 449 Abs. 2 BGB an.

Die Rechtsvoraussetzungen hierfür sind:

- Bestehen eines gegenseitigen Vertrages
- Pflichtverletzung wegen Verzögerung einer fälligen Leistung
- Bestimmen einer angemessenen Frist zur Leistung
- erfolgloser Fristablauf.

Der Kaufvertrag ist ein gegenseitiger Vertrag; er beinhaltet gegenseitige Leistungen, nämlich Lieferung und Bezahlung (§ 433 BGB).

Die Bezahlung war am 30. November fällig. Vereinbarungsgemäß war der Kaufpreis bis zu diesem Zeitpunkt kreditiert worden (§ 271 BGB). V bezahlte aber nicht.

Am 2. Dezember setzte V dem K eine Frist zur Begleichung der 10 000,– € bis zum 16. Dezember. Die zwei Wochen sind als angemessen anzusehen.

K bezahlte auch während dieser Frist nicht.

Da somit alle Voraussetzungen von § 323 BGB erfüllt sind, war der durch V am 17. Dezember erklärte Rücktritt wirksam. Damit entfiel das Gegenrecht des K nach § 986 BGB.

Ergebnis: V ist also berechtigt, von K die 200 Teak-Bücherwände nach § 985 BGB herauszuverlangen.

Fall 27 Das zweckmäßige Grundpfandrecht

Der freiberufliche Ingenieur S, der an einer bedeutsamen Erfindung arbeitete, befand sich in finanziellen Schwierigkeiten. G, ein alter Bekannter, war bereit, mit einem Kredit von 60 000,– € auszuhelfen. G wünschte aber eine Absicherung. Dazu stand ein kleineres Grundstück der Ehefrau des S zur Verfügung.

Frage 1: Welches Grundpfandrecht, Hypothek oder Grundschuld, würden Sie an Stelle von G wählen? Begründen Sie Ihre Wahl.

Frage 2: Was muss im Einzelnen geschehen, damit G dieses Grundpfandrecht erlangt?

Lösung Frage 1:

G wird sich für eine Grundschuld entscheiden, da diese für ihn die bessere Rechtsposition bringt.

Zwar sind Hypothek und Grundschuld in ihrer Grundanlage gleich. Beides sind Sicherungsrechte, die dem Berechtigten ein bevorzugtes Zugriffsrecht auf ein Grundstück gewähren. Beides Mal kann der Berechtigte die Zwangsvollstreckung in das Grundstück betreiben (§ 1147 BGB) und dabei vorrangige Befriedigung erlangen (§ 10 ZVG). Die Grundschuld ist aber in der Einzelausgestaltung für den Gläubiger günstiger. Die Grundschuld ist in ihrem rechtlichen Schicksal vom Bestand der zu sichernden Forderung unabhängig (§§ 1191, 1192 Abs. 1 BGB). Das bedeutet, dass die Grundschuld auch dann besteht, wenn die zu sichernde Forderung überhaupt nicht entstanden oder durch Rückzahlung erloschen ist. Die Hypothek ist dagegen an die zu sichernde Forderung angelehnt; sie ist akzessorisch (§ 1113 BGB). Die Hypothek besteht also nach Grund und Umfang nur soweit die zu sichernde Forderung entstanden ist und noch besteht.

Lösung Frage 2:

Entscheidungsgrundlage: Die Begründung der Grundschuld ist in §§ 873 Abs. 1, 1192 Abs. 1, 1116 BGB geregelt.

Voraussetzungen: Es wird gefordert:

- Einigung
- Grundbucheintragung
- Erteilung bzw. Ausschluss des Grundschuldbriefs.

Überprüfung: Die Einigung ist ein formloser Vertrag zwischen Grundstückseigentümer und Erwerber der Grundschuld über diese Grundstücksbelastung.

Die Eintragung nimmt das Grundbuchamt vor. Es muss ein entsprechender formloser Antrag gestellt (§ 13 GBO) und die öffentlich beglaubigte Bewilligung des betroffenen Eigentümers vorgelegt werden (§§ 19, 29 GBO). Das Grundbuchamt überprüft vor der Eintragung auch noch die Voreintragung des Eigentümers (§ 39 GBO).

Der Grundschuldbrief wird vom Grundbuchamt ausgestellt (§§ 56 ff. GBO) und dann übergeben (§§ 1192 Abs. 1, 1117 BGB). Wenn die Grundschuld nicht verbrieft werden soll, muss der Ausschluss im Grundbuch eingetragen werden (§§ 1192 Abs. 1, 1116 Abs. 2 BGB).

Ergebnis: Nach Ablauf dieses Verfahrens hat G die gewünschte Grundschuld erlangt.

Fall 28 Der störende Druckereilärm

Der Arzt Dr. E hat in einem gemischten Wohn- und Industriegebiet ein Haus erworben, in dem er seine Praxis betreibt. Sehr bald stellt er fest, dass von der benachbarten Druckerei des X starker Maschinenlärm ausgeht, der ihn in seiner Arbeit erheblich stört. Als X von E deswegen angesprochen wird, weist er zutreffend darauf hin, dass auch von anderen Betrieben in dem betreffenden Gebiet ein vergleichbarer Lärm ausgeht, und dass er schon verschiedene Schalldämmungsmaßnahmen hat ausführen lassen – leider ohne den gewünschten Erfolg.

Frage 1: Kann E erfolgreich gegen den Lärm der Druckerei vorgehen?

Frage 2: E hat sein Haus an den Mieter M vermietet und übergeben. Kann M etwas gegen den Lärm unternehmen?

Lösung Frage 1:

Entscheidungsgrundlage: Anspruchsgrundlage ist § 1004 BGB.

Voraussetzungen: Diese Vorschrift setzt voraus, dass

- E Eigentümer ist,
- sein Eigentum beeinträchtigt wird, und zwar in anderer Weise als durch Entziehung oder Vorenthaltung des Besitzes,
- und E nicht zur Duldung der Beeinträchtigung verpflichtet ist.

Überprüfung: E ist Eigentümer des von ihm erworbenen Hausgrundstücks.

In seinem Eigentum wird er durch den Lärm des Nachbargrundstücks beeinträchtigt, also nicht durch Entzug oder Vorenthaltung des Besitzes.

Ob E zur Duldung dieser Störung verpflichtet ist, beurteilt sich nach § 906 BGB. Nach Absatz 1 dieser Vorschrift kann ein Grundstückseigentümer von einem anderen Grundstück ausgehende Immissionen nicht verbieten, wenn sie ihn nur unwesentlich beeinträchtigen. Das ist hier nicht der Fall; die Lärmbelästigung ist erheblich.

Nach Absatz 2 besteht ferner eine Duldungspflicht, wenn

- die wesentliche Beeinträchtigung durch eine ortsübliche Benutzung des anderen Grundstücks herbeigeführt wird
- und nicht durch wirtschaftlich zumutbare Maßnahmen verhindert werden kann.

Ortsüblich ist eine Beeinträchtigung, wenn sie in dem zum Vergleich heranzuziehenden Bezirk häufiger vorkommt. In einem gemischten Gebiet, wo weder die Wohnungen noch die gewerblichen Betriebe überwiegen, müssen die Bewohner den normalen, von betrieblichen Anlagen üblicherweise ausgehenden Lärm hinnehmen. Da ähnlich starke akustische Einwirkungen auch an verschiedenen anderen Stellen in dem betreffenden Gebiet vorkommen, handelt es sich um eine ortsübliche Beeinträchtigung.

Da X bereits verschiedene Maßnahmen zur Schalldämmung erfolglos versucht hat, ist anzunehmen, dass der Lärm sich mit wirtschaftlich zumutbaren Mitteln nicht verhindern lässt.

Ergebnis: E ist daher zur Duldung des Druckereilärms verpflichtet und kann nicht erfolgreich dagegen vorgehen.

Lösung Frage 2:

Entscheidungsgrundlage: Als Anspruchsgrundlage bietet sich § 862 BGB an.

Voraussetzungen: Hierfür wird vorausgesetzt,

- dass M Besitzer ist,
- dass er im Besitz gestört wird
- durch verbotene Eigenmacht.

Überprüfung: M ist Besitzer, da er von E die tatsächliche Gewalt über das Grundstück erhalten hat (§ 854 Abs. 1 BGB).

Durch den Lärm der Druckereimaschinen des X wird er in seinem Besitz gestört.

Ob diese Störung auf verbotener Eigenmacht beruht, ergibt sich aus § 858 BGB. Danach liegt verbotene Eigenmacht vor, wenn

- die Störung ohne den Willen des Besitzers erfolgt
- und das Gesetz sie nicht gestattet.

M wird gegen seinen Willen durch den Lärm gestört.

Eine ausdrückliche gesetzliche Vorschrift, die dem Besitzer eines Hausgrundstücks die Duldung bestimmter Störungen gebietet, gibt es im BGB nicht. § 906 ist nicht direkt anwendbar, da er nur für den Eigentümer gilt. Indessen müssen die Einschränkungen dieser Vorschrift auch für den Besitzer gelten: Wenn schon der Eigentümer als Inhaber des umfassendsten Rechts die dort aufgeführten Störungen nicht abwehren kann, dann muss dies einem Besitzer, der eine schwächere Rechtsposition hat, erst recht verwehrt sein. M muss daher in gleicher Weise wie E den ortsüblichen Lärm der Druckerei dulden. Es liegt deshalb keine verbotene Eigenmacht des X vor. Die dritte Voraussetzung des § 862 BGB ist nicht erfüllt.

Ergebnis: Auch M kann dem X den Lärm nicht verbieten.

Teil II

Handels- und Gesellschaftsrecht

Fall 29 Die Firmenbezeichnung der Molkerei

Im Schwarzwald, in einer Gegend, in der sich schon mehrere große und bekannte Molkereibetriebe befinden, eröffnet Ferdinand Frisch (F) eine auf proteinreiche Produkte spezialisierte Molkerei. Da er mehrere Lieferverträge mit Lebensmitteldiscountern abschließen konnte, beginnt er sein Unternehmen groß mit einem umfangreichen Gerätepark und mit 50 Mitarbeitern, darunter mehreren kaufmännischen.

Frage 1: Ist F verpflichtet, seine Firma zur Eintragung ins Handelsregister anzumelden?

Frage 2: F hat sich – speziell unter dem Gesichtspunkt starker Werbewirksamkeit – folgende zwei Firmennamen ausgedacht:
- „Ferdinand Frisch e.K., die Schwarzwälder Molkereibetriebe".
- „Milkypower for you e.K."

Wird das Registergericht eine dieser beiden Firmen ins Handelsregister eintragen?

Lösung Frage 1:

Entscheidungsgrundlage: Es gilt zu untersuchen, ob F nach § 29 HGB zur Anmeldung seiner Firma zum Handelsregister verpflichtet ist.

Voraussetzungen: Nach dieser Vorschrift ist zur Anmeldung ins Handelsregister jeder Kaufmann verpflichtet. Der Kaufmannsbegriff setzt nach § 1 HGB voraus:

- Bestehen eines Gewerbebetriebes,
- es sei denn, dass dieser nach Art oder Umfang einen in kaufmännischer Weise eingerichteten Geschäftsbetrieb nicht erfordert.

Überprüfung: Das Molkereiunternehmen des F ist ein Gewerbebetrieb, weil er selbstständig geführt und auf dauernde Gewinnerzielung ausgerichtet ist.

F beschäftigt 50 Arbeitnehmer, worunter sich mehrere kaufmännische befinden; der Gerätepark ist sehr umfangreich. Der Umsatz dürfte entsprechend hoch sein. Das zeigt, dass sein Betrieb in kaufmännischer Weise eingerichtet ist. Der Ausnahmetatbestand liegt somit nicht vor.

Ergebnis: F ist somit nach § 29 HGB verpflichtet, seine Firma zur Eintragung ins Handelsregister anzumelden. Das Registergericht kann ihn dazu durch Festsetzung von Zwangsgeld anhalten (§ 14 HGB).

Lösung Frage 2:

Entscheidungsgrundlage: Die Antwort geben §§ 18 ff. HGB.

Voraussetzungen: Danach ist bei der Eintragung einer neugegründeten Einzelfirma erforderlich:

- Firmierung zur Kennzeichnung des Kaufmanns mit Unterscheidungskraft (§ 18 Abs. 1 HGB)
- keine täuschenden Zusätze (§ 18 Abs. 2 HGB)
- Bezeichnung „eingetragener Kaufmann", „e.K., „e.Kfm." (feminin: „eingetragene Kauffrau", „e.Kffr.") oder eine andere allgemein verständliche Bezeichnung (§ 19 Abs. 1 Nr. 1 HGB)
- deutliche Unterscheidung von Firmen in der gleichen Gemeinde (§ 30 HGB).

Überprüfung: Die Firma ist der Name des Kaufmanns, unter dem er seine Geschäfte betreibt (§ 17 Abs. 1 HGB). Benutzt ein einzelkaufmännischer Unternehmer hierbei seinen privaten Vor- und Nachnamen, so ist dies zur Kennzeichnung des Kaufmanns geeignet, individualisiert und hat daher Unterscheidungskraft. „Ferdinand Frisch e.K." erfüllt somit die erste Voraussetzung der Firmierung.

Der Zusatz ist aber in doppelter Hinsicht täuschend (§ 18 Abs. 2 HGB): „Betriebe" ist Plural; F hat jedoch nur einen Molkereibetrieb. Des Weiteren gibt F eine Alleinstellung vor, obwohl er nicht die einzige oder bekannteste Molkerei im Schwarzwald hat. Es gibt in der Umgegend mehrere große und bekannte Molkereien. Diese Irreführung durch die Bezeichnung „Ferdinand Frisch e.K., die Schwarzwälder Molkereibetriebe" ist so offenkundig, dass sie dem Registergericht als nicht eintragbar ersichtlich sein wird (§ 18 Abs. 2 Satz 2 HGB).

Beim zweiten Vorschlag „Milkypower for you e.K." geht es zunächst um das Problem, ob eine fremdsprachige Bezeichnung überhaupt als Firma eintragbar ist. Das ist der Fall, wenn die fremdsprachige Bezeichnung von den inländischen beteiligten Verkehrskreisen verstanden wird. Bei der Verwendung von alltäglichen Worten der englischen Sprache trifft dies zu. „Milkypower for you e.K." wird in seiner Bedeutung erfasst.

Grundsätzlich sind auch Fantasiebezeichnungen dem Grunde nach möglich. Unzulässig sind hingegen Firmierungen unter allgemeinen Hinweisen rein beschreibender Art, wenn sie keinerlei Individualität aufweisen. Denn dann fehlt es an der zur Kennzeichnung des Kaufmanns notwendigen Unterscheidungskraft gem. § 18 Abs. 1 HGB. Dies wäre z.B. der Fall bei einer Firmierung als "Molkerei e.K.". Bei künstlich zusammengesetzten Begriffen, die schlagwortartig den Unternehmensgegenstand bzw. die Branche kennzeichnen, gleichzeitig aber eine gewisse Individualität haben, liegt die nötige Unterscheidungskraft jedoch vor. Die Bezeichnung „Milkypower for you e.K." erfüllt diese Individualität und ist daher zulässig.

Ergebnis: Die Firmierung „Ferdinand Frisch e.K., die Schwarzwälder Molkereibetriebe" ist unzulässig und wird deshalb vom Registergericht nicht eingetragen werden. Die Firma „Milkypower for you e.K." ist hingegen zulässig und eintragungsfähig.

Fall 30 Der falsche Fuhrparkmanager

Unternehmerin Ute betreibt einen Fahrdienst für eilige Arzneimittel und Blutkonserven mit 250 Fahrzeugen. Sie ist im Handelsregister als „Ulrike Medi Fahrdienste e.K." eingetragen. Ihr Angestellter Achim ist u.a. für die logistische Planung der Routen und für die Dienstpläne zuständig. Sämtliche Verträge die Fahrzeuge und deren Wartung betreffend nimmt Ulrike immer selbst vor. Achim nennt sich im Betrieb stolz „Fuhrparkmanager"; so wird er auch von seinen Arbeitskollegen bezeichnet. Ulrike lässt ihn lächelnd gewähren, zumal er seine Arbeit gut erledigt. Bei Abwesenheit von Ulrike hat Achim schon mehrfach Reparaturen und Wartungen der Fahrzeuge in Auftrag gegeben. Ulrike hat dies aus Unachtsamkeit nicht bemerkt.

Eines Tages erscheint ein Außendienstmitarbeiter der bundesweit tätigen Werkstattkette „U.T.A." in den Geschäftsräumen, als Ulrike gerade abwesend ist. Der U.T.A.-Mitarbeiter fragt nach dem Verantwortlichen für die Fahrzeuge, worauf der persönliche Assistent der Ulrike antwortet: „Sie wollen sicher zu unserem Fuhrparkmanager Achim." Der herbeigerufene Achim möchte endlich seine Kompetenz in Vertragsverhandlungen unter Beweis stellen und schließt unter Verwendung des Firmenstempels einen 2-Jahres-Wartungsvertrag für die 250 Fahrzeuge ab.

Als Ulrike davon erfährt, lehnt sie die Erfüllung des Vertrages ab. Sie möchte ihre Fahrzeuge weiterhin in der lokalen Werkstatt vor Ort warten lassen. Sie ist der Auffassung, der – inzwischen zu einer internationalen Spedition gewechselte Achim – sei zum Abschluss dieses Wartungsvertrages nicht berechtigt gewesen.

Frage: Ist Ulrike an den Vertrag gebunden?

Lösung:

Entscheidungsgrundlage: U ist an den Wartungsvertrag gebunden, wenn sie bei Vertragsschluss von A wirksam vertreten wurde gem. § 164 Abs. 1 BGB.

Voraussetzungen: Die genannte Vorschrift verlangt:

- Abgabe einer Willenserklärung durch den Vertreter
- im Namen des Vertretenen
- innerhalb der ihm zustehenden Vertretungsmacht.

Überprüfung: A hat bei dem Vertragsschluss eine Willenserklärung, nämlich Angebot oder Annahme, abgegeben.

Er tat dies im Namen der U, da er ihren Firmenstempel verwendete (§ 164 Abs. 1 Satz 2 BGB).

Die Entscheidung hängt also davon ab, ob A Vertretungsmacht für U hatte. Hier kommt die Erteilung einer Handlungsvollmacht in Betracht (§ 54 Abs. 1 HGB).

Dafür wird vorausgesetzt:

- eine Kauffrau,
- die einen anderen ermächtigt
  - entweder zum Betrieb eines Handelsgewerbes
  - oder zur Vornahme einer bestimmten Art von Handelsgeschäften
  - oder zur Vornahme einzelner Handelsgeschäfte.

U ist Kauffrau; sie ist im Handelsregister eingetragen (§§ 1, 29 HGB).

Die Erteilung der Handlungsvollmacht richtet sich nach § 167 BGB. Sie kann ausdrücklich oder – im Gegensatz zur Prokura (§ 48 Abs. 1 HGB) – auch stillschweigend erfolgen. Eine ausdrückliche Ermächtigung des A durch U liegt nicht vor.

U könnte dem A jedoch Handlungsvollmacht durch eine sog. Duldungsvollmacht erteilt haben. Eine Duldungsvollmacht hat folgende Voraussetzungen:

- Handelnder tritt wie ein Bevollmächtigter auf
- der Vertretene hat positive Kenntnis vom Handeln des vollmachtlosen Vertreters
- der Vertretene unternimmt nichts gegen das Handeln des vollmachtlosen Vertreters, sondern duldet dieses
- Gutgläubigkeit des Dritten.

U hatte bisher keine positive Kenntnis davon, dass A in ihrer Abwesenheit bereits Verträge für sie abgeschlossen hat. Deshalb liegt keine Duldungsvollmacht vor.

Weiter ist zu prüfen, ob Handlungsvollmacht durch eine sog. Anscheinsvollmacht vorliegt. Eine Anscheinsvollmacht hat folgende Voraussetzungen:

- Handelnder tritt wie ein Bevollmächtigter auf
- Handelnder ist zuvor mit gewisser Dauer und Häufigkeit wie ein Bevollmächtigter aufgetreten
- der Vertretene hat keine positive Kenntnis vom Auftreten als Vertreter, hätte dies bei Anwendung der erforderlichen Sorgfalt aber erkennen können (Sorgfaltspflichtverstoß).
- keine Kenntnis oder fahrlässige Unkenntnis des Dritten vom Fehlen der Vertretungsmacht.

A hatte keine Vollmacht, er trat aber wie ein Fuhrparkmanager auf, als er unter Verwendung des Firmenstempels den Wartungsvertrag mit der Werkstatt-Kette U.T.A. abgeschlossen hat. A hat in der Vergangenheit bereits mehrfach Verträge abgeschlossen, ohne hierzu bevollmächtigt zu sein. Hiervon hatte U keine Kenntnis; hätte sie sich aber sorgfältig um die Vorgänge in ihrem Unternehmen gekümmert, hätte sie dies bemerken können – etwa bei Kontrolle oder Freigabe der eingehenden Rechnungen zu den von A geschlossenen Verträgen. Außerdem handelte U fahrlässig, wenn sie es zuließ, dass A sich im Betrieb selbst als Fuhrparkmanager bezeichnete und auch von den anderen Betriebsangehörigen so genannt wurde. Dies war der Grund, weshalb der persönliche Assistent der U gegenüber dem U.T.A.-Mitarbeiter den A als Fuhrparkmanager vorgestellt hat. Der U.T.A. Mitarbeiter war auch gutgläubig. Er hatte keine Kenntnis oder fahrlässige Unkenntnis davon, dass A derartige Verträge nicht abschließen darf. Vielmehr durfte er bei der gegebenen Sachlage darauf vertrauen, dass er es mit einem Stellvertreter der U zu tun hatte.

Diesen Rechtsschein muss sich U zurechnen lassen. A hatte somit Anscheinsvollmacht für die U.

Der Umfang dieser Vollmacht bemisst sich objektiv nach § 54 Abs. 1 HGB. Entscheidend ist also, welche Art von Geschäften ein „Fuhrparkmanager" gewöhnlich tätigen darf. U muss sich daher so behandeln lassen, als ob sie dem A Vollmacht zu einer bestimmten Art von Geschäften, nämlich denen eines Fuhrparkmanagers, erteilt hätte. Zum Schutz des Rechtsverkehrs wird der Umfang der Vollmacht somit objektiviert.

Ein Fuhrparkmanager bei einem Speditionsunternehmen ist gewöhnlicherweise für alle Arten von Geschäften zuständig, die den technischen Zustand der Fahrzeuge betreffen – somit auch für den Abschluss von Wartungsverträgen. Diese Artvollmacht (oder Gattungsvollmacht) umfasst somit den Abschluss eines Wartungsvertrages.

Somit ist auch die dritte Voraussetzung des § 164 BGB erfüllt.

Ergebnis: U ist also an das Rechtsgeschäft gebunden.

Fall 31 Der eigenmächtige Prokurist

P ist Leiter der Personalabteilung im Unternehmen U. Er hat eine Prokura. In seiner Ernennungsurkunde ist festgelegt, dass er Arbeitnehmer bis zu einem monatlichen Bruttogehalt von 6000,– € einstellen darf; im Übrigen braucht er die Zustimmung des Betriebsinhabers U.

Das Unternehmen suchte schon lange nach einem Spezialisten für IT-Sicherheit. P stieß auf einer Fachmesse zufällig auf A und handelte mit ihm einen Anstellungsvertrag über monatlich 10 000,– € aus. Als A dann auf sofortige Vertragsunterzeichnung drängte, weil er anderweitig in Verhandlungen stünde, unterschrieb P kurzerhand den Arbeitsvertrag mit „ppa" für den Unternehmer U.

Bereits nach kurzer Zeit wurde klar, dass A die in ihn gesetzten Erwartungen nicht erfüllen konnte, da er mit der IT-Struktur des Unternehmens überfordert war. Ihm wurde daher zum „frühest möglichen Termin" gekündigt. U fragt sich nun Folgendes:

Frage 1: Muss dem A bis zum Ablauf der Kündigungsfrist das volle Monatsgehalt bezahlt werden?

Frage 2: Wenn ja, kann U von P Regress verlangen?

Lösung Frage 1:

Entscheidungsgrundlage: Die Gehaltsforderung könnte nach § 611a Abs. 2 BGB berechtigt sein.

Voraussetzungen: Diese Rechtsgrundlage setzt einen gültigen Dienstvertrag über 10 000,– € voraus. Daran könnte es fehlen, wenn U durch P nicht wirksam vertreten worden ist. Eine wirksame Stellvertretung nach § 164 Abs. 1 BGB hat folgende Voraussetzungen:

- Abgabe einer eigenen Willenserklärung durch den Vertreter
- im Namen des Vertretenen
- innerhalb der ihm zustehenden Vertretungsmacht.

Überprüfung: Der Prokurist P gab eine eigene Willenserklärung ab, als er den Vertrag mit A abschloss. Denn er handelte aus Sicht des A nicht nur wie ein Bote, der eine fremde Willenserklärung lediglich übermittelt, sondern führte eigenverantwortlich Verhandlungen über den Vertragsinhalt mit A. Aus der Perspektive des objektiven Empfängerhorizonts des A stellte sich die Erklärung des P daher wie eine eigene Willenserklärung dar.

Diese Willenserklärung erfolgte auch im Namen des U. Das zeigt die Unterschrift: „ppa" (per procura).

Fraglich ist jedoch, ob P auch entsprechende Vertretungsmacht hatte. P ist Prokurist. Die Vertretungsmacht des Prokuristen ist nach § 49 HGB umfassend; das Gesetz klammert nur ganz wenige Handlungen aus, die nicht durch die Prokura gedeckt sind. Ein solcher Ausnahmefall liegt hier nicht vor. Ein Prokurist hat die Befugnis, Arbeitsverträge abzuschließen. Daran ändert auch die Festlegung in der Ernennungsurkunde des P nichts, bei Einstellungen ab einem monatlichen Gehalt von 6000,– € die Zustimmung des U einholen zu müssen. § 50 Abs. 1 und 2 HGB bestimmen nämlich, dass der durch § 49 HGB festgelegte Umfang der Prokura durch Intern-Regelungen, wie hier, nicht mit Wirkung nach außen beschränkt werden kann. Denn der Rechtsverkehr soll sich auf den allumfassenden Umfang der Prokura verlassen können. P kann wirksam nach außen weitergehende Verträge abschließen, als ihm im Innenverhältnis gestattet ist. P *durfte* den Vertrag mit A nicht schließen, er *konnte* es aber. Somit hat P den Vertrag wirksam als Stellvertreter für U abgeschlossen.

Ergebnis: Solange das Arbeitsverhältnis besteht, muss U dem A also das volle Monatsgehalt von 10 000,– € bezahlen.

Lösung Frage 2:

Entscheidungsgrundlage: Die Regressforderung des U gegen den P könnte ihre Grundlage in einem Schadensersatzanspruch aus Pflichtverletzung nach § 280 Abs. 1 BGB haben.

Voraussetzungen: § 280 Abs. 1 BGB setzt voraus:

- Bestehen eines Schuldverhältnisses
- eine Pflichtverletzung
- die der Schuldner zu vertreten hat.

Überprüfung: Zwischen P und U besteht ein Arbeitsverhältnis. Daraus geht nicht nur die Hauptleistungspflicht hervor, arbeiten zu müssen, sondern auch darüber hinaus die Nebenpflicht gem. § 241 Abs. 2 BGB, alle vertraglichen Regeln mit U einzuhalten. Das bedeutet hier, keinen Arbeitnehmer mit einem Monatseinkommen über 6000,– € ohne Einverständnis des U einzustellen.

Gegen diese Nebenpflicht hat P verstoßen.

Diese Verletzung war vorsätzlich (§ 276 BGB). P hat sich über die ihm bekannte Regelung in der Ernennungsurkunde bewusst hinweggesetzt.

Ergebnis: P hat sich also schadensersatzpflichtig gemacht. Dabei ist an die Minderleistung des nicht befähigten A zu denken; die Schadenshöhe ist notfalls vom Gericht zu schätzen (§ 287 ZPO).

Fall 32 Die Konkurrenzprodukte des Handelsvertreters

H ist als Handelsvertreter für den Schmuckwarenfabrikanten U tätig, der Trauringe herstellt. Ein schriftlicher Vertrag besteht nicht. Einige Zeit später übernimmt H, der nicht voll ausgelastet ist, eine weitere Vertretung – nämlich für den Großhändler X, der günstigen Modeschmuck und Uhren aus Asien importiert. Als U hiervon erfährt, nimmt er dies hin, da ihn das Sortiment des X nicht tangiert.

Später nimmt der X allerdings auch Trauringe aus Gold in sein Sortiment auf. Im Außendienst bietet der H nun seit Monaten bevorzugt die günstigeren Ringe des X an – und zwar auch denjenigen Kunden, die bislang die Ware von U geordert hatten.

Frage 1: Als U dies erfährt, kündigt er dem H fristlos. Zu Recht?

Frage 2: H hat einen Großkunden des U seit 3 Monaten nicht mehr aufgesucht, obwohl er diesen absprachegemäß eigentlich zweimal monatlich besuchen müsste. Stattdessen hat sich H um Neukunden für den X bemüht. Dieser Großkunde hat daraufhin seine Geschäftsverbindung mit U abgebrochen. U möchte dem H 5000,– € an fälliger Provision einbehalten und mit seinem Schaden verrechnen, der ihm in Form von Gewinnausfall entstanden ist. Ist U hierzu berechtigt?

Lösung Frage 1:

Entscheidungsgrundlage: Die Wirksamkeit der außerordentlichen Kündigung eines Handelsvertreters ist nach § 89a Abs. 1 HGB zu beurteilen.

Voraussetzungen: Erforderlich ist, dass ein wichtiger Grund vorliegt. Hierfür müssen folgende Voraussetzungen vorliegen:

- erhebliche Pflichtverletzung
- Unzumutbarkeit der Fortsetzung für den Kündigenden, sei es auch nur bis zum Ablauf der ordentlichen Kündigungsfrist.

Überprüfung: Ein Handelsvertretervertrag kann – wie hier – formfrei geschlossen werden. Aus diesem Rechtsverhältnis kann für den Handelsvertreter ein Wettbewerbsverbot resultieren. Aus § 90a HGB lässt sich ein solches jedoch nicht herleiten, vielmehr bezieht sich diese Regelung nur auf Wettbewerbsabreden für die Zeit *nach* Beendigung des Vertragsverhältnisses. Auch fehlt für den Handelsvertreter eine Regelung, die den §§ 60, 61 HGB für Handlungsgehilfen entspricht. Jedoch hat der Handelsvertreter nach § 86 Abs. 1 HGB einseitig die Interessen des Unternehmers wahrzunehmen. Eine Konkurrenztätigkeit ist ihm daher während der Vertragslaufzeit nicht gestattet. Hiergegen hat H verstoßen, wenn er als Handelsvertreter unmittelbare Konkurrenzerzeugnisse mitgeführt und angeboten hat. Dies hat H über längere Zeit hinweg getan. Darin liegt ein erheblicher Verstoß gegen die Pflicht aus § 86 Abs. 1 HGB. H kann sich auch nicht auf stillschweigende Gestattung durch U berufen. Eine solche bezog sich allenfalls auf Modeschmuck und Uhren, da diese ja nicht zum Sortiment des U gehörten.

Bei der Prüfung, ob dem U eine weitere Fortsetzung des Vertragsverhältnisses trotz des Wettbewerbsverstoßes des H zuzumuten ist, kommt es entscheidend auf die gesamten Umstände an. H hat direkte Konkurrenzartikel über längere Zeit heimlich mitgeführt und sogar bevorzugt angeboten. Er hat damit nachhaltig gegen das bestehende Wettbewerbsverbot verstoßen. Danach erscheint eine Fortsetzung des Handelsvertreterverhältnisses für U als unzumutbar.

Ergebnis: Die außerordentliche Kündigung des H durch den U ist daher zu Recht erfolgt und somit wirksam.

Lösung Frage 2:

Entscheidungsgrundlage: Die „Verrechnung" des U stellt rechtlich eine Aufrechnungserklärung dar. Ihre Wirksamkeit ist nach §§ 387 ff. BGB zu beurteilen.

Voraussetzungen: Hierfür wird vorausgesetzt:

- Gegenseitigkeit der Leistungen
- Gleichartigkeit
- Fälligkeit der Aktivforderung
- Erfüllbarkeit der Passivforderung
- Fehlen eines speziellen Aufrechnungsverbotes.

Überprüfung: U schuldet dem H eine Leistung, nämlich Provision in Höhe von 5000,– €. Eine Gegenforderung des U könnte sich auf einen Schadensersatzanspruch gegen den H gründen, der ebenfalls auf Geld gerichtet und somit gleichartig ist.

Als Anspruchsgrundlage für eine gleichartige Gegenforderung, nämlich für einen Schadensersatzanspruch des U gegen H, kommt § 89a Abs. 2 HGB nicht in Betracht. Diese Vorschrift bezieht sich nur auf den durch die Aufhebung des Vertragsverhältnisses entstehenden Schaden. Der entgangene Gewinn des U durch den Kundenverlust ist aber während der Tätigkeit des H entstanden.

Dagegen kommt ein Schadensersatzanspruch wegen Pflichtverletzung nach § 280 Abs. 1 BGB in Betracht. Hierfür ist Voraussetzung:

- Bestehen eines Schuldverhältnisses
- eine Pflichtverletzung
- die der Schuldner zu vertreten hat.

Zwischen U und H besteht ein Schuldverhältnis, nämlich ein Handelsvertretervertrag.

Nach § 86 Abs. 1 HGB hat sich ein Handelsvertreter um die Vermittlung oder den Abschluss von Geschäften zu bemühen und dabei das Interesse des Unternehmers wahrzunehmen. Innerhalb dieses Rahmens kann er seine Tätigkeit im Wesentlichen frei gestalten und seine Arbeitszeit bestimmen (§ 84 Abs. 1 Satz 2 HGB). Wann genau er also die Kunden besucht, bleibt ihm überlassen. Allerdings ist H verpflichtet, die ihm zugewiesenen Stammkunden zu betreuen und besuchen; keinesfalls darf er den ihm zugewiesenen Bezirk gegenüber anderen Tätigkeiten vernachlässigen. Außerdem wurde hier ausdrücklich vereinbart, dass H den besagten Stammkunden zweimal monatlich besuchen müsse. Dass er den Kunden drei Monate lang gar nicht aufgesucht hat, stellt somit eine Pflichtverletzung dar.

Er handelte hierbei auch schuldhaft, denn er vernachlässigte den Großkunden vorsätzlich, um stattdessen die Kunden des X zu betreuen.

Somit ist H dem U zum Schadensersatz verpflichtet gem. § 280 Abs. 1 BGB. Der Schaden umfasst auch den entgangenen Gewinn gem. § 252 BGB.

Somit steht dem U eine gleichartige Gegenforderung zu. Diese ist auch sofort fällig, § 271 Abs. 1 BGB. Und schließlich ist die Forderung des H auf Provision auch erfüllbar und es steht auch kein Aufrechnungsverbot entgegen.

Ergebnis: U ist daher zur Aufrechnung berechtigt. Für eine wirksame Aufrechnung muss U noch gegenüber dem H die Aufrechnung erklären, § 388 Satz 1 BGB. Diese Erklärung ist empfangsbedürftig, bedarf aber keiner bestimmten Form.

Fall 33 Das boomende Start-up

Die drei Studierenden A, B und C haben ein Start-up gegründet, das einen Onlinehandel für gebrauchte Luxusuhren unter der Bezeichnung „watch-love.de“ betreibt. A, der sich mit Luxusuhren gut auskennt, kümmert sich um den Einkauf der Uhren, B um den Internetauftritt mit Marketing und C um die Programmierung des online-shops.

C bestellt nach Absprache mit A und B beim PC-Händler V einen leistungsfähigen Server für 15 000,– € über den geschäftlichen Mail-Account der Firma watch-love.de. Bereits am nächsten Tag trifft der neue Server ein.

Frage 1: Welche Rechtsform hat das Start-up?

Frage 2: Von wem kann V Zahlung verlangen?

Frage 3: Nach einem Bericht über das Start-up in einer US-amerikanischen Tageszeitung boomt das Geschäft so stark, dass das Start-up mittlerweile über 50 Mitarbeiter und eine eigene Buchhaltungsabteilung hat. Eine Handelsregistereintragung liegt nicht vor. Welche Rechtsform liegt nun vor?

Frage 4: Wegen der starken Nachfrage schließt C namens der OHG mit dem System-Anbieter X einen Nutzungsvertrag über dessen Software und Cloud-Dienste für 10 Jahre mit einem Volumen von 3 Mio. €. Obwohl bislang immer alle Gesellschafter gemeinsam entschieden und gehandelt haben, hat C bei diesem Vertrag alleine gehandelt, ohne sich vorher mit A und B abgestimmt zu haben. Nachdem A und B von dem Vertrag erfahren, sind sie gar nicht einverstanden und verweigern gegenüber X die Zahlung. Kann X Erfüllung des Vertrages von der OHG verlangen?

Lösung Frage 1:

Entscheidungsgrundlage: Vorliegend kann es sich bei dem Start-up „watch-love.de“ um eine Gesellschaft bürgerlichen Rechts (GbR) handeln, die auch als BGB-Gesellschaft bezeichnet wird, § 705 BGB.

Voraussetzungen: Eine GbR gem. § 705 Abs. 1 BGB setzt voraus:

- Abschluss eines Gesellschaftsvertrags durch die Gesellschafter
- zur Erreichung eines gemeinsamen Zwecks
- Pflicht zur Leistung von Beiträgen zur Förderung des gemeinsamen Zwecks.

Überprüfung: Für den Abschluss eines Gesellschaftsvertrages zwischen A, B und C sind drei übereinstimmende Willenserklärungen erforderlich. Da das Gesetz keine bestimmte Form erfordert, kann dieser Vertrag nach dem Grundsatz der Formfreiheit formlos abgeschlossen werden, also auch mündlich oder sogar konkludent. Nur ausnahmsweise muss der Gesellschaftsvertrag notariell beurkundet werden, wenn z.B. ein Grundstück in die Gesellschaft eingebracht werden soll, § 311b Abs. 1 BGB. Hier haben die drei Studierenden durch das gemeinsame Betreiben des Unternehmens konkludent einen Gesellschaftsvertrag abgeschlossen – auch wenn ihnen die gesellschaftsrechtliche Bedeutung ihres Handelns gar nicht bewusst war.

Bei dem Zweck der GbR kann es sich um einen wirtschaftlichen oder ideellen Zweck handeln. Durch den Gesellschaftsvertrag wurde die Verpflichtung zur Erreichung eines gemeinsamen Zwecks begründet, nämlich die Gründung und Führung des Uhrenhandels. Auch haben sich die drei verpflichtet, diesen Zweck zu fördern, indem jeder seinen Beitrag leistet zu den Bereichen Einkauf, Marketing und Technik.

Ergebnis: Somit handelt es sich bei „watch-love.de“ um eine Gesellschaft bürgerlichen Rechts gem. § 705 BGB.

Lösung Frage 2:

Ein Zahlungsanspruch des V kann sich aus dem Kaufvertrag ergeben, § 433 Abs. 2 BGB. Dieser Anspruch kann sich zum einen gegen die Gesellschaft selbst richten. Voraussetzung hierfür ist, dass eine GbR selbst überhaupt Vertragspartner sein kann, sie also rechtsfähig ist.

Zum anderen kann sich der Zahlungsanspruch aber auch gegen die Gesellschafter A, B und C richten gem. §§ 433 Abs. 2, 721 BGB.

1. Entscheidungsgrundlage: Der Zahlungsanspruch gegen die GbR richtet sich nach §§ 433 Abs. 2, 705 Abs. 2 BGB.

Voraussetzungen: Diese Vorschriften setzen voraus:
- Vorliegen einer rechtsfähigen GbR
- Vorliegen eines Kaufvertrages zwischen V und der GbR.

Überprüfung: Wenn die GbR selbst Vertragspartner sein soll, muss sie rechtsfähig sein, also selbst Träger von Rechten und Pflichten sein können. Dies ist seit Langem von der Rechtsprechung anerkannt und ergibt sich seit dem 1.1.2024 nunmehr auch ausdrücklich aus dem Gesetz, § 705 Abs. 2 BGB. Da es sich bei der watch-love.de GbR um eine Gesellschaft handelt, die mit Dritten Rechtsgeschäfte tätigt, handelt es sich um eine rechtsfähige Außen-GbR, die selbst Vertragspartner sein kann.

Ferner müsste ein Kaufvertrag zwischen V und der GbR abgeschlossen worden sein. Hierfür sind 2 übereinstimmende Willenserklärungen nötig, Angebot und Annahme. Die GbR hat zwar nicht selbst eine Willenserklärung abgegeben, jedoch könnte sie durch ihren Gesellschafter C vertreten worden sein gem. § 164 Abs. 1 BGB.

- C hat eine eigene Willenserklärung abgegeben und nicht nur eine fremde Willenserklärung als Bote überbracht.
- C hat im Namen von „watch-love.de“ gehandelt; denn er hat gegenüber dem V durch Nutzung des geschäftlichen Mail-Accounts zum Ausdruck gebracht, dass er bei der Bestellung für watch-love.de handelt und nicht für sich selbst als Privatperson.
- Ferner müsste C Vertretungsmacht für die GbR gehabt haben. Bei der GbR haben die Gesellschafter – wenn sie nichts anderes im Gesellschaftsvertrag vereinbart haben – gem. § 720 Abs. 1 BGB nur gemeinsam Vertretungsmacht. Alle Gesellschafter müssen also gemeinsam handeln. Hier hat C zwar alleine gehandelt, jedoch wurde er hierzu von den übrigen Gesellschaftern gem. § 720 Abs. 2 BGB ermächtigt. Daher handelte C mit Vertretungsmacht für die GbR.

Somit liegen alle Voraussetzungen des § 164 Abs. 1 BGB vor und C hat die GbR wirksam vertreten. Ein Angebot seitens der GbR wurde daher durch den C als deren Vertreter abgegeben.

Die Annahme des V liegt konkludent darin, dass er den Server an die GbR geschickt hat.

Somit ist ein Kaufvertrag zwischen V und der GbR zustande gekommen.

Ergebnis: V kann Zahlung des Kaufpreises von 15 000,– € von der GbR verlangen gem. §§ 433 Abs. 2, 705 Abs. 2 BGB.

2. Entscheidungsgrundlage: Der Zahlungsanspruch gegen die Gesellschafter A, B und C richtet sich nach §§ 433 Abs. 2, 721 BGB.

Voraussetzungen: Diese Vorschriften setzen voraus:

- Vorliegen einer Verbindlichkeit der GbR gem. § 433 Abs. 2 BGB
- Gesellschafterstellung von A, B und C bei der GbR i.S.v. § 721 BGB.

Überprüfung: Die GbR hat einen wirksamen Kaufvertrag geschlossen, was oben bejaht wurde. Somit liegt eine Verbindlichkeit gem. § 433 Abs. 2 BGB vor. A, B und C sind Gesellschafter der GbR. Nach § 721 BGB haften die Gesellschafter gesamtschuldnerisch für alle Verbindlichkeiten der Gesellschaft. Das heißt, jeder Gesellschafter haftet – neben der Gesellschaft – in voller Höhe persönlich für die Verbindlichkeiten der Gesellschaft.

Ergebnis: V kann gem. §§ 433 Abs. 2, 721 BGB Zahlung des Kaufpreises von 15 000,– € auch von A, B und C persönlich verlangen – insgesamt aber nur einmal. Ob er den Anspruch von der GbR oder den Gesellschaftern verlangt, bleibt ihm überlassen.

Lösung Frage 3:

Entscheidungsgrundlage: Nunmehr kann es sich bei dem Unternehmen um eine Offene Handelsgesellschaft (OHG) handeln gem. § 105 BGB.

Voraussetzungen: Eine OHG gem. § 105 HGB setzt voraus:

- Vorliegen einer Gesellschaft, § 105 Abs. 3 HGB, § 705 BGB
- Betrieb eines Handelsgewerbes, § 105 Abs. 1 HGB.

Überprüfung: Bei der OHG handelt es sich um eine auf der GbR aufbauenden Gesellschaftsform. Dies ergibt sich aus § 105 Abs. 3 HGB, wonach auch Vorschriften der GbR auf die OHG Anwendung finden. Es müssen also alle Voraussetzungen einer GbR vorliegen. Dies liegt hier vor.

Ferner muss ein Handelsgewerbe vorliegen. Dies stellt das entscheidende Abgrenzungskriterium zwischen einer GbR und einer OHG dar. Somit kommt es darauf an, ob die Gesellschaft ein Handelsgewerbe betreibt. Nimmt die OHG ihre Geschäfte schon vor der Eintragung in das Handelsregister auf, wird sie bereits im Zeitpunkt der Geschäftsaufnahme und nicht erst mit der Handelsregistereintragung gegenüber Dritten wirksam. Dies gilt jedoch nur, soweit sich nicht aus § 107 Abs. 1 HGB ein anderes ergibt. Nach § 107 HGB wäre dies wiederum der Fall, wenn die Gesellschaft so klein ist, dass sie keinen in kaufmännischer Weise eingerichteten Geschäftsbetriebs erfordert und somit kein Handelsgewerbe darstellt. Gem. § 1 Abs. 2 HGB ist Handelsgewerbe jeder Gewerbebetrieb, es sei denn, dass das Unternehmen nach Art oder Umfang einen in kaufmännischer Weise eingerichteten Geschäftsbetrieb nicht erfordert. Kriterien hierfür sind etwa Umsatzvolumen, Anlage- und Umlaufvermögen, Anzahl der Mitarbeiter, eigenes Buchhaltungspersonal. Hier hat das Start-up über 50 Mitarbeiter und eine eigene Buchhaltungsabteilung. Daher liegt ein Handelsgewerbe und somit eine OHG vor. Dass die

OHG nicht im Handelsregister eingetragen ist, schadet nicht. Die Eintragung ist in diesem Fall nur deklaratorisch. Die OHG entsteht gem. § 123 Abs. 1 Satz 2 HGB somit im Außenverhältnis bereits mit Aufnahme der Geschäftstätigkeit als Handelsgewerbe.

Unabhängig hiervon könnte auch *ohne* Vorliegen eines Handelsgewerbes, sondern bereits kraft Eintragung im Handelsregister eine OHG vorliegen, §§ 107 Abs. 1, 123 Abs. 1 Satz 1 HGB. Eine kleingewerblich tätige GbR kann sich freiwillig als OHG im Handelsregister eintragen lassen. Auch ohne Vorliegen eines Handelsgewerbes wird dann aus einer GbR eine OHG. In einem solchen Fall wirkt die Eintragung konstitutiv. Hier erfolgte jedoch keine Eintragung, sodass diese Variante ausscheidet.

Ergebnis: Bei dem Unternehmen „watch-love.de“ handelt es um eine Offene Handelsgesellschaft gem. § 105 HGB.

Lösung Frage 4:

Ein Vertrag, der die Nutzung von cloudbasierter Software über den Server des Anbieters zum Gegenstand hat („Software as a Service“, „SaaS“), ist als Mietvertrag einzustufen. Somit kann sich der Zahlungsanspruch des X aus dem Mietvertrag ergeben, § 535 Abs. 2 BGB. Voraussetzung hierfür ist, dass zwischen X und der OHG ein wirksamer Mietvertrag zustande gekommen ist.

1. Entscheidungsgrundlage: Der Zahlungsanspruch gegen die OHG richtet sich nach § 535 Abs. 2 BGB, § 105 HGB.

Voraussetzungen: Diese Vorschriften setzen voraus:

- Vorliegen einer OHG
- Vorliegen eines Mietvertrages zwischen X und der OHG.

Überprüfung: Wie in Frage 3 geklärt, liegt hier auch ohne Handelsregistereintragung eine OHG vor, da ein Handelsgewerbe betrieben wird.

Ferner müsste ein Mietvertrag zwischen X und der OHG abgeschlossen worden sein. Hierfür sind 2 übereinstimmende Willenserklärungen nötig, Angebot und Annahme. Die OHG hat zwar nicht selbst eine Willenserklärung abgegeben, jedoch könnte sie durch ihren Gesellschafter C vertreten worden sein gem. § 164 Abs. 1 BGB.

- C hat eine eigene Willenserklärung abgegeben und nicht nur eine fremde Willenserklärung als Bote überbracht.
- C hat im Namen der OHG gehandelt.
- Ferner müsste C Vertretungsmacht für die OHG gehabt haben. Bei der OHG haben die Gesellschafter – wenn sie nichts anderes im Gesellschaftsvertrag vereinbart haben – gem. § 124 Abs. 1 HGB jeweils einzeln Vertretungsmacht. Anders als bei der GbR kann hier also jeder Gesellschafter alleine vertreten. Kraft Gesetzes besteht also Alleinvertretungsmacht. Hiervon kann aber durch Vereinbarung der Gesellschafter abgewichen werden, § 124 Abs. 2 HGB. Hier haben die Gesellschafter immer gemeinsam gehandelt, was eine konkludente Vereinbarung von Gesamtvertretung darstellt. Dass die Gesamtvertretung entgegen § 106 Abs. 2 Nr. 3 HGB nicht im Handelsregister eingetragen war, ist unschädlich. Die Vereinbarung ist auch ohne Eintragung wirk-

sam. Denn die Eintragung hat nur deklaratorische Bedeutung. Somit hatte C keine Einzelvertretungsmacht. Er handelte ohne Vertretungsmacht.

- Fraglich ist aber, ob sich die OHG gem. § 15 Abs. 1 HGB gegenüber dem X überhaupt auf die Gesamtvertretung berufen kann, da diese nicht im Handelsregister eingetragen wurde. § 15 Abs. 1 HGB regelt die sog. „negative Publizität". Hiernach kann sich der Rechtsverkehr auf das Schweigen des Handelsregisters verlassen. Eintragungspflichtige Tatsachen, die im Handelsregister nicht eingetragen und bekannt gemacht wurden, gelten nicht zulasten eines redlichen Dritten. Bei Eingreifen dieser Norm hätte dies dann die gesetzlich vorgesehene Einzelvertretung zur Folge.
  § 15 Abs. 1 HGB hat folgende Voraussetzungen:
  - Eintragungspflichtige Tatsache: Die vereinbarte Gesamtvertretung ist tatsächlich wirksam, da die fehlende Handelsregistereintragung nur deklaratorisch ist. Die Eintragungspflicht folgt aus § 106 Abs. 2 Nr. 3 HGB.
  - Nichteintragung: Die Eintragung der Gesamtvertretung ist hier nicht erfolgt.
  - Gutgläubigkeit des Dritten: Der Dritte X hat hier keine Kenntnis von der Gesamtvertretung des C gehabt. Er war somit gutgläubig.

Somit liegen alle Voraussetzungen des § 15 Abs. 1 HGB vor, und die OHG kann sich gegenüber dem gutgläubigen X nicht auf die Gesamtvertretung berufen. Dem X hingegen steht ein Wahlrecht zu, ob er sich auf die *wahre* Rechtslage (Gesamtvertretung) oder den Rechtsschein des Handelsregisters (Einzelvertretung) berufen möchte. Vorliegend beruft sich der X auf die Wirksamkeit des Mietvertrages und somit auf den Rechtsschein der Handelsregistereintragung gem. § 15 Abs. 1 HGB. Der C hatte somit gegenüber dem X Alleinvertretungsmacht und hat die OHG wirksam vertreten gem. § 164 Abs. 1 BGB.

Somit liegt ein Angebot seitens der OHG vor, das von X auch angenommen wurde. Ein Mietvertrag zwischen X und der OHG ist zustande gekommen.

Ergebnis: X kann Zahlung der Miete von der OHG verlangen gem. § 535 Abs. 2 BGB, und alle Gesellschafter haften gesamtschuldnerisch ebenfalls für diese Verbindlichkeit persönlich, § 126 HGB.

Fall 34 Beratungsunternehmen – gemeinsam oder einsam?

A hat sich mit einem Beratungsunternehmen für den Einsatz von KI-Sprachanwendungen selbständig gemacht. B hat seit Jahrzehnten ein Unternehmen, das spezialisiert ist auf die Implementierung von Spezialsoftware. A und B wollen ihre Aktivitäten und Fähigkeiten gewinnbringend zusammenführen. Sie schließen einen Vertrag ab, den sie als „Beteiligungsvertrag" überschreiben. Hiernach bringen beide ihre unternehmerischen Vermögenswerte, ihren Kundenstamm und ihr Fachwissen in die gemeinsame Unternehmung ein. Beide wollen ihre ganze Arbeitskraft in dem neuen Gemeinschaftsunternehmen einbringen. Mitarbeiter haben sie bisher keine. Im Rechtsverkehr treten sie künftig als „A & B Consulting for Professionals" auf. Eine Eintragung ins Handelsregister hatten sie geplant, dann aber vergessen.

Nach einiger Zeit geht B dazu über, seine finanzielle Situation dadurch zu optimieren, dass er bestimmte Kunden im eigenen Namen alleine berät. Diese Einnahmen teilt er dann nicht mit A.

Frage 1: Ist das Vorgehen des B zulässig?
Frage 2: Welche Konsequenzen kann dies für B haben?

Lösung Frage 1:

Das Vorgehen des B wäre unzulässig, wenn er dadurch gegen ein spezielles gesetzliches Wettbewerbsverbot oder gegen die gesellschaftsrechtliche Treueverpflichtung verstoßen würde.

1. Entscheidungsgrundlage: § 117 HGB regelt für OHG-Gesellschafter das Verbot, im Handelszweig der OHG Geschäfte zu machen.

Voraussetzungen: Die Anwendung dieser Bestimmung hängt davon ab, ob eine OHG besteht. Dafür ist nach § 105 Abs. 1 HGB erforderlich:

- eine Gesellschaft
- die ein Handelsgewerbe betreibt
- unter gemeinschaftlicher Firma
- bei unbeschränkter Haftung aller Gesellschafter.

Überprüfung: A und B haben sich zu einer Gesellschaft zusammengeschlossen. Der als „Beteiligungsvertrag" bezeichnete Vertrag stellt einen Gesellschaftsvertrag dar. Mit dem Vertrag verfolgen A und B die Erreichung eines gemeinsamen Zwecks i.S.d. § 705 BGB, nämlich der gemeinsame Betrieb einer Unternehmensberatung. Somit liegt eine Gesellschaft vor.

Diese Gesellschaft betreibt aber kein Handelsgewerbe. Zwar liegt ein Gewerbebetrieb vor, da die Unternehmensberatung eine selbständige, planmäßig auf Dauer gerichtete Tätigkeit darstellt. Jedoch ist die Unternehmung zu klein. Es gibt nur die beiden Berater A und B und keine sonstigen Mitarbeiter. Der Umsatz ist dementsprechend übersichtlich. Ein in kaufmännischer Weise eingerichteter Gewerbebetrieb ist hiernach nicht erforderlich (§ 1 Abs. 2 HGB). Somit liegt zwar ein Gewerbebetrieb vor, der wegen der geringen Größe jedoch nicht als Handelsgewerbe qualifiziert ist i.S.d. § 1 Abs. 1 HGB. Mittels Eintragung des Gewerbebetriebs im Handelsregister würde ein kleingewerbliches Unternehmen aber dennoch als Handelsgewerbe gelten gem. § 2 HGB. Im vorliegenden

Fall wurde jedoch keine Eintragung des Gewerbes im Handelsregister vorgenommen. Somit liegt kein Handelsgewerbe und somit auch keine OHG vor.

Ergebnis: Da keine OHG vorliegt, ist § 117 HGB nicht anwendbar, sodass dieses Wettbewerbsverbot dem Vorgehen des B nicht entgegensteht.

2. Entscheidungsgrundlage: Nachdem kein spezielles gesetzliches Wettbewerbsverbot eingreift, bleibt zu prüfen, ob B gegen eine Treuepflicht aus §§ 242, 241 Abs. 2 BGB verstößt.

Voraussetzungen: Die Anwendung der §§ 242, 241 Abs. 2 BGB verlangt,

- dass eine Treuepflicht überhaupt besteht
- dass sich diese Treuepflicht als Wettbewerbsverbot konkretisieren lässt.

Überprüfung: Die genannten Vorschriften gelten nach ihrem systematischen Standort im BGB für alle Schuldverhältnisse. Als Schuldverhältnis kommt hier eine GbR gem. § 705 BGB in Frage.

Eine GbR hat gem. § 705 BGB folgende Voraussetzungen:

- Abschluss eines Gesellschaftsvertrages
- zur Erreichung eines gemeinsamen Zwecks
- Förderungspflicht hinsichtlich des gemeinsamen Zwecks.

A und B schlossen sich in dem Beteiligungsvertrag zur Erreichung eines gemeinsamen Zwecks zusammen. Sie wollten eine gemeinsame Unternehmensberatung betreiben. Für beide wurde die Pflicht begründet, die gemeinsame Unternehmung zu fördern. Denn jeder sollte nicht nur seinen Kundenstamm, Fachwissen u.ä. in die gemeinsame Unternehmung einbringen, sondern auch seine ganze Arbeitskraft der Unternehmensberatung zur Verfügung stellen. Es liegt also eine GbR – und somit ein Schuldverhältnis – vor.

Der in § 242 BGB verankerte Grundsatz von Treu und Glauben hat bei einer GbR besondere Bedeutung. Im Gesellschaftsrecht wird aus diesem Grundsatz die sog. Treuepflicht hergeleitet. Diese stellt ein fundamentales Grundprinzip des Gesellschaftsverhältnisses dar. Bei einer Gesellschaft handelt es sich um ein Dauerschuldverhältnis. Die Interessen der Gesellschafter sind auf das gleiche Ziel gerichtet. Die Beteiligten müssen ständig alles unternehmen, um das gemeinsame Ziel zu erreichen. A und B müssen also alles tun, um die gemeinsame Unternehmensberatung zu fördern. Auch ohne ausdrückliche Bestimmung im Gesellschaftsvertrag muss jeder Gesellschafter alles unterlassen, was in Wettbewerb zur GbR stünde. Geschäftsführende Gesellschafter trifft darüber hinaus die Verpflichtung, die Geschäftschancen der GbR nicht für sich, sondern nur für die Gesellschaft zu nutzen (sog. „Geschäftschancenlehre“).

Wenn B Kunden im eigenen Namen und auf eigene Rechnung berät, verstößt er eindeutig gegen diese Prinzipien. Er tritt in Wettbewerb zur GbR und nutzt Geschäftschancen der GbR für sich selbst aus. Dies ist unzulässig.

Ergebnis: Das beabsichtigte Vorhaben des B verstößt gegen die gesellschaftsrechtliche Treuepflicht und die Geschäftschancenlehre, § 242 BGB.

Lösung Frage 2:

B müsste mit der Rückforderung des Gewinnes, möglicherweise auch mit dem Ausschluss aus der Gesellschaft rechnen.

1. Entscheidungsgrundlage: Die Rückforderung des Gewinnes könnte nach § 280 Abs. 1 BGB berechtigt sein.

Voraussetzungen: Kriterien sind:

- Bestehen eines Schuldverhältnisses
- eine Pflichtverletzung
- die der Schuldner zu vertreten hat.

Überprüfung: Im Rahmen des bestehenden Schuldverhältnisses in Form des Gesellschaftsvertrages besteht für B die gesellschaftsrechtliche Treuepflicht als eine Nebenpflicht aus dem Gesellschaftsvertrag (§ 241 Abs. 2 BGB). B verstößt gegen diese Treuepflicht, wenn er parallel eigene Kunden gewinnt.

Der Verstoß ist vorsätzlich (§ 276 Abs. 1 Satz 1 BGB).

Ergebnis: Hiernach ist B schadensersatzpflichtig; er muss der Gesellschaft den entgangenen Gewinn ersetzen (§§ 249, 252 BGB).

2. Entscheidungsgrundlage: Für einen Ausschluss des B aus der Gesellschaft ist § 727 BGB die maßgebende Grundlage.

Voraussetzungen: § 727 BGB setzt voraus:

- Verletzung einer wesentlichen Gesellschafterverpflichtung
- aus Vorsatz oder grober Fahrlässigkeit.

Überprüfung: B verstößt, wie oben dargelegt, gegen die Treuepflicht und die Geschäftschancenlehre, wenn er in Wettbewerb zur GbR eigene Kunden berät. Die Pflicht des Gesellschafters, Wettbewerb zu unterlassen und Geschäftschancen der GbR nicht für sich zu nutzen, sind wesentliche Pflichten. B hat vorsätzlich gehandelt.

Ergebnis: A könnte den B auch aus der Gesellschaft ausschließen.

Da die GbR nur aus den 2 Gesellschaftern A und B besteht, würde das Ausscheiden eines Gesellschafters dazu führen, dass die Gesellschaft gem. § 712a BGB kraft Gesetzes ohne Liquidation aufgelöst wird. Das Gesellschaftsvermögen geht dann im Wege der Gesamtrechtsnachfolge auf den verbleibenden Gesellschafter über. Der A könnte also das Unternehmen als Einzelunternehmen alleine fortführen. Der ausgeschiedene Gesellschafter B erhielte im Gegenzug eine dem Wert seines Anteils angemessene Abfindung, § 728 BGB. Allerdings kann hiervon abweichend im Gesellschaftsvertrag eine (meist niedrigere) Abfindungshöhe vereinbart werden.

Fall 35 Ein heißer Ofen

A, B und C sind Gesellschafter der Re-future OHG, die als Recycling-Unternehmen Wertstoffe – vor allem Metalle und Seltene Erden – aus Elektronikgeräten abscheidet und wiedergewinnt. Diese Rohstoffe verkauft sie an Industriekunden weltweit. Durch die hohe Nachfrage nach Elektrofahrzeugen wächst das Geschäft der OHG rapide. Die OHG ist im Handelsregister eingetragen. Alle Gesellschafter sind je einzeln zur Vertretung der Gesellschaft berechtigt, was ebenfalls im Handelsregister so eingetragen wurde.

Nachdem das Geschäft und vor allem der Umfang der einzelnen Verträge immer größer und somit auch risikobehafteter wurden, haben die Gesellschafter einstimmig folgende Änderung des Gesellschaftsvertrages beschlossen: „Ab sofort gilt bei der Re-future OHG das 4-Augen Prinzip. Jeder Gesellschafter kann Geschäfte nur gemeinsam mit einem weiteren Gesellschafter oder einem Prokuristen abschließen. Geschäfte über 100 000,–€ können nur von allen Gesellschaftern gemeinsam vorgenommen werden." Irgendwelche Eintragungen im Handelsregister zu diesem Beschluss wurden nicht vorgenommen.

Als A auf einer Messe ist, bestellt er – ohne Rücksprache mit B und C – einen ölbefeuerten Hochleistungsofen für 1,2 Mio. € im Namen der OHG bei V. Als B und C von der Bestellung erfahren, sprechen sie sich strikt dagegen aus. Denn sie wollen nur noch Öfen anschaffen, die CO_2-neutral mit Wasserstoff befeuert werden können. Dies teilen sie auch dem Verkäufer so mit und verweigern die Abnahme und Bezahlung unter Berufung auf die fehlende Vertretungsmacht des A.

Frage 1: Kann V von der OHG Zahlung verlangen?
Frage 2: Welche Konsequenzen drohen dem A?

Lösung Frage 1:

Grundlage könnte ein zwischen V und der OHG abgeschlossener Kaufvertrag sein.

1. Entscheidungsgrundlage: Für das Zahlungsbegehren ist § 433 Abs. 2 BGB maßgebend.

Voraussetzungen: Zu prüfen ist, ob ein Kaufvertrag zwischen V und der OHG vorliegt. Diese Rechtsgrundlage setzt einen gültigen Kaufvertrag über den Ofen zum Preis von 1,2 Mio. € voraus. Ein Kaufvertrag erfordert zwei übereinstimmende Willenserklärungen, Angebot und Annahme. Neben der Willenserklärung des V müsste eine Willenserklärung seitens der OHG vorliegen. Die OHG könnte hierbei vertreten worden sein durch den A. Eine wirksame Vertretung der OHG durch den A erfordert nach § 164 Abs. 1 BGB:

- Abgabe einer eigenen Willenserklärung durch den Vertreter
- im Namen des Vertretenen
- innerhalb der ihm zustehenden Vertretungsmacht.

Überprüfung:

A gab eine eigene Willenserklärung ab, als er auf der Messe die Bestellung bei V tätigte. Er handelte nicht etwa nur als Bote, der eine fremde Willenserklärung übermittelt.

Diese Willenserklärung erfolgte auch ausdrücklich im Namen der OHG.

Fraglich ist, ob A auch entsprechende Vertretungsmacht hatte. A ist Gesellschafter der OHG. Die Vertretungsmacht des Gesellschafters ergibt sich bei der OHG aus § 124 Abs. 1 HGB. Danach hat jeder Gesellschafter je einzeln Alleinvertretungsmacht. A hätte somit alleine handeln können. Jedoch kann gem. § 124 Abs. 2, 3 HGB vereinbart werden, dass ein Gesellschafter nur gemeinsam mit einem weiteren Gesellschafter oder einem Prokuristen die Gesellschaft vertreten kann. Eine solche Gesamtvertretung wurde hier vereinbart. Dass die Gesamtvertretung entgegen § 106 Abs. 2 Nr. 3, Abs. 6 HGB nicht im Handelsregister eingetragen war, ist unschädlich. Die Vereinbarung ist auch ohne Eintragung wirksam. Denn die Eintragung hat nur deklaratorische Bedeutung. Somit hatte A keine Einzelvertretungsmacht. Er handelte ohne Vertretungsmacht. A hat die OHG nicht wirksam vertreten.

Jedoch könnte sich die OHG gem. § 15 Abs. 1 HGB nicht auf die erfolgte Vereinbarung von Gesamtvertretung berufen; dies hätte dann die gesetzlich vorgesehene Einzelvertretung zur Folge. § 15 Abs. 1 HGB hat folgende Voraussetzungen:

- Eintragungspflichtige Tatsache: Die vereinbarte Gesamtvertretung ist tatsächlich wirksam, da die fehlende Handelsregistereintragung nur deklaratorisch ist. Die Eintragungspflicht folgt aus § 106 Abs. 2 Nr. 3, Abs. 6 HGB.
- Nichteintragung: Die Eintragung der Gesamtvertretung ist hier nicht erfolgt.
- Gutgläubigkeit des Dritten: Der Dritte V hat hier keine Kenntnis von der Gesamtvertretung des A gehabt. Er war somit gutgläubig.

Somit liegen alle Voraussetzungen des § 15 Abs. 1 HGB vor, und die OHG kann sich gegenüber dem gutgläubigen V nicht auf die Gesamtvertretung berufen. V hat ein Wahlrecht, ob er sich auf die wahre Rechtslage (Gesamtvertretung) oder den Rechtsschein des Handelsregisters (Einzelvertretung) berufen möchte. Vorliegend beruft sich V auf die Wirksamkeit des Kaufvertrags und somit auf den Rechtsschein der Handelsregistereintragung gem. § 15 Abs. 1 HGB. Somit kann sich die OHG gegenüber dem gutgläubigen V nicht auf die Gesamtvertretung berufen. Der A hatte somit Alleinvertretungsmacht.

Nachdem festgestellt wurde, dass A dem Grunde nach Vertretungsmacht für die OHG hatte, ist weiter zu prüfen, ob der Kaufvertrag über den Ofen auch vom Umfang der Vertretungsmacht gedeckt war. Gem. § 124 Abs. 4 HGB erstreckt sich die Vertretungsbefugnis der Gesellschafter auf alle Geschäfte der Gesellschaft einschließlich der Veräußerung und Belastung von Grundstücken sowie der Erteilung und des Widerrufs einer Prokura. Hier haben die Gesellschafter vereinbart, dass bei Geschäften über 100 000,– € immer alle Gesellschafter gemeinsam handeln müssen. Jedoch regelt § 124 Abs. 4 Satz 2 HGB ausdrücklich, dass eine Beschränkung des Umfangs der Vertretungsbefugnis Dritten gegenüber unwirksam ist. Dies gilt insbesondere für die Beschränkung, dass sich die Vertretung nur auf bestimmte Geschäfte erstreckt. Die Beschränkung der Alleinvertretungsmacht auf Geschäfte bis 100 000,– € ist somit Dritten gegenüber nicht wirksam. Gegenüber Dritten besteht die Vertretungsmacht zwingend für alle Geschäfte der Gesellschaft – auch für solche über 100 000,– €. Somit hat A die OHG wirksam vertreten bei Abgabe der Willenserklärung; die Willenserklärung des V liegt ebenfalls vor.

Ein Kaufvertrag zwischen V und der OHG ist zustande gekommen.

Ergebnis: V kann Zahlung des Kaufpreises von der OHG verlangen gem. § 433 Abs. 2 BGB (und alle Gesellschafter haften gesamtschuldnerisch ebenfalls für diese Verbindlichkeit persönlich, § 126 HGB).

Lösung Frage 2:

B müsste mit Schadensersatzforderungen der OHG, möglicherweise auch mit dem Ausschluss aus der Gesellschaft rechnen.

1. Entscheidungsgrundlage: Die Schadensersatzforderung könnte nach § 280 Abs. 1 BGB berechtigt sein.

Voraussetzungen: § 280 Abs. 1 BGB hat folgende Voraussetzungen:

- Bestehen eines Schuldverhältnisses
- eine Pflichtverletzung
- die der Schuldner zu vertreten hat.

Überprüfung: A hatte die gesellschaftsvertragliche Pflicht, Geschäfte über 100 000 € nur gemeinschaftlich mit B und C abzuschließen. Hiergegen hat A verstoßen.

Der Verstoß war vorsätzlich (§ 276 Abs. 1 Satz 1 BGB).

Ergebnis: Hiernach ist A der OHG zum Schadensersatz verpflichtet; er muss die Gesellschaft wirtschaftlich so stellen, wie sie ohne die Pflichtverletzung stünde, § 249 Abs. 1 BGB. Ein Schaden für die OHG kann sich z.B. daraus ergeben, dass der Ofen nur mit Abschlag wieder weiterverkauft werden kann.

2. Entscheidungsgrundlage: A muss befürchten, dass er auf Antrag der übrigen Gesellschafter durch gerichtliche Entscheidung aus der Gesellschaft ausgeschlossen wird. Grundlage hierfür ist § 134 HGB.

Voraussetzungen: Dafür ist im Einzelnen erforderlich:

- Verletzung einer wesentlichen Gesellschafterverpflichtung
- aus Vorsatz oder grober Fahrlässigkeit.

Überprüfung: B hat sich eigenmächtig über die interne Regelung hinweggesetzt und einen Vertrag geschlossen, für den er eigentlich die Zustimmung aller Gesellschafter gebraucht hätte. Zwar hat er die Gesellschaft nicht für eigennützige Zwecke geschädigt. Jedoch war die Mitwirkung aller Gesellschafter bei wirtschaftlich wichtigen Entscheidungen erkennbar eine wesentliche Verpflichtung für alle Gesellschafter. Bereits ab 100 000,– € hätte der A die Mitgesellschafter entsprechend einbinden müssen. Mit dem Abschluss eines Vertrags über 1,2 Mio. € ohne Mitwirkung der übrigen Gesellschafter hat er sich in besonders grober Weise über die geltenden Bestimmungen hinweggesetzt.

A hat auch vorsätzlich gehandelt.

Ergebnis: A muss damit rechnen, dass er aus der Gesellschaft ausgeschlossen wird gem. § 134 HGB.

Fall 36 Neugründung einer Gesellschaft

A betreibt in gemieteten Räumen eine kleine Fahrschule, bestehend aus zwei älteren Fahrschulwagen, geringfügigem Mobiliar, einigem Lehr- und Werbematerial. Mit der Zeit wächst ihm das Geschäft über den Kopf. Er plant daher die Gründung einer GmbH, in die er seine Fahrschule als Einlage einbringen will. Ferner soll sich seine Ehefrau F mit einer Bareinlage von 5000,– € beteiligen, und schließlich soll sein Schwager S, der kürzlich die Fahrlehrerprüfung bestanden hat, eigenverantwortlich mitarbeiten. Das Stammkapital der GmbH soll 25 000,– € betragen; davon sollen 15 000,– € auf die Fahrschule des A entfallen, 5000,– € auf F, die restlichen 5000,– € auf S. Die Einlage des S soll nicht in bar erbracht werden, sondern dadurch, dass er künftig in der Fahrschule Fahrstunden erteilen wird.

Frage 1: Was müsste zur Errichtung der geplanten GmbH unternommen werden, und ergeben sich dabei rechtliche Hindernisse?

Frage 2: Wäre – bei gleichem Sachverhalt – auch die Errichtung einer KG möglich mit A als Vollhafter sowie F und S als Kommanditisten?

Frage 3: Könnte A auch eine GmbH mit einem Stammkapital von 5000,– € errichten und die Einlage durch Einbringung der beiden Fahrschulwagen (Wert 7000,– €) leisten?

Lösung Frage 1:

Entscheidungsgrundlage: Die Errichtung einer GmbH ist in den §§ 1-12 GmbHG geregelt.

Voraussetzungen: Nach diesen Vorschriften vollzieht sich die Errichtung in drei Schritten:

- Abschluss eines Gesellschaftsvertrages (§§ 2-5 GmbHG)
- Bestellung des/der Geschäftsführer (§ 6 GmbHG), Erbringung bestimmter Leistungen auf das Stammkapital (§ 7 GmbHG) und sodann Anmeldung zur Eintragung in das Handelsregister (§§ 7 Abs. 1, 8 GmbHG)
- Prüfung der Eintragungsunterlagen durch das Registergericht und Eintragung in das Handelsregister (§ 11 Abs. 1 GmbHG).

Überprüfung: Nach § 1 GmbHG können Gesellschaften mit beschränkter Haftung zu jedem gesetzlich zulässigen Zweck errichtet werden, also auch zum Ausbilden von Fahrschülern. A, F und S müssten den Vertrag notariell beurkunden lassen (§ 2 GmbHG). Den Mindestinhalt des Vertrages legt § 3 GmbHG fest. Gegenstand und Sitz des Unternehmens bereiten keine Schwierigkeiten; über die Firma, die jede GmbH zu führen hat, müssten sich die Gesellschafter noch verständigen, wobei ihnen § 4 GmbHG einen weiten Spielraum lässt. Das vorgesehene Stammkapital von 25 000,– € entspricht dem gesetzlichen Mindestbetrag des § 5 Abs. 1 GmbHG; die Zahl und die Nennbeträge der Stammeinlagen müssen genau genannt werden. Da es sich hier nicht um eine Bargründung, sondern um eine Sachgründung handelt, müssen der Gegenstand der Sacheinlage und der Betrag der Stammeinlage des jeweiligen Gesellschafters, auf die sich die Sacheinlage bezieht, im Vertrag festgesetzt werden (§ 5 Abs. 4 GmbHG). Zusätzlich haben die Gesellschafter einen schriftlichen Sachgründungsbericht zu erstellen, der verdeutlichen soll, welche Überlegungen für den Einlagewert sprechen. Es empfiehlt sich, über den Wert der beiden Fahrschulautos Gutachten eines öffentlich bestellten und vereidigten Sachverständigen beizubringen. Die Geschäftsführer der GmbH müssen zwar nicht unbedingt im Gesellschaftsvertrag, sondern können auch noch später bestellt werden (§ 6 Abs. 3 GmbHG). Da hier aber Fremdgeschäftsführer nicht in Betracht kommen, empfiehlt es sich, die ohnehin notwendige Bestellung gleich in den Vertrag aufzunehmen. Wer zum Geschäftsführer bestellt werden soll, müssten die Beteiligten entscheiden.

Vor der Anmeldung der GmbH müssen bereits bestimmte Leistungen auf das Stammkapital erbracht werden. Von jeder Bareinlage muss wenigstens ein Viertel bezahlt sein. Hier muss F also ¼ ihrer Stammeinlage von 5000,– € zahlen – somit also mindestens 1250,– €. Insgesamt muss der Wert der Bar- und Sacheinlagen zusammengerechnet mindestens aber 12 500,– € erreichen, § 7 Abs. 1 Satz 2 GmbHG. Sacheinlagen müssen stets vollständig bewirkt sein, § 7 Abs. 3 GmbHG. A müsste also seine Fahrschule, d.h. die einzelnen Gegenstände, auf die GmbH übertragen. Das dürfte hier keine Schwierigkeiten bereiten. Schwager S möchte seine künftig zu erbringenden Dienstleistungen als Einlage leisten. Dies ist aber unzulässig. Ansprüche auf Dienstleistungen sind generell nicht einlagefähig (vgl. auch § 27 Abs. 2 Hs. 2 AktG analog).

Ergebnis: Die GmbH-Gründung kann so, wie die Beteiligten es vorsehen, nicht erfolgen. Das Registergericht überprüft nämlich die Erbringung der gesetzlichen Mindestleistungen.

Lösung Frage 2:

Entscheidungsgrundlage: Eine KG könnte errichtet werden, wenn die Begriffsmerkmale des § 161 Abs. 1 HGB erfüllt sind.

Voraussetzungen: Eine KG hat gem. § 161 Abs. 1 HGB folgende Voraussetzungen:

- eine Gesellschaft
- zum Betrieb eines Handelsgewerbes
- unter gemeinschaftlicher Firma
- bei unbeschränkter persönlicher Haftung wenigstens eines Gesellschafters und bei beschränkter persönlicher Haftung wenigstens eines weiteren Gesellschafters.

Überprüfung: Eine Gesellschaft beruht immer auf einem Gesellschaftsvertrag (§§ 161 Abs. 2, 105 Abs. 3 HGB, 705 Abs. 1 BGB). Diesen Vertrag müssten A, F und S abschließen, wobei im Gegensatz zur GmbH eine Form nicht vorgeschrieben ist. Der Gesellschaftsvertrag der KG kann also auch formlos geschlossen werden.

Der Zweck einer KG muss auf den Betrieb eines Handelsgewerbes gerichtet sein, während eine GmbH zu jedem gesetzlich zulässigen Zweck errichtet werden kann. Nach § 1 Abs. 2 HGB ist Handelsgewerbe jeder Gewerbebetrieb, es sei denn, dass das Unternehmen nach Art oder Umfang einen in kaufmännischer Weise eingerichteten Geschäftsbetrieb nicht erfordert. Eine kleine Fahrschule, die mit lediglich zwei Fahrzeugen keinen allzu hohen Umsatz bringt, erfordert keinen in kaufmännischer Weise eingerichteten Geschäftsbetrieb. Daher liegt ein Handelsgewerbe nach § 1 Abs. 2 HGB nicht vor. Ohne Eintragung im Handelsregister würde es sich also um eine Gesellschaft bürgerlichen Rechts handeln, § 705 BGB. Allerdings ist ein kleingewerbliches Unternehmen berechtigt, sich als KG in das Handelsregister eintragen zu lassen, §§ 161 Abs. 2, 107 Abs. 1

HGB. Seit dem 1. Januar 2024 können im Übrigen sogar Freiberufler (z.B. Ärzte, Steuerberater, Rechtsanwälte) die Rechtsform der OHG und KG wählen, wenn sie sich im Handelsregister eintragen lassen. Bisher war dies – mangels Gewerbebetriebs – nicht möglich.

Ferner ist eine gemeinschaftliche Firma erforderlich, die die Bezeichnung „Kommanditgesellschaft" beinhaltet, etwa „A-Fahrschule KG".

Da A Vollhafter, F und S Kommanditisten werden sollen, ist das letzte Kriterium einer KG erfüllt. Fraglich ist, welche Auswirkungen es hat, dass S seine Einlage durch künftige Fahrlehrer-Dienstleistungen erbringen möchte. Während dies bei einer GmbH ausgeschlossen ist, kann bei einer KG die Einlage auch in Form von Dienstleistungen erbracht werden. Der Grund für diese Differenzierung liegt darin, dass den Gläubigern einer KG auch ein Komplementär als Vollhafter zur Verfügung steht, während bei der GmbH nur das Gesellschafts-Vermögen als Haftungsmasse dient. Allerdings müssen Dienstleistungs-Einlagen bei der KG vertraglich bindend vereinbart und auch tatsächlich erbracht werden. Bei einer KG-Gründung überprüft das Registergericht die Art der Einlagen und deren Erbringung folglich auch nicht. Vielmehr ergibt sich aus § 171 HGB, dass der Kommanditist den Gläubigern der Gesellschaft bis zur Höhe seiner Haftsumme unmittelbar haftet; die Haftung ist aber ausgeschlossen, soweit die vereinbarte Einlage geleistet ist. Ob der Kommanditist seine Einlage erbracht hat oder nicht, ist somit nicht von Relevanz für die Entstehung der KG, sondern nur für die Haftung der Kommanditisten. Die Einlage des Kommanditisten S kann somit in der gewünschten Weise erfolgen.

Ergebnis: Die Errichtung einer KG kann so, wie die Beteiligten es vorgesehen haben, erfolgen. Die KG entsteht mit der Eintragung ins Handelsregister.

Lösung Frage 3:

Entscheidungsgrundlage: Eine GmbH kann gem. § 5a GmbHG auch mit weniger als 25 000,- € Stammkapital gegründet werden.

Voraussetzungen: Für die Gründung einer GmbH mit weniger als 25 000,– € Stammkapital sind folgende Besonderheiten zu berücksichtigen:

- Das Stammkapital muss zwischen 1,– € und 24 999,– € liegen und auf volle Euro lauten
- Das Stammkapital muss in bar und in voller Höhe erbracht werden
- Die Gesellschaft muss jährlich mind. 25 % ihres Jahresüberschusses einbehalten (thesaurieren)
- Zu der Firma muss der Zusatz: „Unternehmergesellschaft (haftungsbeschränkt)" oder „UG (haftungsbeschränkt)" hinzugefügt werden.

Überprüfung: Im vorliegenden Fall soll die Gesellschaft ein Stammkapital von 5000,– € aufweisen, was nach Vorstehendem grundsätzlich möglich ist. Jedoch muss das Stammkapital zwingend in bar erbracht werden (Bargründung). Eine Sachgründung ist gesetzlich ausgeschlossen, § 5a Abs. 2 Satz 2 GmbHG. Daher kann das Stammkapital nicht durch Einbringung von Fahrschulautos erbracht und die Gesellschaft nicht im

Wege einer Sachgründung errichtet werden. Auch muss das Stammkapital in voller Höhe einbezahlt werden; eine nur teilweise Einzahlung, wie sie § 7 für die „normale“ GmbH vorsieht, ist ausgeschlossen. Grund hierfür ist, dass die Gesellschafter das Stammkapital ja beliebig niedrig festlegen können, sodass für eine Halbeinzahlung keine Notwendigkeit besteht.

Ergebnis: Eine GmbH bzw. UG (haftungsbeschränkt), wie A sie vorsieht, ist nicht zulässig. A müsste das Stammkapital in bar aufbringen und komplett einzahlen.

Fall 37 Schulden statt craft-beer

V betreibt einen Großhandel für biologisch erzeugte Landwirtschaftsprodukte. V liefert an die kleine Familienbrauerei K Braugerste und Weizen. Die beiden Schwestern Anne K und Birthe K führen die Brauerei in 5. Generation gemeinsam mit zwei Mitarbeitern. Als Nischenanbieter wollen sie mit hochpreisigem craft-beer am Markt bestehen. Nachdem auch die großen Brauereien craft-beer in ihr Sortiment aufgenommen haben, stagniert das Geschäft und die letzte Rechnung des V über 50 000,– € bezahlt die Brauerei trotz Mahnungen nicht.

Frage 1: Auf welches Vermögen kann V Zugriff nehmen, wenn die Brauerei als GmbH mit einem Stammkapital von 50 000,– € betrieben wird, das Eigenkapital der GmbH aber nur noch 10 000,– €beträgt?

Frage 2: Wie ist die Rechtslage, wenn die Brauerei als KG geführt wird? Kommanditistin ist Anne mit einer im Handelsregister eingetragenen Haftsumme von 20 000,– €. Diese Haftsumme hat sie erst zur Hälfte an die KG bezahlt. Ihre Schwester Birthe ist persönlich haftende Gesellschafterin der KG.

Frage 3: Was gilt schließlich für den Fall, dass die Brauerei als „Familienbrauerei K" betrieben wird und keine Eintragung im Handelsregister vorliegt?

Lösung Frage 1:

Entscheidungsgrundlage: § 13 Abs. 2 GmbHG legt fest, dass nur das Gesellschaftsvermögen haftet.

Voraussetzungen: Es wird vorausgesetzt:

- Bestehen einer GmbH
- Verbindlichkeit der GmbH
- Haftungsmasse der GmbH.

Überprüfung: Es besteht eine eingetragene GmbH.

Diese ist Schuldnerin, da der Kaufvertrag über das Getreide in ihrem Namen abgeschlossen wurde (§§ 35 Abs. 1, 37 Abs. 2 GmbHG).

Die GmbH haftet mit ihrem gesamten vorhandenen Vermögen. Sämtliche Vermögenswerte der GmbH abzüglich der vorhandenen Verbindlichkeiten bilden das Vermögen der GmbH – das Eigenkapital. Das Stammkapital ist hingegen der Betrag, der bei Gründung der Gesellschaft mindestens als Startkapital vorhanden gewesen sein muss. Die Gesellschafter zahlen diesen Betrag bei Gründung der GmbH an die neugegründete GmbH. Diese erstmalige Ausstattung der GmbH mit einem gewissen Mindestkapital dient dem Gläubigerschutz. Die GmbH kann dieses Vermögen dann aber für ihre geschäftlichen Aktivitäten für sich verwenden und auch verbrauchen. Das Stammkapital muss also nicht unangetastet bleiben, sondern es wird aktiv im Geschäftsgang verwendet. Bei positiver Geschäftsentwicklung steigt das Eigenkapital der GmbH an. Beträgt das Eigenkapital der GmbH dann etwa 1 Mio. €, haftet die GmbH damit gegenüber ihren Gläubigern und nicht nur mit ihrem niedrigeren Stammkapital i.H.v. z.B. 50 000,– €.

Bei negativer Geschäftsentwicklung kann es dazu kommen, dass das Eigenkapital niedriger wird als die Stammkapitalziffer oder das Vermögen sogar negativ wird – die GmbH also überschuldet ist. Die GmbH kann aber immer nur mit ihrem Vermögen haften, das sie tatsächlich hat. Hat die GmbH nur noch 10 000,– € Eigenkapital, kommt nur dieser Betrag als Haftungsmasse für die Gläubiger in Frage. Dass das Stammkapital auf 50 000,– € lautet, ändert hieran nichts. Das Stammkapital drückt also nur aus, welches Vermögen bei Gründung der GmbH einmal vorhanden war. Es sagt nichts darüber aus, welches Vermögen aktuell vorhanden ist. Für die Frage der Haftung kommt es für die Gläubiger alleine darauf an, welches Vermögen die GmbH aktuell aufweist. Da das Eigenkapital der Brauerei-GmbH nur noch 10 000,– € beträgt, kommt nur dies als Haftungsmasse für den V in Betracht.

Ergebnis: Großhändler V kann also nur auf das Vermögen der GmbH, das aktuell 10 000,– € beträgt, und nicht auf Privatvermögen der Schwestern Zugriff nehmen.

Lösung Frage 2:

Als Zugriffsobjekt kommen in Betracht das Gesellschaftsvermögen der KG (§§ 161 Abs. 2, 105 Abs. 2 HGB), das Privatvermögen der persönlich haftenden Gesellschafterin Birthe (Komplementärin) (§§ 161 Abs. 2, 126 HGB) sowie das Privatvermögen der Kommanditistin Anne (§ 171 Abs. 1 HGB).

1. Entscheidungsgrundlage: Für die Haftung des Gesellschaftsvermögens sind die §§ 161 Abs. 2, 105 Abs. 2 HGB maßgebend.

Voraussetzungen: Nach diesen Vorschriften ist erforderlich:

- Bestehen einer KG
- Verbindlichkeit der KG.

Überprüfung: Eine KG liegt gem. § 161 Abs. 1 HGB vor, wenn die Gesellschaft auf den Betrieb eines Handelsgewerbes unter gemeinschaftlicher Firma gerichtet ist und bei einem der Gesellschafter die Haftung gegenüber den Gesellschaftsgläubigern auf den Betrag einer bestimmten Vermögenseinlage beschränkt ist (Kommanditisten), während bei dem anderen Teil der Gesellschafter eine Beschränkung der Haftung nicht stattfindet (persönlich haftende Gesellschafter).

Handelsgewerbe ist gem. § 1 Abs. 2 HGB jeder Gewerbebetrieb, es sei denn, dass das Unternehmen nach Art oder Umfang einen in kaufmännischer Weise eingerichteten Geschäftsbetrieb nicht erfordert. Unabhängig von der erforderlichen Mindestgröße für ein Handelsgewerbe liegt eine KG aber jedenfalls dann vor, wenn diese im Handelsregister eingetragen ist, §§ 161 Abs. 2, 107 Abs.1, 123 Abs. 1 HGB. Im vorliegenden Fall ist dies gegeben, sodass eine KG kraft Eintragung vorliegt.

Es ist mangels näherer Hinweise im Sachverhalt davon auszugehen, dass der Kaufvertrag zwischen der KG und V wirksam abgeschlossen wurde. Die KG schuldet somit den Kaufpreis (§§ 161 Abs. 2, 124 HGB).

Ergebnis: Es haftet die KG mit ihrem tatsächlich vorhandenen Vermögen.

2. Entscheidungsgrundlage: Die Haftung des Komplementärs richtet sich nach §§ 161 Abs. 2, 126 HGB.

Voraussetzungen: Diese Bestimmungen setzen voraus:

- Bestehen einer KG
- Verbindlichkeit der KG
- den persönlich haftenden Gesellschafter.

Überprüfung: Die beiden ersten Voraussetzungen liegen – wie oben dargelegt – vor.

Birthe ist persönlich haftende Gesellschafterin.

Ergebnis: Birthe haftet mit ihrem gesamten Vermögen für die Verbindlichkeit der KG. Sie haftet neben der KG als Gesamtschuldnerin. Die V kann auch direkt die persönlich haftende Gesellschafterin in Anspruch nehmen; sie muss nicht erst Befriedigung bei der KG suchen.

3. Entscheidungsgrundlage: Für die Haftung des Kommanditisten ist § 171 HGB maßgebend.

Voraussetzungen: Dieser setzt voraus:
- Bestehen einer KG
- Verbindlichkeit der KG
- den Kommanditisten
- kein Ausschluss der Haftung.

Überprüfung: Die ersten beiden Voraussetzungen wurden bereits bejaht.

Anne ist Kommanditistin. Sie haftet somit mit dem Betrag, der als Haftsumme im Handelsregister eingetragen ist persönlich für die Verbindlichkeiten der KG. Nach § 171 Abs. 1 Hs. 2 HGB ist die Haftung jedoch ausgeschlossen, *soweit* die vereinbarte Einlage geleistet ist. In dem Umfang, wie der Kommanditist seine Einlage geleistet hat, haftet er also nicht. Im Normalfall leistet der Kommanditist die vereinbarte Haftsumme in voller Höhe an die KG. Dies führt dazu, dass der Kommanditist dann gar nicht mehr persönlich gegenüber den Gläubigern haftet. Hier hat die Kommanditistin Anne von den geschuldeten 20 000,– € nur 10 000,– € bezahlt, sodass sie noch mit 10 000,– € gegenüber den Gläubigern der KG haftet.

Ergebnis: Kommanditistin Anne haftet dem V in Höhe von 10 000,– € mit ihrem Privatvermögen. V kann also auf das Gesellschaftsvermögen der KG und das komplette Privatvermögen der Birthe Zugriff nehmen; Anne kann er in Höhe von 10 000,– € in Anspruch nehmen.

Lösung Frage 3:

Als Zugriffsobjekt kommt zunächst das Vermögen einer zwischen den Schwestern bestehenden Gesellschaft in Frage; als Gesellschaftsform kommt eine GbR gem. § 705 BGB oder eine OHG gem. § 105 HGB in Frage. Ferner könnten auch die beiden Schwestern mit ihrem Privatvermögen haften gem. § 721 BGB bzw. gem. § 126 HGB.

1. Entscheidungsgrundlage: Es kommt zunächst die Haftung einer OHG § 105 BGB in Betracht.

Voraussetzungen: Dies setzt voraus:
- Bestehen einer OHG
- Verbindlichkeit der OHG.

Überprüfung: Eine OHG muss nach § 105 Abs. 1 HGB auf den Betrieb eines Handelsgewerbes gerichtet sein. Handelsgewerbe ist jeder Gewerbetrieb, es sei denn, dass er eine kaufmännische Einrichtung nicht erfordert (§ 1 Abs. 2 HGB). Die Brauerei ist klein, sodass ein in kaufmännischer Weise eingerichteter Geschäftsbetrieb nicht erforderlich ist. Daher liegt kein Handelsgewerbe nach § 1 Abs. 2 HGB vor. Und da eine Eintragung im Handelsregister fehlt, liegt auch keine OHG kraft Eintragung gem. § 107 Abs. 1 HGB vor.

Ergebnis: Es liegt keine Haftung einer OHG vor.

2. Entscheidungsgrundlage: Es bleibt zu prüfen, ob die Haftung einer GbR vorliegt gem. § 705 BGB.

Voraussetzungen:
- Bestehen einer GbR, nämlich gem. § 705 BGB folgende Voraussetzungen:
  - Abschluss eines Gesellschaftsvertrages
  - zur Erreichung eines gemeinsamen Zwecks
  - Förderungspflicht hinsichtlich des gemeinsamen Zwecks
- Verbindlichkeit der Gesellschaft.

Überprüfung: Die beiden Schwestern führen die Familienbrauerei gemeinsam. Sie arbeiten also zusammen, um diesen Zweck gemeinsam zu erreichen. Daher besteht eine GbR. Eine GbR ist gem. § 705 Abs. 2 BGB auch selbst rechtsfähig und kann selbst Träger von Rechten und Pflichten sein. Sie kann also auch selbst Käufer sein.

Eine Verbindlichkeit der GbR liegt vor, wenn die Gesellschaft nach § 720 BGB bei Abschluss des Kaufvertrages wirksam vertreten wurde. § 720 BGB geht vom Grundsatz der Gesamtvertretung aus. Eine andere Ausgestaltung durch den Gesellschaftsvertrag ist aber möglich, § 720 Abs. 1 BGB. Mangels anderer Hinweise im Sachverhalt ist davon auszugehen, dass die beiden Schwestern die Bestellung gemeinsam getätigt haben – oder wenn eine Schwester alleine handelte, diese von der anderen hierzu ermächtigt war. Denn schließlich handelte es sich bei der Bestellung um einen Grundstoff der Brauerei, und es gab in der Vergangenheit auch schon entsprechende Bestellungen bei V.

Die GbR wurde bei Abschluss des Kaufvertrages wirksam vertreten, sodass eine Verbindlichkeit der GbR gem. § 433 Abs. 2 BGB vorliegt.

Ergebnis: Die GbR haftet mit ihrem gesamten Vermögen für die Kaufpreisforderung des V.

3. Entscheidungsgrundlage: Der Zahlungsanspruch des V kann sich auch gegen die beiden Schwestern persönlich richten gem. §§ 433 Abs. 2, 721 BGB.

Voraussetzungen: Diese Vorschriften setzen voraus:
- Vorliegen einer Verbindlichkeit der GbR gem. § 433 Abs. 2 BGB
- Gesellschafterstellung von Anne und Birthe bei der GbR i.S.v. § 721 BGB.

Überprüfung: Die GbR hat einen wirksamen Kaufvertrag geschlossen, was oben bejaht wurde. Somit liegt eine Verbindlichkeit der GbR gem. § 433 Abs. 2 BGB vor. Anne und Birthe sind Gesellschafter der GbR. Nach § 721 BGB haften die Gesellschafter gesamtschuldnerisch für alle Verbindlichkeiten der Gesellschaft. Das heißt jeder

Gesellschafter haftet – neben der Gesellschaft – in voller Höhe für die Verbindlichkeiten der Gesellschaft.

Ergebnis: V kann gem. §§ 433 Abs. 2, 721 BGB Zahlung des Kaufpreises auch von Anne und Birthe persönlich verlangen – insgesamt aber nur einmal. Ob er den Anspruch von der GbR oder den Gesellschaftern verlangt, bleibt ihm überlassen.

Fall 38 Zu teure Brennstoffzellen

A, B und C sind zu gleichen Teilen Gesellschafter der solar-for-all-OHG, die Solaranlagen für Wohnmobile vermietet. Sie wollen ihr Produktportfolio um tragbare Brennstoffzellen erweitern. Für die Anschaffung der teuren Geräte benötigen sie einen Kredit. Die Hausbank H gewährt der OHG ein Darlehen über 300 000,– €, der vermögende Gesellschafter A ein Darlehen über weitere 150 000,– €. Die Investition in die Brennstoffzellen erwies sich jedoch als Fehlschlag, da diese von den Kunden nicht nachgefragt wurden.
Frage 1: Von wem kann die Hausbank H die Rückzahlung des Darlehens verlangen?
Frage 2: Und von wem der Gesellschafter A?

Lösung Frage 1:

Entscheidungsgrundlage: Die Haftung für die Rückzahlung des Darlehens richtet sich nach § 488 Abs. 1 Satz 2 BGB, §§ 105 Abs. 2, 126 HGB.

Voraussetzungen: Diese Vorschriften setzen voraus:

- Bestehen einer OHG
- Verbindlichkeit der OHG
- Gesellschafterstellung von A, B, C.

Überprüfung: Laut Sachverhalt besteht eine OHG (§ 105 HGB).

Die OHG als rechtsfähige Gesellschaft hat den Darlehensvertrag mit H abgeschlossen. Sie schuldet somit die Rückzahlung des Darlehens gem. § 488 Abs. 1 Satz 2 BGB. A, B und C sind Gesellschafter der OHG. Somit haften diese persönlich für alle Verbindlichkeiten der OHG gem. § 126 HGB.

Ergebnis: Die Hausbank H kann also die Rückzahlung der 300 000,– € sowohl von der OHG als auch von den drei Gesellschaftern nach § 126 HGB verlangen. Es besteht insoweit eine gesamtschuldnerische Haftung, sodass H den Darlehensbetrag nach Belieben von jedem der Schuldner ganz oder zu einem Teil verlangen kann (§ 421 BGB).

Lösung Frage 2:

Entscheidungsgrundlage: Maßgebend sind hier gleichfalls die §§ 105 Abs. 2, 126 HGB. A ist Kreditgeber wie die Hausbank H und hat daher grundsätzlich die gleiche Rechtsstellung wie diese. Zu prüfen ist, ob sich Besonderheiten daraus ergeben, dass A nicht irgendein Kreditgeber ist, sondern zugleich Gesellschafter der OHG. Dies beurteilt sich nach Treu und Glauben, § 242 BGB.

Voraussetzungen: § 242 BGB verlangt,

- dass eine Treuepflicht überhaupt besteht,
- dass diese Treuepflicht die Rückforderungsansprüche des Gesellschafters beschränkt.

Überprüfung: § 242 BGB gilt nach seinem systematischen Standort im BGB für alle Schuldverhältnisse. Die OHG ist ein Schuldverhältnis. Für jeden Gesellschafter der OHG besteht daher eine Treuepflicht.

Diese Pflicht führt zunächst dazu, dass sich A wegen der Darlehensrückzahlung in erster Linie an die OHG selbst halten muss. Seine Mitgesellschafter B und C sind nämlich nicht daran interessiert, mit ihrem Privatvermögen haften zu müssen. Dieses Interesse muss A als Kreditgeber, der zugleich Gesellschafter ist, berücksichtigen; er darf also grundsätzlich nicht auf das Privatvermögen seiner Mitgesellschafter Zugriff nehmen. Anderes kann nur in dem Ausnahmefall gelten, dass eine Befriedigung aus dem Gesellschaftsvermögen nicht oder nicht ohne besondere Schwierigkeiten möglich ist. In diesem Fall muss A, der Gesellschafter ist, berücksichtigen, dass im Innenverhältnis alle Gesellschafter anteilig haften (§ 426 BGB). Kein Gesellschafter ist daran interessiert, mehr leisten zu müssen, als seiner Internhaftung entspricht. Die Treuepflicht führt also dazu, dass A von seinen Mitgesellschaftern B und C nur den Anteil verlangen kann, den diese nach der Regelung im Innenverhältnis zu tragen haben – somit also je 50 000,– €. Angenommen einer der beiden Gesellschafter wäre zahlungsunfähig, haftet nicht etwa der andere Gesellschafter alleine; vielmehr verteilt sich dessen Haftbetrag auf die anderen beiden Gesellschafter entsprechend ihrer Beteiligungsquote zueinander. Würde also bspw. der B insolvent, würden sich dessen 50.000,– € auf A und C verteilen, sodass C dem A mit 75 000,– € haften müsste. Der A müsste also intern das Ausfallrisiko eines Mitgesellschafters mittragen.

Ergebnis: Der Gesellschafter A kann grundsätzlich die Rückzahlung des Darlehens über 150 000,– € nur von der OHG verlangen. Sollte der Zugriff auf das OHG-Vermögen besonders erschwert sein, kann A von seinen Mitgesellschaftern B und C je 50 000,– € fordern.

Fall 39 Die missglückte Dienstfahrt

V, Vorstandsmitglied der X-AG, befindet sich mit seinem Privat-PKW auf Dienstfahrt zu einem wichtigen Kunden. Da er während der Fahrt seine E-Mails liest, gerät er auf den Gehweg und verletzt dabei den Fußgänger F schwer.

Ansprüche aus dem StVG sind nicht zu prüfen.
Frage 1: Ist F berechtigt, von der X-AG Schadensersatz zu verlangen?
Frage 2: Könnte sich F auch dann an die Gesellschaft halten, wenn V geschäftsführender Gesellschafter einer OHG gewesen wäre?

Lösung Frage 1:

1. Entscheidungsgrundlage: Ein Schadensersatzanspruch gegen die X-AG könnte zunächst auf § 823 Abs. 1 BGB gestützt werden.

Voraussetzungen: Diese Vorschrift verlangt:
- Verletzung eines dort aufgeführten Rechtsgutes
- Widerrechtlichkeit
- Verschulden.

Überprüfung: Die X-AG als solche ist nicht in der Lage, ein Rechtsgut zu verletzen. Sie ist nicht handlungsfähig. Damit fehlt schon die erste Voraussetzung.

Ergebnis: Ein Schadensersatzanspruch kann somit nicht auf § 823 Abs. 1 BGB gestützt werden.

2. Entscheidungsgrundlage: Des Weiteren kommt Schadensersatz gegen die X-AG aus § 823 Abs. 1 BGB i.V.m. § 31 BGB in Betracht.

Voraussetzungen: Folgende Kriterien werden nach dieser Vorschrift gefordert:
- rechtsfähiger Verein
- Schädigung eines Dritten durch den Vereinsvorstand
- in Ausführung ihm zustehender Verrichtungen
- in einer zum Schadensersatz verpflichtenden Weise.

Überprüfung: Die X-AG ist eine juristische Person, welche ihrem Wesen nach als rechtsfähiger Verein anzusehen ist.

V ist Vorstandsmitglied der X-AG. Er fügt dem F körperlichen Schaden zu.

Diese Körperverletzung erfolgt bei einer Dienstfahrt.

V begeht gegenüber F eine zum Schadensersatz verpflichtende Handlung (§ 823 Abs. 1 BGB). Die Voraussetzungen dieser Bestimmung, die bereits oben dargelegt wurden, sind erfüllt: V verletzt widerrechtlich Körper und Gesundheit des F. Da er am Steuer seine E-Mails liest, lässt er die im Verkehr erforderliche Sorgfalt in besonders schwerer Weise außer Acht; er handelt (grob) fahrlässig, § 276 Abs. 2 BGB.

Ergebnis: Da somit alle Voraussetzungen des § 823 Abs. 1, § 31 BGB erfüllt sind, ist F berechtigt, von der X-AG Schadensersatz zu verlangen.

Lösung Frage 2:

1. Entscheidungsgrundlage: Auch bei der OHG ist zunächst Schadensersatz aus § 823 Abs. 1 BGB zu prüfen.

Voraussetzungen: Die Kriterien dieser Regelung wurden bereits dargelegt.

Überprüfung: Die OHG als solche ist nicht in der Lage, F zu verletzen. Auch sie ist – wie die AG – nicht selbst handlungsfähig.

Ergebnis: Da somit schon die erste Voraussetzung von § 823 Abs. 1 BGB fehlt, kann F seinen Schadensersatzanspruch nicht auf diese Vorschrift stützen.

2. Entscheidungsgrundlage: Zu untersuchen ist auch hier, ob F den Schadensersatzanspruch auf § 823 Abs. 1 BGB i.V.m. § 31 BGB stützen kann.

Voraussetzungen: Die Erfordernisse dieser Vorschrift wurden bereits erörtert.

Überprüfung: Die OHG ist keine juristische Person und kein rechtsfähiger Verein. Damit fehlt an sich die erste Voraussetzung für § 31 BGB. § 105 Abs. 2 HGB verleiht jedoch der OHG rechtliche Selbständigkeit. Sie kann Rechte erwerben und Verbindlichkeiten eingehen. Damit wird die OHG einer juristischen Person stark angenähert. Daher wird § 31 BGB nach ständiger Rechtsprechung analog auf die OHG angewendet. Dass alle weiteren Voraussetzungen der §§ 823, 31 BGB vorliegen, wurde bereits dargelegt. Dasselbe Ergebnis ergäbe sich auch, wenn anstatt einer OHG eine GbR vorliegen würde, da auch diese gem. § 705 Abs. 2 BGB rechtsfähig ist und § 31 BGB somit analog angewandt wird.

Ergebnis: F ist also berechtigt, von der OHG in analoger Anwendung von § 31 BGB Schadensersatz nach § 823 Abs. 1 BGB zu fordern.

Fall 40 Die Vertretungsmacht als Kommanditist und Prokurist

A und B sind persönlich haftende Gesellschafter der AB-share-KG. Die KG betreibt ein carsharing Unternehmen in Hamburg. C ist als Kommanditist mit einer Haftsumme von 500 000,– € beteiligt, die er bereits voll erbracht hat. C war ursprünglich nur als Geldgeber im Hintergrund geblieben. Nachdem das Geschäft mit der Vermietung von E-Autos stark boomt, soll sich C künftig auch im Tagesgeschäft der KG geschäftsführend einbringen können. Zu diesem Zweck erteilt A dem C Prokura, die aber nicht im Handelsregister eingetragen wird. C bestellt namens der KG beim Autohändler V 30 neue E-Autos für 1 Mio. €. Den Kaufvertrag unterzeichnet C mit dem Zusatz „ppa". Nach Einsicht ins Handelsregister (www.handelsregister.de), stellt V fest, dass C dort nur als Kommanditist geführt wird. V fragt sich nun, ob der Kaufvertrag mit der KG überhaupt wirksam ist.

Lösung:

Entscheidungsgrundlage: Der Kaufvertrag zwischen V und der KG ist wirksam, wenn C die KG bei Vertragsschluss wirksam vertreten hat gem. § 164 Abs. 1 BGB.

Voraussetzungen: Die genannte Vorschrift verlangt:

- Abgabe einer Willenserklärung durch den Vertreter
- im Namen des Vertretenen
- innerhalb der ihm zustehenden Vertretungsmacht.

Überprüfung: C hat beim Vertragsschluss eine Willenserklärung, nämlich Angebot oder Annahme, abgegeben.

Er tat dies ausdrücklich im Namen der KG. Durch den Zusatz ppa. (per procura) brachte er gem. § 51 HGB zum Ausdruck, dass er als Vertreter in Form eines Prokuristen für die KG handelt.

Fraglich ist jedoch, ob C Vertretungsmacht für die KG hatte. Die Vertretungsmacht des Gesellschafters C für die KG könnte sich aus dem Gesellschaftsrecht ergeben. C könnte als Kommanditist Vertretungsmacht für die KG besitzen. Nach § 170 Abs. 1 HGB ist der Kommanditist jedoch als solcher gerade nicht befugt, die Gesellschaft zu vertreten. Kraft Gesetzes besitzt ein Kommanditist somit gerade keine Vertretungsmacht für die KG. Dies erklärt sich daraus, dass ein Kommanditist auch nicht persönlich für die KG-Schulden haften muss. In seiner Eigenschaft als Kommanditist hat C somit keine Vertretungsmacht.

Jedoch könnte er in seiner Eigenschaft als Prokurist Vertretungsmacht haben gem. § 49 HGB. Hierfür müsste die KG dem C wirksam Prokura erteilt haben. Bei der Erteilung müsste die KG wiederum wirksam vertreten worden sein. Vorliegend hat der persönlich haftende Gesellschafter A dem C die Prokura erteilt. Gem. § 124 Abs. 1 HGB i.V.m. § 161 Abs. 2 HGB ist jeder persönlich haftende Gesellschafter alleine zur Vertretung der Gesellschaft berechtigt. Somit hatte der A Vertretungsmacht für die KG bei Erteilung der Prokura. Der Prokuraerteilung steht gem. § 170 Abs. 1 HGB auch nicht entgegen, dass es sich bei C um einen Kommanditisten der KG handelt. § 170 Abs. 1 HGB schließt den Kommanditisten von der organschaftlichen Vertretung der KG aus, damit die Komplementäre nicht für solche Gesellschaftsverbindlichkeiten unbeschränkt haften müssen, die von den – nur beschränkt haftenden – Kommanditisten eingegangen wurden. Die Norm verbietet aber nicht, einem Kommanditisten – wie auch jedem beliebigen Dritten – durch Rechtsgeschäft Vollmacht einzuräumen. Vielmehr regelt diese Vorschrift nur, dass der Kommanditist „als solcher" kraft Gesetzes nicht über Vertretungsmacht verfügt.

Unschädlich ist auch, dass die Prokura nicht – wie in § 53 Abs. 1 Satz 1 HGB vorgeschrieben – im Handelsregister eingetragen wurde. Denn die Eintragung ist nicht Wirksamkeitsvoraussetzung, sondern sie wirkt nur deklaratorisch. Somit wurde dem C wirksam Vertretungsmacht in Form von Prokura erteilt.

Der Abschluss des Kaufvertrages über die 30 E-Autos ist auch vom Umfang der Prokura umfasst. Denn gem. § 49 Abs. 1 HGB umfasst diese alle Arten von gerichtlichen und außergerichtlichen Geschäften und Rechtshandlungen, die der Betrieb eines Handelsgewerbes mit sich bringt.

Somit handelte der C mit Vertretungsmacht für die KG und hat diese gem. § 164 Abs. 1 BGB wirksam bei Abschluss des Kaufvertrages vertreten.

Ergebnis: C hat die KG wirksam vertreten. Ein wirksamer Kaufvertrag zwischen V und der KG liegt vor.

Fall 41 Der unzufriedene Gesellschafter der GmbH & Co. KG

Die A-GmbH & Co. KG, ein metallverarbeitendes Unternehmen, besteht aus der A-Verwaltungs-GmbH, die keinen eigenen Geschäftsbetrieb hat, und aus den Kommanditisten A, B und C. A ist zugleich Geschäftsführer der GmbH. Der C, welcher an beiden Gesellschaften eine Minderheitsbeteiligung von 20 % hält, ist mit der Geschäftspolitik unzufrieden. Er möchte daher so schnell wie möglich aus beiden Gesellschaften ausscheiden. Die Gesellschaftsverträge von KG und GmbH enthalten hierzu keine Regelung. A und B haben bereits durchblicken lassen, dass sie mit dem Ausscheiden des C nicht einverstanden sind.

Frage 1: Kann C gegen den Willen seiner Mitgesellschafter aus der GmbH ausscheiden?

Frage 2: Und aus der KG?

Frage 3: Auf welche vertragliche Ausgestaltung hätten die Gesellschafter Wert legen sollen, um diese Konfliktsituation besser zu bestehen?

Lösung Frage 1:

Das GmbHG sieht eine Kündigung durch Gesellschafter nicht vor. Es kommt also allein eine Abtretung der GmbH-Beteiligung in Betracht. Die Abtretung ist ein Rechtsgeschäft zwischen dem alten und dem neuen Rechtsinhaber, also ohne die anderen Gesellschafter.

Entscheidungsgrundlage: Für die Abtretung ist § 15 GmbHG einschlägig.

Voraussetzungen: Dort wird vorausgesetzt:

- ein Geschäftsanteil an einer GmbH
- ein notariell beurkundeter Abtretungsvertrag (Abs. 3)
- das Fehlen einer die Abtretung erschwerenden Vertragsregelung (Abs. 5).

Überprüfung: C ist Gesellschafter der A-GmbH, er hat also einen Geschäftsanteil (§ 14 i.V.m. § 5 GmbHG).

Ein notarieller Abtretungsvertrag kann abgeschlossen werden.

Der Gesellschaftsvertrag der GmbH enthält zur Abtretung keine Regelung, erschwert sie also nicht.

Ergebnis: A könnte seinen Geschäftsanteil abtreten; damit wäre er aus der GmbH ausgeschieden. Sein einziges Problem besteht darin, einen Erwerber zu finden.

Lösung Frage 2:

Anders als bei Kapitalgesellschaften ist der Gesellschaftsanteil an einer Personengesellschaft, wozu die KG gehört, grundsätzlich nicht frei übertragbar. Dies würde sich nicht mit dem gemeinschaftsrechtlichen Charakter des Zusammenschlusses der Mitglieder einer Personengesellschaft vertragen. Daher bedarf die Übertragung eines Personen-Gesellschaftsanteils der Zustimmung der anderen Gesellschafter, § 711 Abs. 1 Satz 1 BGB, §§ 161 Abs. 2, 105 Abs. 3 HGB. Eine solche Zustimmung zur Abtretung der Anteile kann auch bereits im Gesellschaftsvertrag antizipiert werden. Hier liegt aber keine solche Vereinbarung vor, sodass eine Zustimmung aller übrigen Gesellschafter zur

Abtretung der KG-Anteile erforderlich ist. Da diese nicht vorliegt, können die Anteile von C nicht an einen Dritten übertragen werden.

Entscheidungsgrundlage: Eine allein mögliche Kündigung könnte gem. §§ 161 Abs. 2, 132 Abs. 1 HGB erfolgen.

Voraussetzungen: Diese Vorschriften verlangen

- eine KG,
- die auf unbestimmte Zeit eingegangen ist
- fristgerechte Kündigung durch einen Gesellschafter.

Überprüfung: Es besteht eine KG.

Von einer Befristung derselben sagt der Sachverhalt nichts.

C als Gesellschafter könnte mit sechs Monaten Frist zum Ende des Geschäftsjahres kündigen. Für die Erklärung ist vom Gesetz keine Form vorgesehen. Sie müsste gegenüber der KG erfolgen, ihr also zugehen. Da die KG von der persönlich haftenden Gesellschafterin in Form der GmbH vertreten wird, muss die Kündigung der KG über den Geschäftsführer der Komplementär-GmbH zugehen, § 35 Abs. 2 Satz 3 GmbHG.

Ergebnis: Eine Kündigung des C würde nicht zur Auflösung der Gesellschaft, sondern zum Ausscheiden des C führen (§§ 161 Abs. 2, 130 Abs. 1 Nr. 2 HGB). C würde dann zum Schluss des Geschäftsjahres ausscheiden.

Lösung Frage 3:

Die Konsequenzen der gesetzlichen Regelung sind unerfreulich, vor allem für die verbleibenden Gesellschafter A und B. Bei der GmbH dringt durch die Abtretung ein unerwünschter Dritter in die Gesellschaft ein. Bei der KG ist das zwar nicht der Fall, dafür fließen aber Eigenmittel ab, denn der ausscheidende Gesellschafter erhält eine dem Wert seines Anteils angemessene Abfindung, §§ 135 Abs. 1, 161 Abs. 2 HGB. Die Personenidentität zwischen beiden Gesellschaften ist nicht mehr gegeben, die Beteiligungsverhältnisse verschieben sich.

Zur Vermeidung dieser Ergebnisse hätten die vertraglichen Regelungen in den Gesellschaftsverträgen von vornherein aufeinander abgestimmt werden müssen. Das Ausscheiden aus der einen Gesellschaft müsste auch das zeitgleiche Ausscheiden aus der anderen zur Folge haben. Die freie Abtretbarkeit des GmbH-Geschäftsanteils hätte eingeschränkt, z.B. von der Zustimmung der übrigen Gesellschafter abhängig gemacht werden sollen gem. § 15 Abs. 5 GmbHG. In den Vertrag der KG hätte aufgenommen werden sollen, dass die Kommanditisten verpflichtet sind, zugleich mit der Abtretung des Geschäftsanteils der GmbH auch ihre Beteiligung an der KG auf den Erwerber zu übertragen.

Fall 42 Die Bürgschaft des Schwiegervaters

U betreibt eine Buchhandlung, die finanziell sehr schlecht dasteht. Seine Bank verlangt für den stark angewachsenen laufenden Kredit zusätzliche Sicherheiten. In dieser Lage wendet sich U an seinen Schwiegervater B, einen vermögenden Großhändler für Solaranlagen, der sich – ein letztes Mal – bereit erklärt zu helfen. B schreibt eine E-Mail an die Bank des U:

„Ich bürge für die Kreditrückzahlungen meines Schwiegersohnes U in Höhe von 50 000,– € … Mit freundlichen Grüßen B".

Das Unternehmen des U bleibt finanziell schwach. Die Bank wendet sich daher im weiteren Verlauf an den Bürgen B, der sich, um von diesem Rückgriff loszukommen, überlegt:

Frage 1: Bedurfte diese Bürgschaft nicht einer Form?

Frage 2: Wurde die Form eingehalten?

Frage 3: Und was wäre, wenn B den Text auf Papier geschrieben und unterschrieben hätte und anschließend als eingescanntes/fotografiertes Dokument an die Bank gemailt hätte?

Lösung Frage 1:

Entscheidungsgrundlage: Die Bürgschaftserklärung muss nach § 766 BGB zu ihrer Gültigkeit schriftlich erteilt werden. § 350 HGB macht von diesem Grundsatz eine Ausnahme.

Voraussetzungen: Bei § 350 HGB wird vorausgesetzt, dass die Bürgschaft auf der Seite des Bürgen ein Handelsgeschäft ist. Das bedeutet gem. § 343 HGB, dass

- der Bürge Kaufmann ist und
- die Bürgschaft zum Betrieb seines Handelsgewerbes gehört.

Überprüfung: B betreibt als Großhändler ein Handelsgewerbe und ist deswegen Kaufmann (§ 1 Abs. 1 HGB).

Nach § 344 Abs. 1 HGB wird vermutet, dass die von einem Kaufmann vorgenommenen Rechtsgeschäfte auch zum Betrieb seines Handelsgewerbes gehören. Diese Vermutung kann B aber widerlegen. Zwar genügt dazu nicht, dass B diese Bürgschaft aus familiären und nicht geschäftlichen Gründen gewährte. B muss nach herrschender Auffassung außerdem dartun, dass dieser Privatcharakter der Bürgschaft auch der Bank erkennbar gewesen ist. Das kann er hier. Die Bürgschaft lautet ausdrücklich zugunsten des Schwiegersohnes, nicht etwa zugunsten eines Geschäftspartners. Auch gibt B allein seinen privaten Namen an; er benutzt keine Firmierung. Aus § 344 Abs. 2 HGB ergibt sich gleichfalls nichts anderes. Es liegt auch kein Schuldschein vor (§ 780 Abs. 1 BGB). Dazu hätte die Erklärung die eigenhändige Unterschrift des B tragen müssen.

Ergebnis: Die Bürgschaft des B bedurfte also der Schriftform; der Ausnahmefall des § 350 HGB ist nicht gegeben.

Lösung Frage 2:

Entscheidungsgrundlage: § 126 BGB legt fest, was zur Einhaltung einer gesetzlich vorgeschriebenen Schriftform erforderlich ist.

Voraussetzungen: Die Schriftform verlangt nach § 126 BGB die eigenhändige Unterschrift unter die entsprechende Urkunde. Es kommt also auf die eigenhändige Namensunterschrift an. Nach § 126 Abs. 3 BGB kann diese Form aber auch durch die elektronische Form (§ 126a BGB) ersetzt werden, wenn sich nicht aus dem Gesetz ein anderes ergibt.

Überprüfung: Eine E-Mail genügt nicht der Schriftform, da sie keine eigenhändige Unterschrift enthält. Fraglich ist, ob hier die elektronische Form gewahrt wurde. Die elektronische Form nach § 126a BGB verlangt, dass der Aussteller der Erklärung das elektronische Dokument mit seiner qualifizierten elektronischen Signatur versehen muss. Eine einfache E-Mail genügt diesen technischen Anforderungen nicht. Aber selbst wenn B die E-Mail mittels einer qualifizierten elektronischen Signatur an die Bank gesendet hätte, würde dies nichts ändern. Denn nach § 766 Satz 2 BGB ist die Erteilung der Bürgschaftserklärung in elektronischer Form explizit ausgeschlossen. § 766 Satz 2 BGB stellt somit eine solche Ausnahme zu § 126 Abs. 3 BGB dar, aus der sich „ein anderes ergibt."

Ergebnis: Die gesetzlich vorgeschriebene Schriftform wurde also nicht eingehalten; die Bürgschaft des B ist daher nichtig (§ 125 Satz 1 BGB).

Lösung Frage 3:

Entscheidungsgrundlage: Es muss die Schriftform des § 126 BGB eingehalten worden sein.

Voraussetzungen: Es kommt auf die eigenhändige Namensunterschrift an.

Überprüfung: Der Bürgschaftsvertrag besteht aus zwei übereinstimmenden Willenserklärungen – Angebot und Annahme. Hierbei handelt es sich um empfangsbedürftige Willenserklärungen. Die Willenserklärung des Bürgen B muss der Bank zugehen, damit sie wirksam wird, § 130 Abs. 1 BGB. Fraglich ist, ob die per E-Mail-Anhang zugegangene Willenserklärung des B der Schriftform genügt. B hat die Bürgschaftsverpflichtung eigenhändig unterschrieben; dieses unterschriebene Originaldokument genügt somit der Schriftform. Entscheidend ist aber die Erklärung, die der Bank als Empfänger zugeht. Das eingescannte Dokument, das per E-Mail-Anhang bei der Bank eingeht, stellt lediglich eine Kopie dar. Diese Kopie ist nicht (original) unterschrieben und genügt somit nicht der Schriftform. Wirksam wäre die Erklärung nur, wenn B das unterschriebene Dokument der Bank gegenständlich – z.B. per Post oder Boten – übermittelt hätte.

Ergebnis: Die gesetzlich vorgeschriebene Schriftform wurde mit dem E-Mail-Anhang nicht eingehalten; die Bürgschaft des B ist daher nichtig (§ 125 Satz 1 BGB).

Fall 43 Die misslungene Teppich-Reinigung

Rentner R gab einen wertvollen Seidenteppich zur Reinigung in den Fachbetrieb des C, der auf die Reinigung von wertvollen Orientteppichen spezialisiert ist. Die Behandlung war ein totaler Misserfolg; der Teppich bekam deutliche Flecken und einen größeren Riss. Ein Sachverständiger, der hinzugezogen wurde, erklärte, der Teppich sei erledigt; weder eine Nachbehandlung noch Kunststopfen könnten daran etwas ändern.

Die Reinigung C bezahlte den 15fachen Reinigungspreis als Schadensausgleich. Sie verwies auf ihre Reinigungsbedingungen, die in Ziffer 7 unter dem Stichwort „Haftung für Sachschäden" im Einzelnen regeln:

„Wir haften nur in Höhe des Zeitwertes, höchstens bis zum 15fachen unseres Preises für die Reinigung von Teppichen. Eine etwaige Haftung in voller Höhe wegen vorsätzlicher oder grob fahrlässiger Beschädigung bleibt unberührt. Bei besonders wertvollen Teppichen, Museumsstücken etc. wird mit Rücksicht auf die Haftungsbegrenzung der Abschluss einer zusätzlichen Versicherung empfohlen."

Diese Bedingungen sind im Geschäftsraum der Reinigung an zentraler Stelle ausgehängt. Auch liegen Antragsformulare für den Abschluss der angebotenen Versicherung auf. Der Teppich hatte einen Verkehrswert von 9500,– €.

Frage 1: Handelt es sich bei dem Aushang um AGB?
Frage 2: Wurden die AGB wirksam Bestandteil des Vertrages?
Frage 3: Besteht R zu Recht auf vollen Schadensausgleich?
Frage 4: Wie wäre die Rechtslage, wenn der Teppich nicht von R, sondern dem Einrichtungshaus E, das seit Jahren in Geschäftsverbindung zu C steht, zur Reinigung übergeben worden wäre?

Lösung Frage 1:

Die Reinigungsbedingungen der C könnten als AGB gem. § 305 Abs. 1 BGB anzusehen sein. AGB haben als vertragliche Regelung Vorrang vor dem Gesetz (§ 306 Abs. 2 BGB). Daher ist von Bedeutung, ob hier AGB vorliegen, die die gesetzliche Regelung verdrängt haben. Es wäre dann die Ziffer 7 der AGB Grundlage für die Beurteilung der Schadensersatzforderung des R.

Entscheidungsgrundlage: Bei den ausgehängten Reinigungsbedingungen könnte es sich um AGB i.S.d. § 305 Abs. 1 BGB handeln.

Voraussetzungen: Diese Norm hat zur Voraussetzung:

- Vorliegen von Vertragsbedingungen
- Vorformulierung der Vertragsbedingungen
- für eine Vielzahl von Verträgen
- einseitiges Stellen der Vertragsbedingungen durch den Verwender.

Überprüfung: Die Reinigungsbedingungen müssen Vertragsbedingungen darstellen. Vertragsbedingung ist jede Regelung für den Inhalt eines Vertrages. Dies liegt hier unzweifelhaft vor, da Regelungen in Bezug auf die Haftung getroffen werden.

Ferner müssen die Vertragsbedingungen vorformuliert sein. Hier wurden die Regelungen vom Verwender der AGB – der Reinigung – vorformuliert. Schließlich müssten die

Vertragsbedingungen für eine Vielzahl von Verträgen vorformuliert worden sein; nach h.M. muss die Absicht mindestens dreimaliger Verwendung bestehen. Ist dies der Fall, liegen bereits bei der ersten Verwendung AGB vor. Vorliegend möchte C die Regelungen offensichtlich für alle Reinigungsverträge verwenden, weshalb auch diese Voraussetzung auf jeden Fall vorliegt.

Schließlich müssen die Vertragsbedingungen einseitig durch den Verwender gestellt werden. In Abgrenzung zur Individualvereinbarung (§ 305 Abs. 1 S. 3 BGB) dürften die Bedingungen nicht individuell ausgehandelt worden sein, wofür erforderlich wäre, dass der Verwender die in seinen AGB enthaltenen Bestimmungen ernsthaft zur Disposition stellt und dem Verhandlungspartner Gestaltungsfreiheit zur Wahrung eigener Interessen einräumt. Dies ist hier nicht gegeben.

Ergebnis: Bei den Reinigungsbedingungen handelt es sich um AGB i.S.d. § 305 Abs. 1 BGB.

Lösung Frage 2:

1. Entscheidungsgrundlage: § 305 Abs. 2 BGB regelt, unter welchen Voraussetzungen AGB wirksam in einen Vertrag einbezogen werden. Als Regelfall der Einbeziehung ist zunächst § 305 Abs. 2 Nr. 1, 1. Alt. BGB zu prüfen.

Voraussetzungen: Der Regelfall der Einbeziehung von AGB verlangt gem. § 305 Abs. 2 Nr. 1, 1. Alt. BGB:

- einen ausdrücklichen Hinweis des Verwenders,
- Verschaffung der Möglichkeit zur Kenntnisnahme sowie
- das Einverständnis der anderen Vertragspartei.

Überprüfung: Wenn die AGB des C nur im Geschäftsraum aushängen, dann ist das kein ausdrücklicher Hinweis auf ihre Geltung. Das ergibt sich zwingend aus § 305 Abs. 2 Nr. 1, 2. Alt. BGB. Dort lässt das Gesetz einen mittelbaren Hinweis wegen besonderer Schwierigkeiten genügen. Wo diese, wie hier, nicht bestehen, muss der Verwender die andere Vertragspartei unmissverständlich darauf hinweisen, dass seine AGB gelten sollen.

2. Entscheidungsgrundlage: Die AGB könnten aber durch den bloßen Aushang im Geschäftsraum des C gem. § 305 Abs. 2 Nr. 1, 2. Alt. BGB Vertragsbestandteil geworden sein.

Voraussetzungen: Eine Einbeziehung nach § 305 Abs. 2 Nr. 1, 2. Alt. BGB würde erfordern:

- unverhältnismäßige Schwierigkeiten für einen ausdrücklichen Hinweis
- einen deutlich sichtbaren Aushang der AGB
- Verschaffung der Möglichkeit zur Kenntnisnahme sowie
- das Einverständnis der anderen Vertragspartei.

Überprüfung: Bei einer Spezialreinigung von kostbaren Gegenständen wie Seidenteppichen wird üblicherweise ein Kundengespräch geführt; der Auftrag wird dann schriftlich aufgenommen. Da bereitet es keine unverhältnismäßigen Schwierigkeiten, auch noch ausdrücklich auf die Geltung der AGB hinzuweisen. Der Aushang reicht also nicht, um die AGB in den Vertrag einzubeziehen. Nur ausnahmsweise kann der ausdrückliche Hinweis durch einen deutlich sichtbaren Aushang ersetzt werden; dies wird insbesondere bei massenhaft geschlossenen Verträgen – meist über relativ geringwertige Gegenstände – angenommen (z.B. Reinigung für Bekleidungsstücke).

3. Entscheidungsgrundlage: Auch § 305 Abs. 3 BGB als letzte Möglichkeit, wie AGB Vertragsinhalt werden können, scheidet aus. Zwischen C und R war keine Rahmenvereinbarung geschlossen worden, in der im Voraus festgelegt wurde, dass für alle zukünftigen Reinigungsaufträge die AGB des C Geltung haben sollen.

Ergebnis: Die AGB des C wurden nicht Vertragsbestandteil, sodass sich die Schadensersatzforderung des R nach den gesetzlichen Vorschriften richtet (§ 306 Abs. 2 BGB).

Lösung Frage 3:

Entscheidungsgrundlage: Als gesetzliche Anspruchsgrundlage für einen Schadensersatzanspruch kommt § 634 Nr. 4 BGB in Betracht. R will den Schaden ersetzt haben, der durch die Schlechterfüllung entstanden ist, deswegen verweist § 634 Nr. 4 BGB auf § 280 BGB.

Voraussetzungen:

- Bestehen eines Werkvertrages
  Mangel des Werkes
- Vorliegen der Voraussetzungen des § 280 Abs. 1 BGB, nämlich
  - Pflichtverletzung durch Lieferung eines mangelhaften Werkes,
  - die der Unternehmer zu vertreten hat.

Überprüfung: Der Vertrag, der zwischen C und R zustande kam, war ein Werkvertrag. C schuldete einen Arbeitserfolg (§ 631 Abs. 2 BGB), nämlich den ordnungsgemäß gereinigten Teppich. Diesen Werkvertrag erfüllte C mangelhaft. Es war vereinbart worden, dass der Teppich durch die Reinigung in einen sauberen Zustand gebracht wird. Diese vereinbarte Beschaffenheit hat der Teppich mit zusätzlichen Flecken und einem größeren Riss nicht (§ 633 Abs. 2 Satz 1 BGB).

C hat diese Pflichtverletzung zu vertreten. Entweder hat er selbst (§ 276 BGB) oder einer seiner Mitarbeiter (§ 278 BGB) fahrlässig gehandelt. Anders lässt sich der Ablauf nicht erklären. Ein ordentlicher Berufsvertreter – darauf kommt es nach § 276 Abs. 2 BGB an – hätte, anders als die Reinigung C, bei einem derartigen Schadensrisiko entweder den Teppich einer anderen Behandlung unterzogen oder von einer Reinigung überhaupt abgesehen.

Ergebnis: H kann gem. § 634 Nr. 4 BGB von C Schadensersatz verlangen. Dieser Anspruch geht auf vollen Ausgleich der erlittenen Einbuße. R verlor einen Teppich, der einen Verkehrswert von 9500,– € hatte. Dieser Betrag – abzüglich des bereits geleisteten 15fachen Reinigungspreises – ist von C zu ersetzen (vgl. § 251 Abs. 1 BGB).

Lösung Frage 4:

Auch hier muss zunächst geklärt werden, ob die Haftungsfrage nach den AGB des C oder nach den gesetzlichen Vorschriften – § 634 Nr. 4 BGB – zu beurteilen ist.

Entscheidungsgrundlage: Die erste zu erörternde Grundlage ist also wiederum die Haftungsregelung in Ziffer 7 der AGB des C.

Voraussetzungen: Die Erfordernisse für die Geltung dieser AGB-Klausel sind bereits oben aufgeführt.

Überprüfung: Für die erste Voraussetzung – Einbeziehung der AGB in das einzelne Vertragsverhältnis – ist nicht § 305 Abs. 2 BGB maßgebend. § 310 Abs. 1 BGB stellt nämlich klar, dass § 305 Abs. 2 BGB gegenüber Unternehmern keine Geltung hat. Das Einrichtungshaus E ist aber Unternehmer (§ 14 BGB). Auf welche Weise AGB gegenüber Unternehmern in einen Vertrag einbezogen werden sollen, hat die Rechtsprechung entschieden. Ein Unternehmer muss widersprechen, wenn er aus den gesamten Umständen erkennen muss, dass sein Vertragspartner AGB zum Vertragsbestandteil machen möchte. Ein Einrichtungshaus muss wissen, dass Teppich-Reinigungen mit AGB arbeiten. Dies gilt insbesondere dann, wenn jahrelange Geschäftsbeziehungen bestanden haben. Das Nicht-Widersprechen bedeutete daher das Einverständnis mit den AGB des C.

Die zweite Voraussetzung für die Geltung der AGB – die inhaltliche Zulässigkeit der einzelnen Klausel, hier der Ziffer 7 der AGB des C – ist gegenüber Unternehmern gleichfalls anders zu beurteilen als im privaten Rechtsverkehr. Nach § 310 Abs. 1 BGB gilt § 309 BGB nicht gegenüber Unternehmern (und von § 308 BGB gelten die Nr. 1, 2 bis 9 nicht). Somit ist hier § 307 BGB mit der Generalklausel einziger Prüfungsmaßstab. Nach § 307 Abs. 2 Nr. 1 BGB, der diese Generalklausel konkretisiert, ist festzustellen: Ziffer 7 der AGB des C, die eine Haftungsbeschränkung auf den 15fachen Reinigungspreis beinhaltet, weicht vom gesetzlichen Leitbild des § 634 Nr. 4 BGB ab, der vollen Schadensausgleich einräumt. Jedoch verlangt § 307 Abs. 1 BGB auch in einem solchen Fall eine Abwägung, ob diese Abweichung vom Gesetz tatsächlich zu einer unangemessenen Benachteiligung führt. Das wird man hier verneinen müssen. C bietet ja, um diese Haftungsbeschränkung aufzufangen, den Abschluss einer Versicherung an. Entsprechende Antragsformulare liegen im Geschäftsraum des C aus. Dem kaufmännischen Dauerkunden E war es zuzumuten, diesen Weg zu gehen.

Ergebnis: Nach alledem ist für die Haftungsfrage allein die Ziffer 7 der AGB des C maßgebend. E kann von C nur den 15fachen Reinigungspreis als Schadensausgleich beanspruchen.

Fall 44 Der enttäuschte Leasingnehmer

Fabrikant K benötigt für sein Unternehmen einen neuen Schweißroboter. Aus Finanzierungsgründen entschließt er sich für Leasing. Auf einer Fachmesse erkundigt sich K über verschiedene Anbieter und deren Produkte. Er entscheidet sich schließlich für ein neu entwickeltes Modell des Herstellers H. Anschließend vereinbart er mit der L-GmbH, einer Leasing-Gesellschaft, dass diese den Schweißroboter bei H kaufen und ihm für 4 Jahre zur Verfügung stellen soll. So geschieht es.

Dem Leasingvertrag zwischen L und K liegen die AGB von L zugrunde. Darin heißt es u.a.:

„§ 5: Für Mängel der von uns überlassenen Sachen leisten wir nur in der Weise Gewähr, dass wir unseren Kunden unsere Ansprüche wegen Sachmängeln gegen die jeweiligen Lieferanten abtreten. Unsere Vertragspartner nehmen die Abtretung an. Ansprüche gegen uns wegen mangelnder Gebrauchsfähigkeit der Leasingsache stehen dem Kunden nicht zu. Unberührt bleibt unsere Haftung für Schäden aus der Verletzung von Leben, Körper oder Gesundheit sowie für sonstige Schäden, die auf Vorsatz oder grober Fahrlässigkeit beruhen.

§ 6: Ein Recht, wegen Mängeln des Leasingobjekts die Zahlung der Leasingraten ganz oder teilweise zu verweigern, steht dem Leasingnehmer erst zu, wenn er gegen den Lieferanten Klage auf Rückabwicklung des Kaufvertrags, auf Herabsetzung des Kaufpreises oder auf Schadensersatz statt der Leistung erhoben hat. Das Gleiche gilt, wenn der Leasingnehmer gegenüber dem Lieferanten Rücktritt oder Minderung erklärt oder Schadensersatz statt der Leistung verlangt und der Lieferant sein Einverständnis erklärt. Wird der Kaufvertrag rückabgewickelt, ist auch der Leasingvertrag rückabzuwickeln."

Der Schweißroboter wird vereinbarungsgemäß direkt von H an K ausgeliefert. K bestätigt der L den Empfang der Anlage. Daraufhin zahlt L den vereinbarten Kaufpreis an H.

Der Schweißroboter funktioniert von Anfang an nicht einwandfrei. K reklamiert dies unverzüglich bei L und bei H. L lehnt es unter Hinweis auf § 5 ihrer AGB ab, sich mit der Reklamation zu befassen. H bestreitet jeglichen Mangel und lehnt eine Nachbesserung ab. Nach erfolgloser Fristsetzung erklärt K gegenüber dem H den Rücktritt vom Kaufvertrag. H bestreitet weiterhin, dass der Schweißroboter mangelhaft sei, daher sei auch der Rücktritt unwirksam.

Frage 1: Kann L bei dieser Sachlage von K weiterhin Zahlung der vereinbarten Leasingraten verlangen?

Frage 2: Ändert sich etwas, wenn H schließlich die Mängel anerkennt und sich mit der Rückabwicklung einverstanden erklärt?

Lösung Frage 1:

Entscheidungsgrundlage: Als Anspruchsgrundlage für den L kommt § 535 Abs. 2 BGB in Betracht, wobei dem K ein Leistungsverweigerungsrecht gem. § 320 BGB zustehen könnte.

Voraussetzungen: L kann danach von K Zahlung verlangen, wenn

- ein Mietvertrag besteht
- und der K kein Leistungsverweigerungsrecht hat.

Überprüfung: Der zwischen L und K geschlossene Vertrag ist ein Finanzierungsleasingvertrag. Dieser Vertragstyp ist im BGB nicht geregelt. Er beinhaltet Komponenten des Kaufvertrages, entspricht aber mehr dem Leitbild der Miete, da dem Leasingnehmer wie einem Mieter das Objekt nicht zu Eigentum übertragen, sondern nur zum zeitweisen Gebrauch überlassen wird. Daher wendet die Rechtsprechung auf einen solchen Vertrag die Vorschriften über das Mietrecht entsprechend an.

Aufgrund dieses Vertrages ist L verpflichtet, dem K den Schweißroboter in einem zu dem vertragsmäßigen Gebrauch geeigneten Zustand zu überlassen (§ 535 Abs. 1 Satz 2 BGB). Dies hat L nicht getan, denn der Schweißroboter funktionierte von Anfang an nicht richtig. Fraglich ist nun, ob die Voraussetzungen des § 320 BGB vorliegen und der K die Leasingraten tatsächlich aufgrund der Mangelhaftigkeit des Pkw verweigern durfte. Grundsätzlich beinhaltet § 320 BGB auch die Einrede des nicht ordnungsgemäß erfüllten Vertrags, d.h. die Norm greift nicht nur dann, wenn überhaupt nicht geleistet wurde, sondern auch dann, wenn die Leistung mangelbehaftet ist. Somit liegen hier die Voraussetzungen des § 320 BGB vor. Allerdings könnte sich aus den Regelungen im Leasingvertrag etwas anderes ergeben. Für diesen Fall der Mangelhaftigkeit der Leasingsache hat die L ihre Gewährleistung in § 5 der AGB dahin eingeschränkt, dass sie dem Leasingnehmer K ihre kaufrechtlichen Ansprüche wegen Mängel der Sache gegen ihren Verkäufer H abtritt. Es ist daher zu prüfen, ob diese Klausel rechtlich zulässig ist. Dies beurteilt sich, da beide Vertragspartner Unternehmer sind, gem. § 310 Abs. 1 BGB nur nach der Generalklausel des § 307 BGB. Danach sind Bestimmungen in AGB unwirksam, wenn sie den Vertragspartner entgegen Treu und Glauben unangemessen benachteiligen. Dies ist nach Absatz 2 Nr. 1 im Zweifel anzunehmen, wenn eine Regelung mit wesentlichen Grundgedanken der gesetzlichen Regelung, von der abgewichen wird, nicht zu vereinbaren ist.

Ein Vermieter haftet, wie die §§ 536, 536a BGB zeigen, für die Gebrauchsfähigkeit der Mietsache. Fehlt diese, dann erhält er den Mietzins nicht und muss ggf. Schadensersatz leisten. Die L-GmbH ist Leasinggeberin. Sie überlässt ihren Kunden Sachen, die sie zuvor selbst angeschafft hat, zum entgeltlichen Gebrauch. Insoweit stimmen Miete und Leasing überein. Dann entspricht es dem gesetzlichen Leitbild, dass der Leasinggeber die damit verbundenen Risiken, insbesondere für Mängel der Sache, tragen muss. Hiermit wäre § 5 der AGB von L unvereinbar, denn darin zeichnet sich L von der mietrechtlichen Gewährleistung frei. Allerdings tritt sie dafür ihre kaufrechtlichen Ansprüche wegen Mängel der Sache gegen den Hersteller H an ihren Leasingnehmer K ab, sodass dieser nicht rechtlos gestellt ist.

Die Rechtsprechung sieht eine derartige Regelung, wie sie für das Finanzierungsleasing typisch ist, als mit § 307 BGB vereinbar an. Sie begründet das mit den Besonderheiten dieser Art des Leasings. Hier ist es typischerweise der Leasingnehmer, der die benötigte Ware nach seinen Vorstellungen beim Hersteller oder Händler aussucht, mit diesem den Verwendungszweck erörtert und festlegt und daher in erster Linie beurteilen kann, ob die ihm überlassene Sache für seine Zwecke tauglich ist. Weil also der Leasingnehmer beim Lieferanten wie ein Käufer auftritt, wird er nicht unangemessen benachteiligt, wenn er allein auf die ihm abgetretenen kaufrechtlichen Ansprüche gegen den Verkäufer verwiesen wird. § 5 der AGB von L ist also zulässig.

Demgemäß muss sich K wegen der Mängel an den H halten. Dort kann er die Gewährleistungsrechte aus dem Kaufvertrag geltend machen, die ihm von L abgetreten wurden. Dies hat K vorliegend getan. Er hat zunächst Nacherfüllung gem. § 437 Nr. 1 BGB i.V.m. § 439 BGB verlangt und ist anschließend nach erfolgter Fristsetzung gem. § 437 Nr. 2 BGB i.V.m. § 323 BGB vom Vertrag zurückgetreten. Jedoch hat sich H geweigert, den Vertrag rückabzuwickeln.

Fraglich ist nun, ab welchem Zeitpunkt der K gegenüber dem L die Zahlung der Leasingraten verweigern kann, nachdem er die kaufrechtlichen Ansprüche gegenüber dem H geltend gemacht hat. Gem. § 5 des Leasingvertrags kann der Leasinggeber die Zahlung der Leasingraten erst dann verweigern, wenn er gegen den Verkäufer *klageweise* die ihm abgetretenen Mängelrechte geltend gemacht hat. Diese Regelung steht in Übereinstimmung mit der Rechtsprechung des BGH (NJW 2010, 2798). Mit dem Rücktritt vom Kaufvertrag entfällt die Geschäftsgrundlage für den Leasingvertrag; dies führt dann zu einem Leistungsverweigerungsrecht und nachfolgend zur Rückabwicklung des Leasingvertrages. Allerdings verlangt der BGH – zum Schutz des Leasinggebers – dass der K erst dann die Raten verweigern kann, wenn er gerichtlich gegen den Verkäufer vorgegangen ist. Er muss also erst Klage auf Rückabwicklung des Kaufvertrages gegen den H einreichen, bevor er gegenüber dem L die Zahlung der weiteren Raten verweigern kann. Da dies bisher nicht erfolgt ist, hat K kein Leistungsverweigerungsrecht gegenüber dem L.

Ergebnis: K muss die Leasingraten weiter an L bezahlen.

Lösung Frage 2:

Entscheidungsgrundlage: Auch hier kommt § 535 Abs. 2 BGB in Betracht.

Voraussetzungen: Die Kriterien dieser Vorschrift wurden oben dargelegt.

Überprüfung: Wie oben dargelegt, ist es rechtlich zulässig, dass L dem K ihre kaufrechtlichen Ansprüche wegen Lieferung einer mangelhaften Sache abtritt und ihn dadurch zwingt, gegen den Lieferanten H vorzugehen. Dies hat K hier getan. Wie in Frage 1 erläutert, steht dem K aber erst dann ein Leistungsverweigerungsrecht zu, wenn er Klage auf Rückabwicklung des Kaufvertrages gegen den H eingereicht hat. Dies ist hier nicht erfolgt. Allerdings genügt es auch, wenn sich der Verkäufer sich mit dem erfolgten Rücktritt einverstanden erklärt hat. Dies ist hier erfolgt. Daher kann K die weitere Zahlung der Raten verweigern. Der Rücktritt vom Kaufvertrag hat zur Folge, dass dem Leasingvertrag zwischen L und K die Geschäftsgrundlage entzogen wird, denn L ist nur solange in der Lage, dem K den Schweißroboter zu überlassen, wie der Kaufvertrag über den Roboter besteht.

Zusammenfassend hat ein Leasingnehmer bei mangelhafter Leasingsache folgende Rechte: Zunächst ist er darauf beschränkt, Nacherfüllung vom Verkäufer zu verlangen. Kommt dieser dem Begehren nicht nach, kann nach Ablauf einer Frist der Rücktritt vom Leasingvertrag erklärt werden. Erklärt sich der Verkäufer mit einer Rückabwicklung einverstanden, müssen die Leasingraten nicht weitergezahlt werden. Erklärt sich der Verkäufer mit einer Rückabwicklung *nicht* einverstanden, muss auf Rückabwicklung geklagt werden. Erst jetzt kann der Leasingnehmer die Zahlung der Leasingraten (vorübergehend) verweigern. Endet der Prozess dann mit einer Klageabweisung, ist die Ratenzahlung wieder aufzunehmen. Raten aus der Vergangenheit sind nachzuzahlen.

Endet der Prozess mit einer Verurteilung des Verkäufers, steht auch für den Leasinggeber bindend fest, dass die Rückabwicklung des Kaufvertrags erfolgt, sodass dem Leasingvertrag die Geschäftsgrundlage entzogen wird. Jetzt kann der Leasinggeber eine komplette Rückabwicklung des Leasingvertrages verlangen.

Ergebnis: Da der Verkäufer H mit dem Rücktritt vom Kaufvertrag einverstanden war, muss K keine weiteren Leasingraten mehr an L bezahlen.

Fall 45 Die vergessenen Zusatzteile

Maschinenfabrik V und Schmuckwarenhersteller K – beide im Handelsregister eingetragen – stehen in Vertragsverhandlungen über den Kauf einer Diamantfräsmaschine zur Oberflächenbearbeitung von Schmuckstücken. K interessiert sich für das Modell M 4 B, das 130 000,– € kostet. Er wünscht jedoch verschiedene Zusatzteile, die nicht zur Standardausrüstung gehören und weitere 13 000,– € kosten würden. Da K jedoch durchblicken lässt, dies sei erst ein Anfang, er habe noch größere Aufträge zu vergeben, erklärt sich V bereit, die Zusatzteile ohne Aufpreis zu liefern.

Durch ein Versehen des V werden die Zusatzwünsche des K bei der Auftragsbearbeitung nicht berücksichtigt.

Einen Tag nach Vertragsabschluss schreibt V an K: *„Wir bestätigen Ihnen bestens dankend den uns am 20.3. mündlich erteilten Lieferauftrag über eine Maschine unseres Modells M 4 B zum Preis von 130 000,– €. Unterschrift V“.* K lässt dieses Schreiben unbeantwortet. Geliefert wird 3 Wochen später das Standardmodell ohne die Zusatzteile. Der empörte K fordert daraufhin den V auf, schleunigst die mündlich zugesagten Zusatzteile zu liefern, und teilt zugleich mit, V brauche mit weiteren Aufträgen nicht mehr zu rechnen.

Frage: Kann V die 130 000,– € von K verlangen, ohne seinerseits die Zusatzteile liefern zu müssen?

Lösung:

Grundlage könnte einmal der zunächst abgeschlossene Kaufvertrag und zum anderen das später übersandte Bestätigungsschreiben sein.

1. Entscheidungsgrundlage: Für das Zahlungsbegehren ist § 433 Abs. 2 BGB i.V.m. § 320 BGB maßgebend.

Voraussetzungen: Danach wird vorausgesetzt, dass

- ein Kaufvertrag zwischen den Beteiligten vorliegt
- V seinerseits die ihm obliegende Leistung erbracht hat
- oder K vorleistungspflichtig ist.

Überprüfung: V und K haben mündlich einen Kaufvertrag geschlossen. Sie waren sich darüber einig, dass V die Maschine Typ M 4 B nebst den vorgesehenen Zusatzteilen zum Preis von 130 000,– € an K liefern sollte.

V hat seine vertragliche Lieferpflicht nicht vollständig erfüllt. Er hat nur das Standardmodell ohne die vereinbarten Zusatzteile geliefert.

K ist auch nicht vorleistungspflichtig, da weder das Gesetz noch der abgeschlossene Kaufvertrag eine Vorauszahlung des Käufers vorsehen.

Ergebnis: Nach dem Vertrag kann V also zurzeit keine Zahlung verlangen. Er muss zunächst die Zusatzteile liefern.

2. Entscheidungsgrundlage: Nach ständiger Rechtsprechung kann in bestimmten Fällen das Schweigen auf ein Bestätigungsschreiben eine Zustimmung zu dessen Inhalt sein. Dies ist eine Ausnahme von dem Grundsatz, dass Schweigen im Rechtsverkehr nicht als Zustimmung zu werten ist und geht auch über den engen Anwendungsbereich des § 362 HGB hinaus.

Voraussetzungen: Dafür werden folgende Voraussetzungen gefordert:

- beiderseitige Kaufmannseigenschaft
- vorausgegangenes Vertragsgespräch
- Bestätigungsschreiben folgt zeitlich unmittelbar nach
- kein zu gravierendes Abweichen vom Vereinbarten
- kein unverzüglicher Widerspruch des Empfängers
- keine Arglist des Bestätigenden.

Überprüfung: Sowohl V als auch K sind Kaufleute. Sie betreiben ein Gewerbe, das im Handelsregister eingetragen ist (§ 1 HGB).

Die Parteien haben ein Vertragsgespräch geführt, ja sogar einen mündlichen Vertrag geschlossen.

Dieser sollte durch das Schreiben unmittelbar nach Vertragsschluss bestätigt werden. Der Inhalt dieses Bestätigungsschreibens wich von dem mündlich Vereinbarten nicht so stark ab, dass mit einer Genehmigung nach Treu und Glauben nicht mehr gerechnet werden kann. Die Partner hatten sich auf eine Maschine des Typs M 4 B nebst verschiedenen, detailliert festgelegten Zusatzteilen zum Gesamtpreis von 130 000,– € geeinigt; bestätigt wurde dagegen lediglich ein Kaufabschluss über das Standardmodell ohne die Zusätze. Diese Abweichung erscheint nicht so gravierend, zumal die bessere Ausstattung der Maschine erst nachträglich noch ausgehandelt wurde.

K hat dem Bestätigungsschreiben nicht rechtzeitig widersprochen. Er hat erst nach Auslieferung der Maschine, das war drei Wochen später, die fehlenden Zusatzteile gerügt. Dies war nicht unverzüglich (§ 121 Abs. 1 Satz 1 BGB); der Widerspruch gegen ein kaufmännisches Bestätigungsschreiben muss in aller Regel innerhalb von zwei Tagen erhoben werden.

V hat nicht arglistig gehandelt. Er ist nicht bewusst und in der Absicht, den K zu benachteiligen, von dem mündlichen Vertrag abgewichen, sondern die Abweichung beruhte auf einem Versehen.

Ergebnis: K muss also die 130 000,– € an V bezahlen, ohne die Zusatzteile zu erhalten. Dies beruht darauf, dass das unwidersprochen gebliebene Bestätigungsschreiben dem ursprünglich abgeschlossenen Kaufvertrag vorgeht. Es gilt dann der Inhalt des Bestätigungsschreibens als vereinbart.

Fall 46 Die Mängelrüge beim Kauf

Die Immobilien-Entwickler A und B, die in München bereits bekannte Büros mit Millionenumsätzen betreiben, beabsichtigen, gemeinsam stark zu expandieren und in das überregionale Geschäft mit Bürohäusern einzusteigen. Daher wollen sie eine OHG gründen. Bereits vor der Eintragung der Gesellschaft im Handelsregister – die am 1.4. erfolgt – kaufen sie u.a. bei dem Büroausstatter V im Namen der OHG einen großen Besprechungstisch für 25 000,– € sowie 5 Farbdrucker für je für 5000,– €. Schreibtisch und Drucker werden am 1.3. geliefert.

Der Tisch hat auf der Tischplatte einen großen, gut sichtbaren Kratzer. Der A, für dessen Büro der Tisch bestimmt ist, befindet sich bei der Anlieferung gerade auf Erholungsreise. Deshalb wird der Kratzer erst am 20.3. bei V reklamiert.

Die Drucker werden erst am 19.3. ausgepackt und in Betrieb genommen. Hierbei zeigt sich, dass sich ein Drucker nach dem Hochfahren gleich wieder ausschaltet. Auch dies wird bei V am 20.3. reklamiert.

Ein zweiter Drucker funktioniert anfangs einwandfrei; am 25.4 kommt es jedoch bei diesem Drucker zu einem Brand in der Elektronik durch ein nicht fachgerecht isoliertes Kabel innerhalb der Steuerungseinheit. Der Drucker erleidet einen Totalschaden. Dies wird dem V noch am selben Tag gemeldet.

A und B verlangen von V Neulieferung eines Schreibtisches und von zwei Druckern. V lehnt dies ab; die Mängelansprüche seien verspätet geltend gemacht worden.
Frage 1: Bestand ursprünglich ein Recht auf Neulieferung?
Frage 2: Und besteht es jetzt noch?

Lösung Frage 1:

Entscheidungsgrundlage: A und B verlangen Umtausch, also Nacherfüllung durch Lieferung einer mangelfreien Sache (§ 439 Abs. 1 BGB). Hierfür kommt § 437 Nr. 1 BGB in Betracht.

Voraussetzungen: Hierfür wird vorausgesetzt:
- Bestehen eines Kaufvertrages
- Mangel der Sache
- kein Haftungsausschluss
- Verlangen der Nacherfüllung durch den Käufer.

Überprüfung: Zwischen den Beteiligten wurde ein Kaufvertrag abgeschlossen (§ 433 BGB).

Sowohl der verkratzte Schreibtisch als auch die beiden Drucker weisen Mängel auf. Sie entsprechen nicht den objektiven Anforderungen, da sie sich nicht für die gewöhnliche Verwendung eignen, § 434 Abs. 3 Nr. 1 BGB. Diese Mängel waren beim Gefahrübergang, das ist nach § 446 BGB der Zeitpunkt der Übergabe, bereits vorhanden.

A und B verlangen Nacherfüllung in Form von Neulieferung, § 439 Abs. 1 BGB.

Ergebnis: A und B waren daher grundsätzlich berechtigt, Neulieferung zu verlangen.

Lösung Frage 2:

Entscheidungsgrundlage: Das an sich bestehende Nachlieferungsrecht könnte infolge verspäteter Mängelrüge gem. § 377 HGB entfallen sein.

Voraussetzungen: § 377 HGB bestimmt, dass ein Mangel als genehmigt gilt, wenn folgende Voraussetzungen vorliegen:

- beiderseitiger Handelskauf
- Ablieferung der Ware
- fehlende rechtzeitige Rüge.

Überprüfung: Der Handelskauf gehört zu den Handelsgeschäften. Dies sind nach § 343 Abs. 1 HGB alle Geschäfte eines Kaufmanns, die zum Betrieb seines Handelsgewerbes gehören.

Der Verkäufer ist Kaufmann nach § 1 Abs. 2 HGB; mit seinem Büroausstattungs-Geschäft betreibt er ein Handelsgewerbe. Der Verkauf eines Schreibtisches und von Druckern liegt im Rahmen des Geschäftsbetriebes des V.

Eine OHG ist zwar stets Kaufmann nach § 6 Abs. 1 HGB. Es ist aber fraglich, ob bei Kaufabschluss im Verhältnis zu V bereits eine OHG bestanden hat. Dies ist nach § 123 HGB zu beurteilen. Gem. § 123 Abs. 1 Satz 1 HGB wird die OHG Dritten gegenüber mit der Eintragung in das Handelsregister wirksam. Da der Kaufabschluss vor der Eintragung erfolgte, würde demnach ein Handelsgeschäft nicht vorliegen.

Hiervon macht § 123 Abs. 1 Satz 2 HGB eine Ausnahme für den Fall, dass die OHG ihre Geschäfte schon vor der Eintragung in das Handelsregister aufnimmt. Sie wird dann schon im Zeitpunkt der Geschäftsaufnahme, also nicht erst mit der Handelsregistereintragung, gegenüber Dritten wirksam. Dies gilt jedoch nur, soweit sich nicht aus § 107 Abs. 1 HGB ein anderes ergibt. Nach § 107 HGB wäre dies wiederum der Fall, wenn die Gesellschaft so klein ist, dass sie keinen in kaufmännischer Weise eingerichteten Geschäftsbetriebs erfordert und somit kein Handelsgewerbe darstellt, § 1 Abs. 2 HGB.

Für eine größere Gesellschaft, also eine solche, die nach Art oder Umfang einen in kaufmännischer Weise eingerichteten Geschäftsbetrieb erfordert, wie dies bei Unternehmen mit Millionenumsätzen der Fall ist, gelten die in § 123 Abs. 1 Satz 2 HGB genannten Ausnahmen nicht. Eine OHG besteht hier Dritten gegenüber schon ab dem früheren Geschäftsbeginn und nicht erst ab 1.4., dem Tag der Eintragung der OHG. Da der Schreibtisch für das betriebliche Arbeitszimmer des A bestimmt war, handelt es sich auch auf der Käuferseite um ein Handelsgeschäft. Es liegt also ein beiderseitiger Handelskauf vor.

Die Ware wurde auch bereits abgeliefert, sodass die Käufer die Möglichkeit hatten, die Ware zu untersuchen.

Fraglich ist, ob die Mängel jeweils rechtzeitig gerügt worden sind oder nicht. Hierbei ist zu unterscheiden, was für eine Art von Mangel vorliegt, nämlich ein

- offener Mangel
- durch ordnungsgemäße Untersuchung erkennbarer Mangel oder
- verdeckter Mangel.

Ein offener, also ohne weiteres erkennbarer Mangel, muss unverzüglich gerügt werden. Für die Bestimmung, ob es sich um einen offenen oder verdeckten Mangel handelt, ist entscheidend, wie intensiv und wie schnell der Käufer die Ware untersuchen muss. Grundsätzlich muss der Käufer die Ware untersuchen und ab Erkennen eines Mangels diesen unverzüglich rügen. Die Art und Weise der Untersuchung richtet sich danach, was nach „ordnungsmäßigem Geschäftsgang tunlich" ist. Entscheidend ist, was man vernünftigerweise von einem ordentlichen Kaufmann unter Berücksichtigung des ihm kosten-, zeitmäßig und technisch Zumutbaren erwarten kann, wobei es stets auf die Umstände des Einzelfalls ankommt, sodass sich schematische Aussagen verbieten. Bei einer Vielzahl gleichartiger Waren müssen repräsentative Stichproben genommen werden. Bei Lieferung einer Maschine, muss diese in Betrieb genommen und ein Probelauf durchgeführt werden. Zeigt sich im Rahmen einer solchen Untersuchung ein Mangel, muss dieser unverzüglich gerügt werden.

Mängel, die sich trotz Durchführung dieser „tunlichen" Untersuchung nicht zeigen, bezeichnet man als verdeckte Mängel. Tritt im weiteren Verlauf ein solcher verdeckter Mangel zu Tage, muss dieser ab Entdeckung unverzüglich gerügt werden.

- *Tisch:* Im vorliegenden Fall ist der große Kratzer am Tisch ohne weiteres mit bloßem Auge am 1.3. offen erkennbar gewesen. Er hätte also unverzüglich, d.h. ohne schuldhaftes Zögern (§ 121 Abs. 1 BGB) gerügt werden müssen. Geliefert wurde bereits am 1.3., gerügt aber erst am 20.3.; das ist bei weitem zu spät.
- *Sich ausschaltender Drucker:* Im Rahmen einer ordnungsgemäßen Untersuchung hätten die Drucker zumindest in Betrieb genommen werden müssen. Bei einem Probelauf hätte sich gezeigt, dass sich der eine Drucker gleich nach dem Hochfahren wieder ausschaltet. Fraglich ist, wieviel Zeit die Käufer für die Untersuchung der Drucker zur Verfügung hatten. Während bei verderblichen Waren innerhalb weniger Stunden untersucht werden muss, gilt bei sonstigen Waren eine längere Frist; bei einem Drucker sind 19 Tage als Untersuchungsfrist aber jedenfalls deutlich zu lange, um eine einfache Inbetriebnahme und einen Probelauf durchzuführen. Die Untersuchung am 19.3. und somit auch die Rüge am 20.3. waren daher verspätet.
- *Drucker mit Kabelbrand:* Bei diesem hätte sich die fehlerhafte Isolierung, die zum Brand führte, auch bei einem Probelauf nicht gezeigt. Es handelte sich hierbei um einen verdeckten Mangel. Nach erstmaligen Auftreten dieses Mangels am 25.4. wurde dieser unverzüglich – noch am selben Tag – gerügt. Die Rüge war also rechtzeitig.

Ergebnis: A und B haben einen Anspruch auf Neulieferung für den Drucker, der einen Kabelbrand hatte.

Der defekte Drucker, der sich selbst ausschaltet und der zerkratzte Tisch gelten wegen verspäteter Mängelrüge als genehmigt. Somit besteht diesbezüglich kein Anspruch auf Neulieferung (und auch nicht auf Minderung).

Fall 47 Zu viel Cadmium

Das deutsche Unternehmen K kaufte mündlich bei der italienischen Firma V eine größere Menge neuseeländischer Muscheln. Nähere Vereinbarungen über die Ware wurden nicht getroffen. Die Muscheln wurden geliefert und von K entgegengenommen. Danach stellte das zuständige Veterinär-Untersuchungsamt in Deutschland hohe Cadmium-Werte in den Muscheln fest; die Messwerte überschritten die Richtwerte des Bundesgesundheitsministeriums um mehr als das Doppelte. Daher untersagte das Untersuchungsamt den Weiterverkauf der Muscheln.

Die vom Bundesgesundheitsministerium aufgestellten Richtwerte sind Orientierungswerte und sollen anzeigen, ob unerwünschte Schadstoffkonzentrationen in Lebensmitteln vorliegen. Die gelegentliche Überschreitung dieser Richtwerte führt in aller Regel noch nicht zu gesundheitlichen Schädigungen. Wenn der Richtwert aber um mehr als das Doppelte überschritten wird, ziehen die Untersuchungsämter das Lebensmittel aus dem Verkehr.

K erklärte daraufhin gegenüber V den Rücktritt vom Kaufvertrag und stellte V die Ware zur Verfügung. V erwiderte, diese deutschen Verwaltungsrichtlinien seien nicht maßgebend für den Kaufvertrag. Daher klagte V den Kaufpreis gegen K ein.

Frage 1: Wird die Klage Erfolg haben?

Frage 2: K hat die Essmuscheln in Deutschland an die Restaurantkette D weiterverkauft. Die Muscheln werden bei D wegen ihres hohen Cadmiumgehalts von der zuständigen Behörde beschlagnahmt. K verweigert jede Verantwortung; er ist der Ansicht, den Kaufvertrag korrekt erfüllt zu haben. Daraufhin erklärt D den Rücktritt vom Kaufvertrag. Nun klagt K den Kaufpreis gegen D ein. Wird er Erfolg haben?

Lösung Frage 1:

Hier muss zunächst die Vorfrage geklärt werden, nach welchem Recht dieser grenzüberschreitende Kaufvertrag zu beurteilen ist. In Frage kommen die Rechtsordnungen der Staaten, denen die Vertragsparteien angehören, also italienisches oder deutsches Recht. Weiter kommt aber auch die Geltung des UN-Kaufrechts („Convention on the International Sale of Goods" – im Folgenden abgekürzt CISG) vom 11.4.1980 in Betracht, das dann den nationalen Rechtsordnungen vorgehen würde.

Entscheidungsgrundlage dieser Vorfrage ist Art. 1 Abs. 1 CISG.

Voraussetzungen: Dieses Gesetz findet Anwendung, wenn

- ein Kaufvertrag über Waren vorliegt
- die Vertragsparteien ihre Niederlassung in verschiedenen Staaten haben
- diese Staaten Vertragsstaaten sind oder die Regeln des Internationalen Privatrechts zur Anwendung des Rechts eines Vertragsstaates führen würden
- die Vertragsparteien die Geltung des CISG nicht ausgeschlossen oder eingeschränkt haben (Art. 6 CISG).

Überprüfung: V und K haben einen Vertrag über Waren, nämlich neuseeländische Essmuscheln, geschlossen.

Sie haben ihre Niederlassungen in verschiedenen Staaten, nämlich in Italien und Deutschland.

Beide Staaten sind Vertragsstaaten: Die Republik Italien ist dem Übereinkommen der UN (CISG) am 1.1.1988, die Bundesrepublik Deutschland am 1.1.1991 beigetreten.

Die Anwendung des CISG wurde von V und K nicht vertraglich ausgeschlossen.

Ergebnis der Vorfrage: Das CISG findet auf den Kaufvertrag zwischen V und K Anwendung.

Entscheidungsgrundlage ist Art. 53 CISG. Nach dieser Vorschrift hat der Käufer „nach Maßgabe des Vertrags und dieses Übereinkommens" den vereinbarten Kaufpreis zu zahlen.

Voraussetzungen sind

- das Bestehen eines Kaufvertrages
- die Vertragsmäßigkeit der gelieferten Ware nach den Artikeln 35 ff. CISG.

Überprüfung: Zwischen V und K besteht ein Kaufvertrag. Dieser unterliegt gem. Art. 11 CISG keiner Form.

Ob die gelieferte Ware vertragsmäßig war, richtet sich in erster Linie nach den Parteivereinbarungen (Art. 35 Abs. 1 CISG). Daran fehlt es hier; zwischen V und K wurde nichts über die Schadstoffbelastung der Essmuscheln vereinbart. Bei fehlender Vertragsvereinbarung ist die Ware dann vertragsgemäß, wenn sie sich für den Zweck eignet, für den Ware der gleichen Art gewöhnlich gebraucht wird (Art. 35 Abs. 2 lit. a CISG). Das könnte hier deswegen verneint werden, weil die Muscheln aufgrund ihres Cadmiumgehalts in Deutschland nicht weiterverkauft werden konnten. Aber dies beruhte auf öffentlich-rechtlichen Bestimmungen im Käuferland Deutschland, die dem ausländischen Verkäufer nach Sachlage nicht bekannt waren, und die er auch nicht zu berücksichtigen brauchte. Es ist ihm nicht zuzumuten, die jeweiligen öffentlich-rechtlichen Bestimmungen der Länder, in die er exportiert, von sich aus zu ermitteln. Der Käufer kann vernünftigerweise nicht erwarten, dass der Verkäufer diese Standards kennt und berücksichtigt. Vielmehr ist es Sache des Käufers, dem Verkäufer die Eigenschaften der Ware mitzuteilen, auf die er kraft öffentlich-rechtlicher Bestimmungen Wert legt. K hätte hier die zulässige Schadstoffbelastung relativ leicht ermitteln und dem Kaufvertrag zugrunde legen können. Das hat er nicht getan, sondern sich mit der Lieferung von neuseeländischen Muscheln begnügt. Die gelieferte Ware war daher vertragsgemäß.

Ergebnis: K muss den vereinbarten Kaufpreis zahlen.

(Vgl. zu diesem Fall: BGH RIW 1995, 595 ff.)

Lösung Frage 2:

Entscheidungsgrundlage: Der innerdeutsche Kaufvertrag zwischen K und D ist nach deutschem Recht zu beurteilen. Der Kaufpreisanspruch stützt sich auf § 433 Abs. 2 BGB.

Voraussetzungen:

- Bestehen eines Kaufvertrages
- Erbringen der Leistung durch den Verkäufer
- kein Gegenrecht des Käufers, durch das der Kaufvertrag rückgängig gemacht wird.

Überprüfung: Der Kaufvertrag ergibt sich aus dem Sachverhalt.

K hat die neuseeländischen Muscheln an D geliefert.

Als Gegenrecht des Käufers D kommt ein Rücktritt vom Kaufvertrag in Betracht, den D ja erklärt hat. Rechtsgrundlage ist § 437 Nr. 2 BGB, der auf § 323 BGB verweist. Danach ist Rücktritt möglich unter folgenden Voraussetzungen:

- Bestehen eines Kaufvertrages
- Mangel der Sache bei Gefahrübergang
- kein Haftungsausschluss
- Vorliegen der Voraussetzungen des § 323 BGB, also
  - Bestimmen einer angemessenen Frist zur Nacherfüllung
  - erfolgloser Fristablauf
  - Erheblichkeit der Pflichtverletzung (§ 323 Abs. 5 Satz 2 BGB).

Es besteht ein Kaufvertrag.

Eine Kaufsache ist fehlerhaft, wenn sie sich nicht für die gewöhnliche Verwendung eignet, § 434 Abs. 3 Nr. 1 Nr. 2a BGB i.V.m. § 434 Abs. 3 S. 2 BGB. Die gewöhnliche Verwendung eines Nahrungsmittels besteht darin, dass es ohne Gefahr für die Gesundheit verzehrt werden kann. Da die Essmuscheln eine unzulässig hohe Schadstoffbelastung aufwiesen, stellten sie aber eine Gesundheitsgefahr dar; deshalb wurden sie auch von der Behörde aus dem Verkehr gezogen.

Dieser Sachmangel bestand bereits bei Gefahrübergang, nämlich bei der Übergabe (§ 446 BGB). D kannte diesen Mangel nicht (§ 442 BGB). Bei Kenntnis hätte sie die Muscheln nicht gekauft.

D hat dem K keine Frist zur Nacherfüllung, d.h. zur Lieferung mangelfreier Muscheln, gesetzt. Die Fristsetzung war hier aber nach § 323 Abs. 2 Nr. 1 BGB entbehrlich, weil der Schuldner K bereits ernsthaft und endgültig die Nachlieferung anderer Muscheln ohne Schadstoffbelastung verweigert hatte. Die hohe Schadstoffbelastung stellt eine erhebliche Pflichtverletzung dar. Damit war D zum sofortigen Rücktritt berechtigt. Diesen hat D auch erklärt. Somit besteht der Kaufvertrag nicht mehr.

Ergebnis: K kann keine Kaufpreiszahlung verlangen.

Teil III

Wettbewerbs- und Markenrecht

Fall 48 Eine zündende Geschäftsidee

Der clevere Broker F entwickelt ein neues Geschäftsmodell, bei dem Geldanleger mit dem Kauf eines Zertifikats nach ihrer Wahl auf steigende oder sinkende Kurse einer bestimmten Kryptowährung wetten können. F ist von seinem Konzept sehr überzeugt und möchte verhindern, dass andere Finanzdienstleister dieses nachahmen.

Frage: Kann F sich seine besondere Geschäftsidee rechtlich schützen lassen?

Lösung:

Geistiges Eigentum ist nicht generell geschützt, sondern nur, wenn die Rechtsordnung dem Inhaber per Gesetz ein entsprechendes Schutzrecht gewährt. Bei der Frage, ob F sich seine Idee der Kurswette schützen lassen könnte, sind nach dem *Gewerblichen Rechtsschutz* folgende Möglichkeiten zu bedenken: die technischen Schutzrechte: Patent und Gebrauchsmuster, das Design-Schutzrecht: eingetragenes Design sowie die Kennzeichnungsrechte: Marken, Unternehmenskennzeichen und Geschäftsabzeichen. Schutz nach dem *Urheberrecht* genießen die Werke der Literatur, Wissenschaft und Kunst.

1. Entscheidungsgrundlage: Patente werden vom Deutschen Patent- und Markenamt in München erteilt. Materielle Grundlage ist § 1 PatG. Das Registrierungsverfahren richtet sich nach den §§ 35 ff. PatG.

Voraussetzungen: § 1 PatG stellt folgende materielle Kriterien auf:

- Erfindung
- Neuheit
- erfinderische Tätigkeit
- gewerbliche Anwendbarkeit.

Überprüfung: Eine Erfindung ist eine Lehre zum technischen Handeln. Sie liegt also auf dem Gebiet der Technik. Bei der Idee, Kurswetten auf Kryptowährungen anzubieten, geht es nicht um eine technische Errungenschaft. Ein Patentschutz scheitert somit bereits an der Voraussetzung *Erfindung*.

Ergebnis: F könnte sich seine Geschäftsidee nicht als Patent schützen lassen.

2. Entscheidungsgrundlage: Auch für die Gebrauchsmustererteilung ist das Deutsche Patent- und Markenamt in München zuständig. Materielle Grundlage ist § 1 GebrMG. Das Eintragungsverfahren erfolgt nach den §§ 4 ff. GebrMG.

Voraussetzungen: § 1 Abs. 1 GebrMG nennt folgende Anforderungen:

- Erfindung
- Neuheit
- erfinderischer Schritt
- gewerbliche Anwendbarkeit.

Überprüfung: Diese Kriterien sind nahezu identisch mit denen des Patentes. Auch hier geht es um eine Erfindung, also um das Gebiet der Technik. Eine besondere Geschäftsidee kann nicht als Erfindung qualifiziert werden. Gebrauchsmusterschutz scheidet daher aus dem gleichen Grund wie der Patentschutz aus.

Ergebnis: Die Geschäftsidee des F wäre als Gebrauchsmuster nicht schützbar.

3. Entscheidungsgrundlage: Wie für die technischen Schutzrechte, so ist auch für den Designschutz das Deutsche Patent- und Markenamt zuständig. Materielle Grundlage ist § 2 DesignG. Das Registrierungsverfahren läuft nach den §§ 11 ff. DesignG.

Voraussetzungen: § 2 Abs. 1 DesignG verlangt:

- Design
- Neuheit
- Eigenart.

Überprüfung: Designs sind zwei- oder dreidimensionale Erscheinungsformen eines Erzeugnisses (§ 1 Nr. 1 DesignG), die über das Auge wirken und die Farb- und Formgestaltung betreffen. Ihr Gegenstand ist die konkrete Verkörperung einer ästhetischen Leistung. All diese Aspekte treffen auf die abstrakte Idee, Kurswetten auf Kryptowährungen abzuschließen, nicht zu. Eine Idee wirkt nicht ästhetisch, betrifft nicht die Farb- oder Formgestaltung und erfüllt überdies das Erfordernis der Konkretisierung nicht. Damit ist bereits die erste Anforderung eines eingetragenen Designs nicht erfüllt.

Ergebnis: Auch Designschutz scheidet aus.

4. Entscheidungsgrundlage: Das Kennzeichnungsrecht *Marke* kann entstehen durch Eintragung eines Zeichens in das vom DPMA geführte Register (§ 4 Ziff. 1 MarkenG). Das Verfahren erfolgt nach den §§ 32 ff. MarkenG.

Markenschutz kann außerdem – ohne Eintragung – durch bloße Zeichenbenutzung entstehen, nämlich dann, wenn das Zeichen innerhalb beteiligter Verkehrskreise als Marke Verkehrsgeltung erworben hat (§ 4 Ziff. 2 MarkenG). Materielle Grundlage ist in beiden Fällen § 3 MarkenG.

Voraussetzungen: Nach § 3 MarkenG können Gegenstand eines Markenschutzes sein

- Zeichen,
- die zur Waren- oder Dienstleistungsunterscheidung geeignet sind.

Überprüfung: § 3 MarkenG nennt als Beispiele für unterscheidungsgeeignete Zeichen u.a. Wörter, Abbildungen und sonstige Aufmachungen. All diesen ist eines gemeinsam: Es liegt eine Konkretisierung vor, die sie sinnlich wahrnehmbar macht. Eine solche Verkörperung ist bei einer bloßen Geschäftsidee aber nicht gegeben.

Ergebnis: F könnte demnach weder durch Eintragung in das Register noch durch Zeichenbenutzung mit Verkehrsgeltung Markenschutz erlangen.

5. Entscheidungsgrundlage: Für das Geschäftskonzept des F könnte theoretisch auch das Unternehmenskennzeichen (§ 5 Abs. 1 MarkenG) als Schutzmöglichkeit in Betracht kommen.

Voraussetzungen: Nach § 5 Abs. 2 Satz 1 MarkenG sind geschützt:

- Zeichen,
- die im geschäftlichen Verkehr als Name, Firma oder als besondere Bezeichnung eines Geschäftsbetriebs oder Unternehmens benutzt werden.

Nach § 5 Abs. 2 Satz 2 MarkenG sind außerdem geschützt:

- Geschäftsabzeichen oder sonstige Unterscheidungskennzeichen,
- die im geschäftlichen Verkehr benutzt werden, und
- Verkehrsgeltung haben.

Überprüfung: Zeichen im Sinne des § 5 Abs. 2 MarkenG sind solche, die der Kennzeichnung von Geschäftsbetrieben dienen, im Gegensatz zu den Marken, die zur Unterscheidung von Waren und Dienstleistungen bestimmt sind. Die abstrakte Idee der Kurswette ist nicht zur Individualisierung des Unternehmens geeignet. Sie fungiert weder als Name, noch als Firma, noch als besondere Geschäftsbezeichnung, noch als Geschäftsabzeichen oder als sonstiges Unterscheidungskennzeichen.

Ergebnis: Somit scheidet Rechtsschutz als Unternehmenskennzeichen schon aus materiellen Gründen aus; aber auch unter formellen Gesichtspunkten, denn man kann sich dieses Unternehmenskennzeichen nicht schützen lassen. Es ist nicht eintragbar.

6. Entscheidungsgrundlage: Schließlich könnte im vorliegenden Falle noch ein urheberrechtlicher Schutz für die Geschäftsidee des F in Betracht kommen. Das Urheberrecht wird nicht in einem besonderen Verfahren von einer Behörde erteilt. Es entsteht vielmehr kraft gesetzlicher Anordnung, wenn die materiellen Kriterien der §§ 1, 2 f. UrhG erfüllt sind.

Voraussetzungen: Nach § 1 und § 2 Abs. 2 UrhG genießen auf dem Gebiet der Literatur, Wissenschaft und Kunst urheberrechtlichen Schutz:

- Werke,
- die auf einer persönlichen geistigen Schöpfung beruhen.

Überprüfung: Eine persönliche geistige Schöpfung i.S.v. § 2 Abs. 2 UrhG setzt ein hohes Maß an Individualität und Originalität voraus (sog. Schöpfungshöhe). Eine alltägliche Leistung wäre nicht ausreichend. Dabei wird verlangt, dass sich die schöpferische Leistung in einer für Dritte sinnlich wahrnehmbaren Formgestaltung niederschlägt. An dieser Konkretisierung fehlt es indessen bei der abstrakten Idee des F, Kurswetten für Kryptowährungen zu vermarkten.

Ergebnis: F könnte auch kein Urheberrecht an seiner Geschäftsidee erwerben. Außerdem können Urheberrechte nicht in einem förmlichen Verfahren erteilt werden.

Gesamtergebnis: Die Geschäftsidee des F ist rechtlich nicht schützbar und kann infolgedessen auch von anderen Finanzdienstleistern nachgeahmt werden.

Fall 49 Die Eintragung einer Marke

Der Spirituosen-Hersteller H beliefert die Supermarktketten *Penny Markt* und *Plus* mit Whiskys, die aus verschiedenen Sorten verschnitten sind, eine dreijährige Reifungszeit in 700-Liter-Fässern hinter sich haben und für 8,– bis 10,– € je 0,7 Liter-Flasche angeboten werden. Eines Tages entschließt sich H, zwei neue Whisky-Kreationen auf den Markt zu bringen und diese mit *„Premium"* bzw. *„Maybach"* zu bezeichnen. Weiterhin plant H, einen dritten Whisky unter der Bezeichnung *„Bibine"* anzubieten. H hat alle drei Wortzeichen beim Deutschen Patent- und Markenamt in München vorschriftsmäßig angemeldet.

Frage 1: Haben diese Anmeldungen Aussicht auf Eintragung ins Markenregister?

Frage 2: H will für das Wortzeichen *„Bibine"* in verschiedensten Staaten, international und europäisch, Markenschutz erlangen. Welche Möglichkeiten gäbe es hierfür theoretisch?

Lösung Frage 1:

Entscheidungsgrundlage: Ein beim Deutschen Patent- und Markenamt eingegangener Antrag auf Eintragung einer Marke wird nach §§ 36, 37 MarkenG unter vier Aspekten geprüft.

Voraussetzungen: Erforderlich ist, dass

- die Anmeldung die formellen Voraussetzungen des § 36 MarkenG erfüllt
- die Anmeldung den gesetzlichen Anforderungen des § 3 MarkenG entspricht, also dass der Anmelder der Marke
  - ein Zeichen anmeldet,
  - das geeignet ist, Waren von denjenigen eines anderen Unternehmens zu unterscheiden
- keine absoluten Schutzhindernisse nach § 8 MarkenG vorliegen und
- keine notorisch bekannten Marken nach § 10 MarkenG entgegenstehen.

Überprüfung: H hat die drei Anmeldungen vorschriftsmäßig durchgeführt. Die verfahrensrechtlichen Anforderungen des § 36 MarkenG sind also erfüllt.

Auch die Voraussetzungen des § 3 MarkenG liegen vor. Danach können alle Zeichen als Marken geschützt werden, die grundsätzlich geeignet sind, Waren oder Dienstleistungen eines Unternehmens von denjenigen anderer Unternehmen zu unterscheiden. Hierunter fallen insbesondere Wörter, also auch die Wortzeichen *„Premium"*, *„Maybach"* und *„Bibine"*. Diese Bezeichnungen sind generell geeignet, die Whiskys des H von Spirituosen anderer Unternehmen zu unterscheiden.

Nach § 8 Abs. 2 Nr. 1 MarkenG sind von der Eintragung solche Marken ausgeschlossen, denen für die betreffenden Waren oder Dienstleistungen jegliche Unterscheidungskraft fehlt. Weiterhin sind nach § 8 Abs. 2 Nr. 2 MarkenG von der Eintragung Marken ausgeschlossen, die lediglich aus Angaben bestehen, die zur Bezeichnung der Beschaffenheit oder sonstiger Merkmale der Waren oder Dienstleistungen dienen. Solche Angaben sind freihaltebedürftig, weil die Wettbewerber ein berechtigtes Interesse an der freien Benutzung dieser Begriffe haben. Schließlich sind Bezeichnungen von der Eintragung ausgeschlossen, die geeignet sind, das Publikum über die Art und die Beschaffenheit von Waren oder Dienstleistungen zu täuschen (§ 8 Abs. 2 Nr. 4 MarkenG).

Die Bezeichnung *„Premium"* wird in der Werbung geradezu inflationär verwendet, um die besondere Güte eines Produktes anzupreisen. Sie besitzt keinen echten Phantasiegehalt und ist nicht geeignet, die Whiskys von H von denjenigen anderer Anbieter zu unterscheiden. *„Premium"* ist außerdem eine unmittelbar produktmerkmalsbeschreibende Bezeichnung an der ein Freihaltungsbedürfnis zugunsten der Wettbewerber besteht. Die Bezeichnung verstößt daher gegen § 8 Abs. 2 Nrn. 1 und 2 MarkenG.

Die Bezeichnungen *„Premium"* und *„Maybach"* stehen außerdem für besonders hochwertige Produkte bzw. für Waren aus dem Luxussegment. Davon kann bei einem verschnittenen Whisky mit kurzer Reifungszeit, der in der untersten Preisklasse in Discountern angeboten wird, nicht die Rede sein. Die beiden Bezeichnungen sind damit täuschend i.S.v. § 8 Abs. 2 Nr. 4 MarkenG.

Die Bezeichnung *„Maybach"* ist außerdem identisch mit der gleichnamigen Luxusautomobilmarke, die eine notorisch bekannte Marke mit älterem Zeitrang darstellt. Der Eintragung steht deshalb das Schutzhindernis des § 10 Abs. 1 MarkenG entgegen.

Für das dritte von H angemeldete Wortzeichen *„Bibine"* bestehen demgegenüber keine Eintragungshindernisse.

Ergebnis: Da die Bezeichnungen *„Premium"* bzw. *„Maybach"* gem. § 8 Abs. 2 Nrn. 1, 2 und 4 bzw. § 10 Abs. 1 MarkenG von der Eintragung ausgeschlossen sind, wird das Deutsche Patent- und Markenamt beide Anmeldungen gem. § 37 Abs. 1 MarkenG zurückweisen. Die angemeldete Marke *„Bibine"* wird dagegen in das Register eingetragen und veröffentlicht (§ 41 MarkenG), da alle Rechtsvoraussetzungen der §§ 36 und 37 MarkenG vorliegen.

Lösung Frage 2:

Da sich die Frage lediglich auf die grundsätzlichen Möglichkeiten eines internationalen und europäischen Markenschutzes bezieht, ist das übliche Aufbauschema, Voraussetzungen und deren Überprüfung im Einzelnen, hier nicht anwendbar.

1. Möglichkeit

H kann *„Bibine"* in all den Staaten, in denen er Markenschutz begehrt, jeweils einzeln anmelden. Sind diese Länder Mitglieder der Pariser Verbandsübereinkunft zum Schutz des gewerblichen Eigentums (PVÜ) – davon ist hier wohl auszugehen, weil über 170 Staaten diesen völkerrechtlichen Vertrag unterzeichnet haben –, so ist nach dem Prinzip der Inländerbehandlung (Art. 2 PVÜ) H dort so zu behandeln wie die jeweiligen eigenen Staatsangehörigen, da auch Deutschland PVÜ-Mitglied ist.

Dies bedeutet, dass der Antrag des H auf Markenerteilung sowie die weiteren formellen und materiellen Voraussetzungen, die zur Erlangung der Marke erforderlich sind, in den einzelnen Staaten nach jeweiligem nationalen Recht geprüft werden.

Soweit hiernach *„Bibine"* in den betreffenden Drittstaaten als Marke akzeptiert wird, genießt sie dort Rechtsschutz nach dem jeweiligen nationalen Recht. Sie wirkt dort also wie die Marke eines eigenen Staatsangehörigen.

Für H wäre dieses Verfahren der Einzelanmeldungen recht unerquicklich, denn es ist schwierig, langwierig, kostspielig und wegen der verschiedenen Rechtsordnungen mit Unsicherheitsfaktoren behaftet.

2. Möglichkeit

Ein vereinfachtes Verfahren ermöglichen das Madrider Markenabkommen über die internationale Registrierung von Marken (MMA) und das Protokoll zum Madrider Abkommen über die internationale Registrierung von Marken (PMMA), zu deren Mitgliedern Deutschland und über weitere 160 Staaten gehören. Sollten einige der Länder, in denen H für *„Bibine“* Markenschutz begehrt, nicht dem MMA bzw. PMMA angehören, so besteht in Bezug auf diese allein der Weg der eben dargestellten Einzelanmeldungen. Für die MMA/PMMA-Mitglieder hingegen kann durch eine einzige Registrierung beim Internationalen Büro der Weltorganisation für geistiges Eigentum, der WIPO (World Intellectual Property Organization) in Genf, einer Sonderorganisation der UNO, der gewünschte Markenschutz entstehen.

Hier ergibt sich folgender Weg: H stellt den Antrag auf internationale Registrierung von *„Bibine“* beim DPMA in München unter Benennung der Länder (§ 108 MarkenG), in denen Markenschutz begehrt wird, nachdem dieses Zeichen in die deutsche Markenrolle eingetragen worden ist.

Nach Weiterleitung an das Internationale Büro der WIPO in Genf wird dort die Marke ohne weitere Prüfung international registriert und im Blatt „Gazette des marques internationales“ veröffentlicht. Damit ist der von H erwünschte Rechtsschutz grundsätzlich erreicht. Nachdem das Internationale Büro die Drittstaaten, in denen von H IR-Markenschutz begehrt wird, informiert hat, wird dort geprüft, ob *„Bibine“* den eigenen nationalstaatlichen Markenvorschriften entspricht. Wird dies verneint, so wird der Schutz – wie bei eigenen Staatsangehörigen auch – verweigert.

Erfolgt keine Schutzrechtsverweigerung, so genießt *„Bibine“* die gleiche Rechtswirkung wie eine im jeweiligen Drittstaat national erteilte Marke, d.h. sie wirkt dort in den jeweiligen nationalen Grenzen nach jeweils nationalem Recht.

3. Möglichkeit

H kann *„Bibine“* auch als europäische Unionsmarke anmelden. Rechtsgrundlage hierfür ist die Unionsmarkenverordnung der EU vom 23.3.2016, die der Gemeinschaftsmarkenverordnung aus dem Jahr 1993 nachfolgte.

Dabei ist folgender Weg zu beschreiten: H stellt den Antrag, *„Bibine“* als Unionsmarke einzutragen beim Amt der Europäischen Union für Geistiges Eigentum (Marken, Muster und Modelle) in Alicante/Spanien (Unionsamt). Von H als Deutschem kann der Antrag auch beim DPMA in München gestellt werden, welches den Antrag zum Unionsamt weiterleitet. Dort kann für *„Bibine“* durch ein einziges Eintragungsverfahren für das gesamte Gebiet der EU Markenschutz erlangt werden.

Ist *„Bibine“* als Unionsmarke eingetragen, so besteht einheitliche Wirkung für das gesamte Gebiet der EU (Art. 1 II UnionsmarkenVO). Im Gegensatz zu den IR-Marken, bei denen jeweils nationales Recht gilt, ist bei der Unionsmarke europäisches Recht anzuwenden, nämlich die UnionsmarkenVO. Dabei ist noch anzumerken, dass das Unionsmarkenrecht die nationalen Markenrechte nicht ersetzt, sondern neben sie tritt.

4. Möglichkeit

Schließlich kann H auch für den Fall, dass für *„Bibine"* die Erteilung als Unionsmarke erfolgt ist, beim Unionsamt in Alicante IR-Markenschutz für bestimmte Staaten außerhalb der EU beantragen. Das Verfahren entspricht dann dem der international registrierten Marken über das DPMA, das unter der 2. Möglichkeit dargestellt ist.

Fall 50 Die Verletzung einer Marke

K ist Inhaber der deutschen Wortmarke *„Sido"* die im Markenregister für *„Seifen"* und *„Parfümeriewaren"* geschützt ist. Die Marke wurde 2014 in das Markenregister eingetragen, aber wegen einer Produktionsumstellung seit dem Jahr 2015 nur noch für Desinfektionsmittel genutzt.

Im März 2023 erhält K Kenntnis davon, dass vor einigen Tagen für das Unternehmen B eine kurz zuvor angemeldete Wortmarke *„Sidol ultra"* ins Markenregister eingetragen wurde. Die neue Marke soll Schutz genießen für die Waren *„Mittel zur Körper- und Schönheitspflege"*, *„Haarwässer"* und *„Zahnputzmittel"*.

K ist der Auffassung, dass durch die Neueintragung seine Rechte an der älteren Marke *„Sido"* verletzt werden.

Frage 1: Welche Maßnahmen kann K ergreifen, um die Eintragung der neuen Marke *„Sidol ultra"* wieder rückgängig zu machen und wie müsste K die Maßnahmen rechtlich begründen?

Frage 2: Wie könnte sich B gegen die Maßnahmen wirksam verteidigen?

Frage 3: Wie könnte K die Benutzung der Marke *„Sidol ultra"* durch B zu geschäftlichen Zwecken unterbinden?

Lösung Frage 1:

Entscheidungsgrundlage: Es gibt für K zwei Möglichkeiten, die Löschung der Marke *„Sidol ultra"* aus dem Markenregister durchzusetzen. Er kann zum einen gem. § 42 Abs. 1 MarkenG binnen einer Frist von drei Monaten nach der Veröffentlichung der Eintragung der jüngeren Marke Widerspruch hiergegen beim DPMA einlegen oder gemäß den §§ 51, 55 MarkenG vor dem zuständigen ordentlichen Gericht Klage auf Nichtigerklärung der jüngeren Marke erheben. In beiden Fällen muss sich K auf das relative Schutzhindernis des § 9 Abs. 1 Nr. 2 MarkenG stützen.

Voraussetzungen: Nach § 9 Abs. 1 Nr. 2 MarkenG müssen drei Merkmale erfüllt sein, nämlich

- Identität oder Ähnlichkeit der gegenüberstehenden Zeichen
- Identität oder Ähnlichkeit der gegenüberstehenden Waren oder Dienstleistungen
- Gefahr von Verwechslungen der gegenüberstehenden Marken durch das Publikum.

Überprüfung: Grundsätzlich ist bei einem Vergleich von Marken auf den Gesamteindruck der gegenüberstehenden Zeichen abzustellen. Die beiden gegenüberstehenden Zeichen unterscheiden sich nach dem Gesamteindruck, weil die prioritätsältere Marke des K *„Sido"* aus einem Wort und die neu eingetragene Marke des B *„Sidol ultra"* aus zwei Worten besteht. Zu beachten ist jedoch, dass es sich bei dem Element *„ultra"* nur um einen beschreibenden Zusatz ohne eigene Kennzeichnungskraft handelt und allein der Bestandteil *„Sidol"* für den Gesamteindruck der jüngeren Marke prägend ist. Dementsprechend sind im vorliegenden Falle die Zeichen *„Sido" und „Sidol"* einander gegenüberzustellen. Beide Wortzeichen unterscheiden sich nur durch das „l" am Wortende der jüngeren Marke, das bei flüchtiger Aussprache leicht verschluckt werden kann. Aufgrund der gleichen Silbenzahl und der gleichen Vokalfolge besteht eine starke phonetische Ähnlichkeit zwischen den beiden Zeichen. Beide Marken enthalten zudem den

Bestandteil „sid“, der auf „Tenside“ bzw. „Seifen“ hinweist, so dass auch eine assoziative Ähnlichkeit zwischen den gegenüberstehenden Zeichen gegeben ist. Es kann somit festgehalten werden, dass zwischen der älteren Marke des K *„Sido“* und der jüngeren Marke des B *„Sidol ultra“* eine starke Ähnlichkeit besteht.

Nach der vom BGH entwickelten Wechselwirkungstheorie müssen, wenn sich die zu vergleichenden Zeichen sehr nahe kommen, die für die gegenüberstehenden Marken geschützten Waren einen großen Abstand zueinander aufweisen. Dies ist indessen nicht der Fall, da es sich sowohl bei den für die ältere Marke *„Sido“* geschützten Waren (Seifen, Parfümeriewaren) als auch bei den für die jüngere Marke *„Sidol ultra“* geschützten Waren (Mittel zur Körper- und Schönheitspflege, Haarwässer, Zahnputzmittel) um Kosmetikartikel bzw. Pflegeprodukte handelt, die sich an dieselbe Zielgruppe richten und in den denselben Geschäften, nämlich Drogeriemärkten, angeboten werden. Demnach besteht auch in Bezug auf die Waren eine ausgeprägte Ähnlichkeit.

Aufgrund der starken Zeichen- und Warenähnlichkeit besteht im vorliegenden Falle die naheliegende Gefahr, dass ein relevanter Teil der angesprochenen Verkehrskreise die beiden gegenüberstehenden Marken miteinander verwechseln oder diese jedenfalls gedanklich miteinander in Verbindung bringen könnte.

Ergebnis: Auf den Widerspruch oder die Nichtigkeitsklage des K hin müsste die jüngere Marke des B *„Sidol ultra“* vom DPMA nachträglich wieder aus dem Markenregister gelöscht werden.

Lösung Frage 2:

Entscheidungsgrundlage: Gegen den Angriff des Inhabers einer prioritätsälteren Marke steht dem Inhaber der jüngeren Marke ein probates Verteidigungsmittel zur Verfügung, das in § 43 Abs. 1 MarkenG geregelt ist, nämlich die *Einrede der Nichtbenutzung*. Wird in einem Widerspruchsverfahren vor dem DPMA oder einem Nichtigkeitsverfahren vor dem ordentlichen Gericht diese Einrede erhoben, muss der Inhaber der älteren Marke nachweisen, dass er seine Marke innerhalb der letzten fünf Jahre vor der Anmeldung der jüngeren Marke in der eingetragenen Form für die eingetragenen Waren und Dienstleistungen ernsthaft i.S.v. § 26 MarkenG benutzt hat.

Voraussetzungen: Wenn B die Einrede der Nichtbenutzung erhebt, muss K folgende Tatsachen glaubhaft machen:

- Verwendung der älteren Marke im Inland durch den Inhaber oder mit Zustimmung des Inhabers
- innerhalb der letzten 5 Jahre vor Anmeldung des jüngeren Zeichens
- in der eingetragenen Form
- für die eingetragenen Waren bzw. Dienstleistungen
- ernsthaft, d.h. in relevantem Umfang.

Überprüfung: Nach dem Sachverhalt hat K seine Wortmarke *„Sido“* für die eingetragenen Waren *„Mittel zur Körper- und Schönheitspflege“*, *„Haarwässer“* und *„Zahnputzmittel“* länger als 5 Jahre vor dem Anmeldezeitpunkt der jüngeren Marke *„Sidol ultra“* nicht mehr benutzt, weil er seine Produktion auf Desinfektionsmittel umgestellt hat. Wenn B die Einrede der Nichtbenutzung erhebt, wird der Widerspruch bzw. die Klage des K gegen die Eintragung der Marke *„Sidol ultra"* folglich zurückgewiesen.

Ergebnis: B sollte sich gegen den Angriff des K dadurch verteidigen, dass er die Einrede der Nichtbenutzung erhebt.

Lösung Frage 3:

Entscheidungsgrundlage: Um die Benutzung des jüngeren Zeichens *„Sidol ultra"* unterbinden zu können, müsste K einen Unterlassungsanspruch gegen B haben. Der Unterlassungsanspruch ist in § 14 Abs. 2 und Abs. 5 MarkenG geregelt.

Voraussetzungen: Für den Unterlassungsanspruch müssen folgende Tatbestandsmerkmale erfüllt sein:

- Anspruchsteller ist Inhaber einer prioritätsälteren Marke
- Handeln des Anspruchsgegners im geschäftlichen Verkehr
- kennzeichenmäßige Benutzung des Zeichens durch den Anspruchsgegner
- Vorliegen der Voraussetzungen des § 14 Abs. 2 Nr. 1, 2 oder 3 MarkenG
- kein Ausschluss des Anspruchs gemäß den §§ 20 bis 26 MarkenG.

Überprüfung: Nach dem Sachverhalt genießt die Wortmarke des K *„Sido"* Priorität gegenüber der jüngeren Marke des B *„Sidol ultra"*.

Es kann unterstellt werden, dass B mit der Kennzeichnung seiner Drogeriewaren mit dem Zeichen *„Sidol ultra"* geschäftliche Zwecke verfolgt.

Die Voraussetzungen des § 14 Abs. 2 MarkenG entsprechen den Voraussetzungen des § 9 Abs. 1 MarkenG. Beide Vorschriften haben den identischen Wortlaut. Im vorliegenden Falle greift § 14 Abs. 2 Nr. 2 MarkenG, weil sowohl die gegenüberstehenden Zeichen als auch die gegenüberstehenden Waren eine große Ähnlichkeit aufweisen und hierdurch für das Publikum die Gefahr von Verwechslungen begründet ist (vgl. die Lösung der Aufgabe 2).

Gründe, die zur Ausschließung des Unterlassungsanspruchs führen können (§§ 20 bis 26 MarkenG), sind nicht ersichtlich.

Ergebnis: K kann von B die Unterlassung der weiteren Benutzung des Zeichens *„Sidol ultra"* verlangen und diese ggf. mit gerichtlicher Hilfe (einstweilige Verfügung, Unterlassungsklage) rechtlich durchsetzen.

Fall 51 Werbung mit einer Auszeichnung

Die Brauerei B vertreibt u.a. ein Pils unter der Marke „ST“. Vor kurzem nahm B mit diesem Pils an der Qualitätsprüfung der Deutschen Landwirtschaftsgesellschaft (DLG) teil und wurde zusammen mit 51 anderen Teilnehmern mit dem „Großen Preis“ ausgezeichnet. Daraufhin warb B wie folgt in allen größeren Tageszeitungen:

„Bier-Oscar für ST-Pils!

Höchste Auszeichnung für ST-Pils. ST-Pils erhielt kürzlich die höchste Auszeichnung, die in Deutschland für ein Bier verliehen wird, den großen DLG-Preis – oder den Bier-Oscar – wie man auch sagen könnte ... ST-Pils hat sich gestellt und Gold gewonnen!“

Die „Verbraucherzentrale Bundesverband e.V.“ in Berlin (vzbv) klagt nach erfolgloser außergerichtlicher Korrespondenz (Abmahnung) gegen B auf Unterlassung der betreffenden Werbung.

Frage 1: Ist X überhaupt zur Klageerhebung berechtigt?
Frage 2: Wie wird das Gericht entscheiden?

Lösung Frage 1:

Entscheidungsgrundlage: Die Klagebefugnis (*„Aktivlegitimation“*) der vzbv könnte sich aus § 8 Abs. 3 Nr. 3 UWG ergeben.

Voraussetzungen: Hiernach kann ein Anspruch auf Unterlassung u.a. geltend gemacht werden durch

- eine qualifizierte Einrichtung zum Schutz von Verbraucherinteressen,
- die in die Liste qualifizierter Einrichtungen nach § 4 des Unterlassungsklagengesetzes oder in das von der Europäischen Kommission geführte Verzeichnis qualifizierter Einrichtungen aus anderen Mitgliedstaaten der EU eingetragen ist.

Überprüfung: Die vzbv ist als qualifizierte Einrichtung der Verbraucherberatung, Verbraucheraufklärung und Bekämpfung unlauteren Wettbewerbs anerkannt. Zu ihren Mitgliedern zählen die wichtigsten verbraucherpolitischen Institutionen in Deutschland, wie etwa die Verbraucherzentralen der 16 Bundesländer sowie mehr als 25 große Verbraucherverbände. Große Bekanntheit hat die vzbv durch die Erhebung der Musterfeststellungsklage gegen die Volkswagen AG mit mehr als 400.000 Klägern im Jahr 2018 erlangt.

Die vzbv wird problemlos nachweisen können, dass sie in die Liste qualifizierter Einrichtungen nach § 4 des Unterlassungsklagengesetzes eingetragen ist.

Ergebnis: Die vzbv ist somit zur Klage gegen B befugt.

Lösung Frage 2:

Entscheidungsgrundlage: Ob das Gericht einen Wettbewerbsverstoß annimmt, beurteilt sich anhand von § 3 Abs. 1 UWG, der Grundlage für einen Anspruch auf Unterlassung ist (§ 8 Abs. 1 UWG). § 3 Abs. 1 UWG erklärt unlautere geschäftliche Handlungen für unzulässig.

Die Unlauterkeit ist hier unter dem Aspekt der Irreführung zu prüfen. Nach § 5 Abs. 1 UWG handelt derjenige unlauter, der eine irreführende geschäftliche Handlung vornimmt, die geeignet ist, den Verbraucher zu einer geschäftlichen Entscheidung zu veranlassen, die er andernfalls nicht getroffen hätte (§ 5 Abs. 2 Satz 1 UWG).

Voraussetzungen: Die §§ 3 Abs. 1 und 5 UWG erfordern:

- geschäftliche Handlung
- Angaben
- Irreführung
- Eignung zur positiven Beeinflussung der Marktentschließung.

Überprüfung: Die Bierwerbung des B ist eine geschäftliche Handlung. Sie hängt mit der Förderung des Bierabsatzes von B zusammen (§ 2 Abs. 1 Nr. 2 UWG).

Gegenstand der irreführenden geschäftlichen Handlung sind Angaben (§ 5 Abs. 2 Satz 1 UWG). Angaben sind nachprüfbare Aussagen, die einen Tatsachenkern aufweisen. Dies ist bei einer Aussage über einen „Großen Preis" im Rahmen einer Prämierung der Fall. Ob jemandem ein derartiger Preis verliehen wurde oder nicht, ist eine nachprüfbare Tatsache. Es handelt sich hier um eine Angabe über Auszeichnungen (§ 5 Abs. 2 Nr. 3 UWG).

Das Hauptproblem liegt beim Merkmal der Irreführung. Eine solche liegt vor, wenn zwischen der Vorstellung der Umworbenen einerseits und der Realität andererseits eine Diskrepanz besteht. Beim Feststellen der Vorstellung der Umworbenen ist zunächst zu fragen, um welche Zielgruppe es sich handelt, wobei die Gerichte insbesondere zwischen Fachkreisen und dem breiten Publikum, also der Allgemeinheit, unterscheiden. Als Konsumgüterwerbung richtet sich die Getränkewerbung an die Allgemeinheit. Beurteilungsmaßstab für diese ist die Betrachtungsweise eines *durchschnittlich informierten, aufmerksamen und verständigen Verbrauchers* (sog. Verbraucherleitbild). Ein nicht unbeträchtlicher Teil dieser Verbraucher wird aus den Formulierungen *„höchste Auszeichnung für ST", „Bier-Oscar für ST", „ST hat Gold gewonnen"* den Schluss ziehen, ST habe als alleiniger Preisträger einen einmaligen, d.h. äußerst hochrangigen Preis gewonnen. Dies ergibt sich zum einen aus dem Begriff „Oscar". Ein solcher wird in der Regel nur einmal verliehen, nämlich an den besten Film, den besten Regisseur, Schauspieler, Kameramann/-frau usw. Der Schluss folgt zum anderen aus der Formulierung „Gold gewonnen", einer Bezeichnung aus der Welt des Sports. Bei sportlichen Veranstaltungen geht in jeder Disziplin in aller Regel nur eine Person als Sieger oder Siegerin hervor. Dementsprechend gibt es nur eine Goldmedaille. Aus alledem wird ein nicht unbeträchtlicher Teil der umworbenen Zielgruppe bei dieser Bierwerbung auf eine Alleinstellung von ST-Pils schließen. Die Realität hingegen sieht ganz anders aus: B ist mit seinem ST-Pils nicht alleiniger Preisträger. Vielmehr wurde der DLG-Preis an 52 Brauereien in ganz Deutschland verliehen. B ist also nur einer von vielen. Damit liegt eine Diskrepanz zwischen der Vorstellung des Umworbenen und der Realität vor. Eine derartige missverständliche Werbung gilt nach der Rechtsprechung als irreführend.

Die irreführende Angabe, das ST-Pils sei von dritter Seite mit einem hochrangigen Preis ausgezeichnet worden, ist geeignet, die angesprochenen Verbraucher zum Kauf dieses Biers zu motivieren.

Die Tatbestandsvoraussetzungen der §§ 3 Abs. 1 und 5 Abs. 1 UWG sind somit erfüllt.

Ergebnis: Das Gericht wird der Unterlassungsklage der Verbraucherzentrale Bundesverband e.V. gegen B stattgeben.

Fall 52 Ein aufregender Duft

Der recht junge, am Markt noch nicht eingeführte Parfumhersteller A wirbt:

„Unser A-Parfum riecht viel aufregender als der Duft Havanna".

Havanna, ein Produkt des Kosmetikherstellers X, der zu den führenden Unternehmen in der Branche gehört, ist ein sehr bekanntes und renommiertes Parfum für Frauen.

X hat gegen diese Werbung wettbewerbsrechtliche Bedenken.

Frage: Sind diese Bedenken berechtigt?

Lösung:

Entscheidungsgrundlage: Die wettbewerbsrechtlichen Bedenken des X beurteilen sich nach § 3 Abs. 1 UWG. Die Unlauterkeit könnte sich dabei aus dem Vorliegen eines unzulässigen Werbevergleichs gem. § 6 UWG ergeben.

Voraussetzungen: Die §§ 3 Abs. 1 und 6 UWG setzen Folgendes voraus:

- geschäftliche Handlung
- vergleichende Werbung
- Verstoß gegen einen Verbotstatbestand des § 6 Abs. 2 UWG.

Überprüfung: Die Werbung des A ist eine geschäftliche Handlung. Sie soll den Absatz seines Parfums fördern (§ 2 Abs. 1 Nr. 2 UWG).

§ 6 Abs. 1 UWG definiert *vergleichende Werbung* als eine Werbung, die unmittelbar oder mittelbar einen Mitbewerber (§ 2 Abs. 1 Nr. 4 UWG) oder dessen Erzeugnisse erkennbar macht.

Das Vorliegen einer vergleichenden Werbung kann hier problemlos bejaht werden. Dadurch, dass A das von X hergestellte Produkt *Havanna* ausdrücklich nennt, ist das Merkmal der unmittelbaren Erkennbarkeit erfüllt.

Vergleichende Werbung ist nach § 6 Abs. 1 UWG grundsätzlich zulässig, wie sich aus dem Umkehrschluss aus § 6 Abs. 2 UWG ergibt.

Ein Werbevergleich verstößt jedoch dann gegen die Lauterkeit, wenn ein Tatbestand des umfangreichen Ausnahmekataloges des § 6 Abs. 2 UWG erfüllt ist. Dies gilt es, in Bezug auf die Parfum-Werbung des A zu prüfen.

§ 6 Abs. 2 Nr. 2 UWG erfordert, neben anderen Merkmalen, dass die Produkteigenschaften, die in der Werbung verglichen werden, *objektiv nachprüfbar* sind. Nachprüfbar sind lediglich Tatsachen. Nur diese können Grundlage einer sachlichen vergleichenden Gegenüberstellung sein. Das bedeutet, dass eine vergleichende Werbung, die ein reines Werturteil zum Gegenstand hat, unzulässig ist. Dies ist hier jedoch der Fall. Die Werbeaussage, dass der A-Duft aufregender sei als der von *Havanna*, bezieht sich auf subjektive Empfindungen und Einschätzungen. Da also das Merkmal der Nachprüfbarkeit nicht erfüllt ist, ist die Werbung von A schon allein aus diesem Grund unlauter.

Es ist außerdem Unlauterkeit nach § 6 Abs. 2 Nr. 4 UWG gegeben, da sich A in seiner Werbung für sein neu auf den Markt gebrachtes A-Parfum ganz bewusst an das in einschlägigen Verkehrskreisen höchst bekannte und renommierte Parfum des X *Havanna* anlehnt, von dessen Image schmarotzt und damit dessen Wertschätzung in unlauterer Weise ausnutzt.

Ergebnis: Die wettbewerbsrechtlichen Bedenken des X sind also berechtigt. Ein Vorgehen gegen A wird Erfolg haben.

Fall 53 Die kostenlose Haartönung

H, ein Hersteller von Haarpflegeprodukten, wirbt seit kurzem in Frauenzeitschriften mit Gutscheinen für seine Haartönungen. Gegen Vorlage eines Gutscheins erhalten Frauen in einer bestimmten Frisörkette eine kostenlose Probetönung und werden bei dieser Gelegenheit von Verkaufsmitarbeitern des H über dessen Produkte beraten.

Wie ist das neue Geschäftsmodell des H wettbewerbsrechtlich zu beurteilen?

Lösung:

Entscheidungsgrundlage: Ob das neue Geschäftsmodell des H wettbewerbsrechtlich zu beanstanden ist, beurteilt sich nach den §§ 3 Abs. 1, 4a UWG.

Voraussetzungen: Die §§ 3 Abs. 1, 4a UWG erfordern:
- geschäftliche Handlung
- Beeinträchtigung der Entscheidungsfreiheit des Verbrauchers
- durch die Mittel der Belästigung, Nötigung oder unzulässigen Beeinflussung.

Überprüfung: Die Ausgabe der Gutscheine durch H bezweckt die Förderung seines Warenabsatzes und ist somit eine geschäftliche Handlung (§ 2 Abs. 1 Nr. 2 UWG).

Die Unlauterkeit könnte sich aus § 4a UWG ergeben, der „aggressive geschäftliche Handlungen" verbietet. Eine geschäftliche Handlung gilt als aggressiv, wenn sie im konkreten Einzelfall geeignet ist, die Entscheidungsfreiheit des Verbrauchers (§ 13 BGB) erheblich zu beeinträchtigen. Als Mittel zur Beeinträchtigung kommt im vorliegenden Fall eine „unzulässige Beeinflussung" in Betracht. Eine solche liegt u.a. vor, wenn der Unternehmer eine gewisse Machtposition ausnutzt, um psychischen Druck auf den Verbraucher auszuüben (§ 4a Abs. 1 Satz 3 UWG). Der Druck muss dabei so stark sein, dass die Urteilsfähigkeit des Verbrauchers eingeschränkt wird mit der Folge, dass er zu einer geschäftlichen Entscheidung veranlasst wird, die er ansonsten nicht getroffen hätte.

Ein Unterfall der unzulässigen Beeinflussung stellt der „psychologische" bzw. „moralische Kaufzwang" dar. Ein solcher liegt vor, wenn der Unternehmer den Verbraucher durch eine unentgeltliche Zuwendung in eine Situation bringt, in der dieser eine Ware kauft oder eine kostenpflichtige Dienstleistung in Anspruch nimmt, um einer für ihn peinlichen Situation zu entgehen und nicht als undankbar zu erscheinen. Der Verbraucher wird also moralisch unter Druck gesetzt. Wesentlich für die Beurteilung der Unlauterkeit sind dabei insbesondere die Intensität des persönlichen Kontaktes und der Wert der Zuwendung für den Verbraucher.

Normalerweise ist eine Haartönung bei einem Frisör nur gegen ein nicht unerhebliches Entgelt zu bekommen. H nutzt die Zeitspanne, die die Tönung in Anspruch nimmt, gezielt dazu aus, die Kundinnen in ein Verkaufsgespräch zu verwickeln und seine Produkte zu propagieren. Durch die individuelle Bedienung und die persönliche Ansprache entsteht ein intensiver Kontakt zwischen dem Frisör und dem Verkaufspersonal des H auf der einen Seite und der Kundin auf der anderen Seite. Hierdurch wird die Kundin fast schon genötigt, aus Dankbarkeit für die kostenlose Haartönung ein Produkt aus dem

Hause des H zu kaufen. Ihre Entscheidungsfreiheit ist somit ganz erheblich beeinträchtigt. Das Vorliegen einer unzulässigen Beeinflussung durch psychologischen bzw. moralischen Kaufzwang muss daher bejaht werden.

Ergebnis: Die Werbemaßnahme des H stellt eine aggressive geschäftliche Handlung dar und ist deshalb wettbewerbsrechtlich zu beanstanden.

Fall 54 Die unredliche Produktverpackung

Der Käsehersteller K vertreibt verschiedene Frischkäsesorten in 6 cm hohen Plastikbechern, die sich nach unten hin verjüngen und in ihrem Inneren eine 1 cm tiefe und 3,5 cm breite Einbuchtung aufweisen. Durch eine außen angebrachte, fest verklebte Banderole aus Karton werden die Verjüngung und die Einbuchtung des Behälters verdeckt. Die Füllmenge ist an der Seite des Bechers korrekt mit 125 g angegeben. Die Zentrale zur Bekämpfung unlauteren Wettbewerbs e.V. (Z) ist der Auffassung, dass die von K verwendete Produktverpackung einen größeren Inhalt vortäusche und deshalb wettbewerbswidrig sei. Ist diese Ansicht zutreffend?

Lösung:

Entscheidungsgrundlage: Z ist nach § 8 Abs. 3 Nr. 2 UWG als Wettbewerbsverband zur Geltendmachung von Wettbewerbsverstößen legitimiert. Für die Beurteilung, ob das Verhalten von K wettbewerbsrechtlich zu beanstanden ist, sind die §§ 3 Abs. 1, 3a UWG maßgeblich.

Voraussetzungen: Die §§ 3 Abs. 1, 3a UWG erfordern:

- geschäftliche Handlung
- Verletzung einer Norm mit marktbezogener Schutzfunktion
- Eignung zur spürbaren Beeinträchtigung der Interessen von Verbrauchern, sonstigen Marktteilnehmern oder Mitbewerbern.

Überprüfung: Die Verwendung der speziell gestalteten Plastikbecher erfolgt zur Förderung des Warenabsatzes von K und ist somit eine geschäftliche Handlung (§ 2 Abs. 1 Nr. 2 UWG).

Das Verhalten des K könnte als Rechtsbruch im Sinne von § 3a UWG zu qualifizieren sein. Nach dieser Vorschrift handelt unlauter, wer einer gesetzlichen Vorschrift zuwiderhandelt, die zumindest auch den Schutz der Interessen der Verbraucher, Mitbewerber und sonstigen Marktteilnehmer bezweckt. Der Gesetzesverstoß muss somit eine *Marktverhaltensregelung* betreffen, die einen Zusammenhang zum Absatz oder Bezug von Waren bzw. Dienstleistungen, zur Werbung oder zum Abschluss von Verträgen mit Kunden aufweist.

§ 3a UWG setzt nicht voraus, dass sich der Zuwiderhandelnde bewusst über die Gesetzesvorschrift hinweggesetzt hat, um sich einen Vorsprung vor der Konkurrenz zu verschaffen. Vielmehr genügt für die Erfüllung des Tatbestands ein objektiver Verstoß gegen eine Marktverhaltensregelung.

Im vorliegenden Falle hat K gegen § 43 Abs. 2 des Mess- und Eichgesetzes (MessEG) verstoßen. Danach ist es verboten, Fertigpackungen auf den Markt zu bringen, die so gestaltet sind, dass sie eine größere Füllmenge vortäuschen als in ihnen tatsächlich enthalten ist. Man spricht hier auch von „Mogelpackungen". Durch die fest verklebte Banderole werden die Verjüngung und die Einbuchtung des mit einer Höhe von 6 cm vergleichsweise groß erscheinenden Plastikbehälters gezielt verdeckt. Die Verbraucher, die bei geringwertigen Waren eine eher flüchtige Aufmerksamkeit an den Tag legen, werden deshalb die Vorstellung entwickeln, dass das Volumen und das Gewicht der Füllmenge dem äußeren Erscheinungsbild der Verpackung entsprechen. Tatsächlich ist in dem Plastikbecher aber eine deutlich geringere Menge Frischkäse enthalten als die Höhe der Verpackung vermuten lässt. Die an der Seite der Becher aufgedruckte Gewichtsangabe (125 g) vermag die Täuschung nicht zu beseitigen, da ein erheblicher Teil der Verbraucher beim Einkauf die Gewichtsangabe ignoriert und sich stattdessen von dem optischen Größeneindruck leiten lässt.

Die Vorschrift des § 43 Abs. 2 MessEG soll die Verbraucher davor schützen, dass ihnen durch eine entsprechende Verpackungsgestaltung ein größeres Warenvolumen vorgegaukelt wird. Es handelt sich somit um eine Marktverhaltensregelung im Sinne von § 3a UWG.

Die Verwendung von Mogelpackungen stellt keinen unerheblichen Bagatellverstoß dar, so dass eine spürbare Beeinträchtigung der Interessen der Verbraucher und auch der Mitbewerber bejaht werden muss.

Das Verhalten des K ist somit als Rechtsbruch (§ 3a UWG) anzusehen.

Daneben kommt auch ein Verstoß gegen § 5 Abs. 1 UWG in Betracht. Nach dieser Vorschrift handelt unlauter, wer eine irreführende geschäftliche Handlung vornimmt, die geeignet ist, den Verbraucher zu einer geschäftlichen Entscheidung zu veranlassen, die er andernfalls nicht getroffen hätte (siehe Fall 51).

Wie bereits festgestellt wurde, hat K durch die spezielle Gestaltung seiner Produktverpackung bei den Verbrauchern den Eindruck erweckt, dass sie Frischkäse in einer größeren Menge erwerben, als dies tatsächlich der Fall ist. Hierin ist eine zur Täuschung geeignete Angabe über die Menge der angebotenen Ware zu sehen (§ 5 Abs. 2 Nr. 1 UWG).

Es kann nicht ausgeschlossen werden, dass sich ein nicht unerheblicher Teil der Verbraucher aufgrund der eine größere Warenmenge vortäuschenden Produktverpackung zum Kauf der entsprechenden Frischkäseprodukte entschließt.

Somit liegt auch eine irreführende geschäftliche Handlung im Sinne von § 5 Abs. 1 UWG vor.

Ergebnis: Das Verhalten des K verstößt somit gleich in zweifacher Hinsicht gegen das Wettbewerbsrecht, so dass die Rechtsaufassung von Z zutreffend ist.

Fall 55 Das nachgemachte Steckelement

E stellt Kleinteile für die Elektroinstallation her. Zu seinem Sortiment gehören u.a. Befestigungselemente für Kunststoffrohre und Leitungen, die mittels einer speziellen Stecktechnik ohne weitere Hilfsmittel in einem Bohrloch verankert werden können. Die Verankerung erfolgt durch sogenannte Exzenterzähne, die für einen besonders sicheren Halt des Elements sorgen sollen. Wird Zug auf das Befestigungselement ausgeübt, drehen sich die Zähne nach außen und verkanten sich im Bohrloch. Diese einzigartige Technik war bis vor einigen Jahren durch ein Patent geschützt, das mittlerweile aber ausgelaufen ist. V, der früher Vertriebspartner von E gewesen war, bringt seit kurzem ebenfalls Steckelemente auf den Markt, die Exzenterzähne aufweisen und von der Formgebung, dem Material und der Farbe her denjenigen des E wie ein Ei dem anderen gleichen. Die Exzenterzähne sind nicht zwingend notwendig, um eine feste Verankerung des Steckelements zu erreichen. Andere Anbieter setzen auf andere Techniken. Die besondere Gestaltung der Steckelemente des E genießt in Fachkreisen aber eine große Bekanntheit und Wertschätzung.

E ist wegen der Nachahmung seiner Befestigungselemente sehr verärgert und möchte rechtlich gegen V vorgehen. Hätte eine Unterlassungsklage des E Aussicht auf Erfolg?

Lösung:

Entscheidungsgrundlage: Die Klagebefugnis des E folgt aus § 8 Abs. 3 Nr. 1 UWG, weil E mit Z in einem konkreten Wettbewerbsverhältnis steht und damit als Mitbewerber (§ 2 Abs. 1 Nr. 4 UWG) anzusehen ist. Die Unterlassungsklage des E hätte Aussicht auf Erfolg, wenn ein Wettbewerbsverstoß vorliegen würde. Ob das Verhalten von V wettbewerbsrechtlich zu beanstanden ist, richtet sich nach den §§ 3 Abs. 1, 4 Nr. 3 UWG.

Voraussetzungen: Hierfür müssten folgende Kriterien erfüllt sein:

- geschäftliche Handlung
- wettbewerbliche Eigenart des nachgeahmten Produkts
- Vorliegen einer nahezu identischen Nachahmung
- Vorliegen eines Unlauterkeitsmerkmals wie z.B.
  - vermeidbare Herkunftstäuschung
  - Rufausbeutung oder Rufschädigung
  - unredliche Erlangung von Mustern oder Vorlagen.

Überprüfung: Der Vertrieb der streitgegenständlichen Steckelemente dient der Förderung des Warenabsatzes von V und ist folglich als geschäftliche Handlung (§ 2 Abs. 1 Nr. 1 UWG) zu qualifizieren.

§ 4 Ziff. 3 UWG verbietet es unter bestimmten Umständen, Waren oder Dienstleistungen anzubieten, die eine Nachahmung von Waren oder Dienstleistungen eines Mitbewerbers darstellen.

Insoweit ist zu beachten, dass die Nachahmung von fremden Produkten nicht per se verboten ist. Lediglich Gegenstände, für die ein Sonderrechtsschutz besteht (z.B. nach dem Patentgesetz, dem Designgesetz oder dem Urheberrecht), dürfen nicht nachgeahmt werden. Ansonsten herrscht in Deutschland Nachahmungsfreiheit. Die Nachahmung fremder Produkte ist jedoch unzulässig, wenn besondere Umstände hinzutreten, die die

Unlauterkeit dieses Verhaltens begründen. Die wichtigsten Fallgruppen werden in den Buchstaben a) bis c) der Vorschrift genannt. § 4 Nr. 3 UWG bietet somit einen *ergänzenden wettbewerblichen Leistungsschutz.*

Die Rechtsprechung verlangt als ungeschriebenes Tatbestandsmerkmal, dass das nachgeahmte Produkt „wettbewerbliche Eigenart" aufweist. Eine solche liegt vor, wenn die konkrete Ausgestaltung oder bestimmte Merkmale des Erzeugnisses geeignet sind, die angesprochenen Verkehrskreise auf die Herkunft desselben aus einem bestimmten Geschäftsbetrieb hinzuweisen.

Die von E hergestellten Befestigungselemente verfügen über wettbewerbliche Eigenart, da sie sich durch die charakteristische Ausgestaltung der Exzenterzähne von den Produkten der Konkurrenz deutlich abheben und da sie bei den angesprochenen Fachkreisen (Elektroinstallateure) eine große Bekanntheit sowie eine hohe Anerkennung erlangt haben. Die besondere Gestaltung der Befestigungselemente ist daher geeignet, auf die Herkunft derselben aus dem Betrieb des E hinzuweisen.

Die von V vertriebenen Erzeugnisse weisen alle wesentlichen Gestaltungsmerkmale der Befestigungselemente des E auf. Insbesondere wurden die für den Gesamteindruck prägenden Exzenterzähne übernommen. Bei den von V angebotenen Waren handelt es sich somit um eine nahezu identische Nachahmung der Produkte des E.

Die Unlauterkeit ergibt sich im vorliegenden Falle aus dem Umstand, dass V das Publikum in vermeidbarer Weise über die Herkunft seiner Produkte getäuscht hat. Aufgrund der starken Ähnlichkeit kann nicht ausgeschlossen werden, dass ein Teil der angesprochenen Verkehrskreise die gegenüberstehenden Produkte miteinander verwechselt und irrtümlich davon ausgeht, dass die von V vertriebenen Steckelemente aus dem Unternehmen des E stammen. Die Herkunftstäuschung wäre ohne weiteres vermeidbar gewesen. Zwar gehört nach dem Auslaufen des Patentschutzes das Prinzip der Exzenterzähne zum freien Stand der Technik und darf daher grundsätzlich von jedem Dritten genutzt werden. Wenn V dieses technisch nicht zwingend notwendige Prinzip übernimmt, hätte er aber durch anderweitige Maßnahmen wie z.B. eine abweichende farbliche Gestaltung oder die Aufbringung einer auffälligen Namenskennzeichnung die Gefahr einer Täuschung des Publikums abwenden können.

Ergebnis: Ein Verstoß gegen die §§ 3 Abs. 1, 4 Nr. 3 UWG muss nach alledem bejaht werden. Die von Z erhobene Unterlassungsklage wäre somit begründet.

Teil IV

Arbeitsrecht

Fall 56 Die freie Mitarbeiterin

Fitnessökonom U betreibt ein exklusives Fitnessstudio mit angegliedertem Spa-Bereich. Dort beschäftigt er u.a. zwei Physiotherapeuten, die von den Kunden im Voraus als Personal-Trainer oder Masseure gebucht werden können. Als eine der beiden Stellen wiederbesetzt werden sollte, wählt U aus einer Anzahl von Bewerbungen die 24-jährige A aus. Mit ihr schließt er folgenden schriftlichen „Freier Mitarbeiter-Vertrag" ab:

1. Frau A tritt als freie Mitarbeiterin zum 1.10.2020 bei U ein.
2. Die tägliche Arbeitszeit beginnt um 9 Uhr und endet um 18.30 Uhr. Mittagspause ist von 12.30 Uhr bis 14 Uhr. Die Arbeit erfolgt nach einem wöchentlich im Voraus von U erstellten Dienstplan. Im Bedarfsfall ist U berechtigt, zusätzliche Arbeit anzuordnen.
3. Das monatliche Gehalt von Frau A beträgt 3000,– €. Es wird nur die tatsächlich geleistete Arbeit vergütet, d.h. Fehlzeiten werden von der Vergütung abgezogen.
4. Das Mitarbeiterverhältnis wird auf die Dauer eines Jahres befristet. Die Parteien behalten sich eine Verlängerung um jeweils ein Jahr vor.

A tritt die Stelle am 1.10.2020 an. Nach einem Jahr setzen U und A das Vertragsverhältnis stillschweigend fort. Am 5.3.2023 erfährt U, dass die A schwanger ist. In der Folgezeit fehlt die A durch schwangerschaftsbedingte Krankheit an insgesamt 48 Arbeitstagen. Für diese Zeit erhält sie von U keine Vergütung. Schließlich kündigt der U ihr am 1.6. auf den 30.6.2023 mit der Begründung, er könne im Interesse seiner Kunden und des exklusiven Charakters seines Studios so lange Ausfälle nicht hinnehmen. Hilfsweise, so erklärt er, werde er den Mitarbeitervertrag über den 30.9.2023 hinaus nicht verlängern.

Frage 1: Ist die Kündigung des U wirksam?
Frage 2: Muss U die A über den 30.9.2023 hinaus beschäftigen?
Frage 3: Hat A einen Anspruch auf Bezahlung für die 48 Fehltage?

Lösung Frage 1:

1. Entscheidungsgrundlage: Die Kündigung des U könnte auf § 621 Nr. 3 BGB gestützt werden.

Voraussetzungen: Die genannte Vorschrift setzt voraus:

- ein Dienstverhältnis
- bei dem die Vergütung nach Monaten bemessen ist
- und das kein Arbeitsverhältnis ist gem. § 611a BGB.

Überprüfung: Zwischen U und A besteht ein Dienstverhältnis. A hat sich vertraglich verpflichtet, für U als Physiotherapeutin tätig zu sein (§ 611 Abs. 2 BGB).

Die Vergütung der A erfolgt nach Monaten.

Fraglich ist allerdings, ob es sich hier um einen Arbeitsvertrag handelt gem. § 611a BGB, bei dem die besonderen (Kündigungs-)Vorschriften des Arbeitsrechts zu beachten wären. Arbeitnehmer ist nach § 611a BGB derjenige, der aufgrund eines Dienstvertrages für einen anderen (Arbeitgeber) persönliche, abhängige und fremdbestimmte Arbeit leistet. Entscheidend ist nach § 611a Abs. 1 Satz 5 BGB eine Gesamtwürdigung aller maßgeblichen Umstände des Einzelfalls unter Berücksichtigung der Eigenart der Tätigkeit. Die Beurteilung geschieht nicht anhand starrer Kriterien. Auch ist nicht entscheidend, ob der Vertrag als „Freier Mitarbeiter-Vertrag" oder „Arbeitsvertrag" bezeichnet wurde; dies kann allenfalls nur ein Aspekt im Rahmen der vorzunehmenden Gesamtwürdigung sein.

Der Gegenbegriff zum Arbeitnehmer ist der Selbstständige. Selbstständig ist, wer in Anlehnung an das Handelsvertreterrecht (§ 84 Abs. 1 Satz 2 HGB) seine Tätigkeit im Wesentlichen frei gestalten und seine Arbeitszeit selbst bestimmen kann. Die Beurteilung erfolgt wiederum anhand einer objektiven Gesamtbetrachtung aller relevanten Aspekte, wie sie oben aufgezeigt wurden. Indizien für eine selbstständige Tätigkeit sind z. B. eigene Betriebsstätten, weitgehende Verfügungsmöglichkeiten über die eigene Arbeitskraft inklusive der Möglichkeit, frei über die Arbeitszeit und den Ort zu verfügen sowie eigenes Unternehmer- und Haftungsrisiko.

Dies trifft auf die A nicht zu. Die Tätigkeit, insbesondere die Art ihrer Tätigkeit und die Reihenfolge der Kunden, wird ihr von U durch den Dienstplan zugewiesen. Im Bedarfsfall ist sie zur Leistung zusätzlicher Dienste verpflichtet. Die Arbeitszeit ist detailliert festgelegt, kann also von der A nicht frei gestaltet werden. Auf die Bezeichnung im Vertrag als „freie Mitarbeiterin" kommt es nicht an: Nach § 611a Abs. 1 Satz 6 BGB kommt es allein auf die tatsächliche Durchführung des Vertragsverhältnisses und nicht auf die Bezeichnung im Vertrag an.

Ergebnis: Die Kündigung des U ist nicht nach § 621 Nr. 3 BGB wirksam.

2. Entscheidungsgrundlage: Die Kündigung gegenüber der Arbeitnehmerin A könnte auf § 622 Abs. 1 BGB gestützt werden. Danach könnte U mit einer Frist von einem Monat zum Ende des Kalendermonats kündigen. Aber diese Kündigung könnte gem. § 134 BGB i.V.m. § 17 Abs. 1 MuSchG unwirksam sein.

Voraussetzungen: Hiernach müssen die Voraussetzungen des § 17 Abs. 1 MuSchG vorliegen und es muss sich hierbei um ein Verbotsgesetz i.S.d. § 134 BGB handeln; folglich ist erforderlich:

- eine Kündigung durch den Arbeitgeber
- gegenüber einer schwangeren Frau
- die keine Selbständige ist
- in Kenntnis der Schwangerschaft
- keine Ausnahme durch behördliche Genehmigung
- Verbotsgesetz i.S.d. § 134 BGB.

Überprüfung: Der Arbeitgeber U kündigte die schwangere A am 1.6.2023. A ist, wie oben ausgeführt, entgegen dem Vertragswortlaut nicht als freie Mitarbeiterin, sondern als Arbeitnehmerin anzusehen. Somit findet das MuSchG auf sie Anwendung gem. § 1 Abs. 2 MuSchG i.V.m. § 7 Abs. 1 SGB IV. U hatte bei Ausspruch der Kündigung Kenntnis von der Schwangerschaft.

Auch liegt kein Ausnahmefall gem. § 17 Abs. 2 MuSchG vor, wonach die oberste Behörde für den Arbeitsschutz ausnahmsweise eine Kündigung für zulässig erklären kann, wenn die Kündigung nicht mit dem Zustand der Frau in der Schwangerschaft in Zusammenhang steht; dies kann z.B. der Fall sein, wenn die Schwangere alleine wegen ihres Fehlverhaltens am Arbeitsplatz gekündigt wurde – was hier aber nicht vorlag. Außerdem hatte U vor Ausspruch der Kündigung gar keinen entsprechenden Antrag gestellt.

§ 17 MuSchG enthält ein gesetzliches Verbot i.S.d. § 134 BGB. Eine Kündigung unter Verstoß gegen dieses Verbot ist gem. § 134 BGB nichtig.

Ergebnis: Die Kündigung verstößt gegen § 17 Abs. 1 MuSchG und ist daher gem. § 134 BGB nichtig.

Lösung Frage 2:

Entscheidungsgrundlage: U müsste die A nicht weiterbeschäftigen, wenn das Dienstverhältnis durch Zeitablauf am 30.9.2023 beendet wäre. Dies beurteilt sich nach § 15 Abs. 1 des Teilzeit- und Befristungsgesetzes (TzBfG).

Voraussetzungen:

- ein Arbeitsvertrag
- mit einer kalendermäßigen Befristung
- Zulässigkeit der Befristung
- Ablauf der Frist.

Überprüfung: Der Vertrag zwischen U und A ist, wie oben dargelegt, ein Arbeitsvertrag.

In diesem Vertrag ist eine Befristung bis zum 30.9.2023 festgelegt.

Die Zulässigkeit dieser Befristung regelt sich nach § 14 TzBfG. Nach Absatz 1 dieser Vorschrift kann eine Befristung durch das Vorliegen eines sachlichen Grundes gerechtfertigt sein. Von den beispielhaft aufgeführten Gründen könnte hier allein die Nr. 5 in Frage kommen, eine Befristung zur Erprobung der Arbeitnehmerin A. Aber die Befristung sollte hier einem anderen Zweck dienen, nämlich der leichteren Auflösung des Arbeitsverhältnisses. Außerdem wäre eine Probezeit von 3 Jahren viel zu lang; die Rechtsprechung erkennt bei qualifizierten Tätigkeiten eine Befristung auf 6 Monate als zulässig an. Sonstige sachliche Gründe sind nicht ersichtlich. Nach Absatz 2 ist die kalendermäßige Befristung ohne Vorliegen eines sachlichen Grundes bis zur Dauer von maximal 2 Jahren zulässig. Bis zu dieser Gesamtdauer von zwei Jahren ist auch die höchstens dreimalige Verlängerung eines kalendermäßig befristeten Arbeitsvertrages zulässig. Hier ist diese Höchstdauer überschritten, denn A trat bereits am 1.10.2020 in den Dienst des U. Das Arbeitsverhältnis besteht am 30.9.2023 also schon 3 Jahre. Die Befristung ist also weder nach § 14 Abs. 1 noch Abs. 2 TzBfG zulässig. Die Rechtsfolge ergibt sich aus § 16 TzBfG: Der Arbeitsvertrag gilt als auf unbestimmte Zeit geschlossen und kann an sich vom Arbeitgeber frühestens zum vereinbarten Ende ordentlich gekündigt werden. Diese Möglichkeit scheitert aber, wie oben dargelegt, am Kündigungsverbot des § 17 MuSchG.

Ergebnis: U muss die A über den 30.9.2023 hinaus weiterbeschäftigen.

Lösung Frage 3:

Entscheidungsgrundlage: Ein Anspruch auf Fortzahlung der Vergütung könnte sich aus § 3 Abs. 1 EntgFG ergeben.

Voraussetzungen dafür sind:

- Arbeitsunfähigkeit eines Arbeitnehmers
- infolge Krankheit
- ohne eigenes Verschulden.

Überprüfung: A ist, wie oben dargelegt, Arbeitnehmerin. Sie war seit ihrer Schwangerschaft immer wieder arbeitsunfähig.

Ursache dafür sind schwangerschaftsbedingte Erkrankungen.

Daran trifft A kein Verschulden.

Ergebnis: U muss der A die Vergütung für die Fehltage weiterzahlen, allerdings nur für 6 Wochen, 42 Tage. Die entgegenstehende Vereinbarung ist gem. § 12 EntgFG unwirksam. Nach Ablauf der 6 Wochen kommen die gesetzlichen Ansprüche auf Krankengeld gem. §§ 44 ff. SGB V in Betracht.

Fall 57 Plattformarbeit für den Crowdworker

Klickjobb.de ist ein sog. crowdsourcing-Unternehmen, das seinen Kunden u.a. die Kontrolle der Präsentation von Markenprodukten im Einzelhandel und an Tankstellen anbietet. klickjobb.de betreibt eine Online-Plattform, über die sie die Aufträge ihrer Kunden, in eine Vielzahl einzelner Kleinstaufträge („Mikrojobs") zergliedert, an sog. „Crowdworker" vermittelt, die für sie gegen Bezahlung die entsprechenden Kontrollen durchführen.

A kann – ohne dazu verpflichtet zu sein – Aufträge annehmen, die ihm via App angeboten werden. Nach der Basisvereinbarung soll zwischen A und den Kunden von klickjobb.de gerade kein Vertragsverhältnis zustande kommen, sondern ausschließlich zwischen A und klickjobb.de. Die Abwicklung der Aufträge muss von A höchstpersönlich nach den genauen Vorgaben in der App und innerhalb von 2 Stunden erfolgen. Die Bezahlung erfolgt nach Auftragserledigung via PayPal. Im Wochenschnitt nimmt A Aufträge für ca. 20 Stunden an. Damit verdient er knapp EUR 1.800,00 im Monat. Nach einem Streit über die Erledigung eines Auftrags kündigt klickjobb.de den Vertrag mit A mit Wirkung zum 1.10.2023.

A akzeptiert die Kündigung nicht und kündigt rechtliche Schritte an. Klickjobb.de stellt sich nun folgende Fragen:

Frage 1: Ist A Arbeitnehmer?

Frage 2: Welche arbeitsrechtlichen, sozialrechtlichen und strafrechtlichen Konsequenzen ergeben sich?

Lösung Frage 1:

Entscheidungsgrundlage: Ob A Selbständiger oder Arbeitnehmer ist, richtet sich nach § 611a BGB.

Voraussetzungen: Die genannte Vorschrift setzt voraus:

- einen Vertrag über die Erbringung von Diensten,
- weisungsgebundene,
- fremdbestimmte Arbeit
- in persönlicher Abhängigkeit.

Überprüfung: Zwischen A und klickjobb.de wurde ein Vertrag über die Erbringung von Diensten geschlossen. Fraglich ist allerdings, ob A weisungsgebundene, fremdbestimmte Arbeit in persönlicher Abhängigkeit erbrachte. Nach Ansicht des Bundesarbeitsgerichts (BAG NZA 2021, 552) hatte A als sog. crowdworker bei der Ausführung der übernommenen Aufträge keine nennenswerten Entscheidungsspielräume. Die einzelnen Arbeitsschritte der zu verrichtenden Tätigkeiten wurden durch die Auftragsbeschreibungen in der App exakt vorgegeben. Auch der zeitliche Rahmen für die Durchführung der Kontrollen war strikt vorgegeben (binnen zwei Stunden). Die strikten fachlichen, zeitlichen und örtlichen Vorgaben bei der Vertragsdurchführung führen dazu, dass A in arbeitnehmertypischer Weise weisungsgebundene und fremdbestimmte Arbeit leistete.

Auch ist die persönliche Abhängigkeit des A gegeben. Denn die Annahme und Durchführung eines einzigen Kleinstauftrags macht wirtschaftlich keinen Sinn. Erst durch die Zusammenfassung und tatsächliche Abwicklung mehrerer Kleinstaufträge kann der A eine rentable Beschäftigung erreichen. A benötigt mehrere gleichzeitige Aufträge, damit er eine Route zusammenzustellen kann, mit der er faktisch einen Stundenlohn erzielen kann, der seinen Aufwand rechtfertigt. Ob er aber überhaupt mehrere Aufträge in der App angezeigt bekommt, hängt vom erreichten Level im Bewertungssystem ab. Dieses Belohnungssystem animiert den A, kontinuierlich Aufträge anzunehmen und somit regelmäßig für die Plattform tätig zu werden. Dadurch entsteht eine persönliche Abhängigkeit durch das Anreizsystem der Plattform.

Die nach § 611a Absatz 1 Satz 5 BGB vorzunehmende Gesamtbetrachtung aller Umstände des Einzelfalls ergibt, dass A in arbeitnehmertypischer Weise weisungsgebundene und fremdbestimmte Arbeit leistete.

Ergebnis: A ist nicht selbständig, sondern Arbeitnehmer von klickjobb.de.

Lösung Frage 2:

Entscheidungsgrundlage: A hat als Arbeitnehmer gem. § 611a BGB gesetzlich zwingende Rechte, die sich aus dem Arbeitsrecht ergeben; diese Rechte haben ihre Grundlage im KSchG, BUrlG, EntgFG und im ArbZG.

Ferner ergeben sich sozialrechtliche Folgen, wenn A nicht als Selbständiger gilt, sondern als Person, die gegen Arbeitsentgelt abhängig beschäftigt wird gem. § 2 Abs. 2 Nr. 1 i.V.m. § 7 Abs. 1 Satz 1 SGB IV.

Ferner können sich Konsequenzen aus dem Strafrecht ergeben.

Voraussetzung: A muss in arbeitsrechtlicher und sozialversicherungsrechtlicher Hinsicht Arbeitnehmer bzw. abhängig Beschäftigter sein. Die Begrifflichkeiten des Arbeitsrechts und des Sozialrechts sind weitgehend inhaltlich deckungsgleich, sodass hierauf nicht näher einzugehen ist.

Überprüfung: Wie in Frage 1 geprüft, gilt A als Arbeitnehmer gem. § 611a BGB. In sozialversicherungsrechtlicher Hinsicht gilt A als abhängig Beschäftigter und nicht als Selbständiger.

Ergebnis: Somit gelten für A sämtliche Schutzvorschriften des Arbeitsrechts:
- A hat als Arbeitnehmer somit grundsätzlich Kündigungsschutz nach dem KSchG
- A hat einen gesetzlichen Anspruch auf Jahresurlaub nach BurlG
- A hat einen Lohnfortzahlungsanspruch im Krankheitsfall
- Auf den A finden die Arbeitszeitregelungen des ArbZG Anwendung.

Ferner ergeben sich folgende sozialrechtliche Konsequenzen:
- Für A müssen alle Sozialversicherungsbeiträge für Rentenversicherung, Krankenversicherung, Pflegeversicherung und Arbeitslosenversicherung nachgezahlt werden
- Die Nachzahlungen beziehen sich auf die letzten 4 Jahre, bei Vorsatz auf die letzten 30 Jahre rückwirkend, § 25 SGB IV
- A erlangt entsprechende Anwartschaften in der gesetzlichen Rentenversicherung.

Schließlich ergeben sich folgende strafrechtliche Folgen für klickjobb.de:

- Bei Vorsatz droht dem Arbeitgeber klickjobb.de eine Geld- oder Freiheitsstrafe wegen Vorenthalten und Veruntreuen von Arbeitsentgelt gem. § 266a StGB
- Wegen der Nichtzahlung von Lohnsteuer und des unberechtigten Abzugs der Vorsteuer auf die Leistungen des A kann klickjobb.de wegen Steuerhinterziehung strafbar sein gem. § 370 AO.

Fall 58 Probleme bei der Einstellung

U betreibt eine Großbäckerei mit mehreren Filialverkaufsstellen; er ist nicht tarifgebunden. Mitarbeiterin A ist die verantwortliche Leiterin sämtlicher Filialen und der Logistik. A ist schwanger und hat bereits angekündigt, nach der Geburt ihres Kindes 2 Jahre Elternzeit zu nehmen. U sucht daher für diese Zeit Ersatz. Am 5. Januar führt er Bewerbungsgespräche mit Bewerberin F und Bewerber M. Er weist darauf hin, dass die Stelle für die Dauer der Elternzeit der A befristet ist und er während dieser Zeit keinesfalls einen weiteren Ausfall verkraften könne. U stellte viele Fragen, unter anderem
- nach der Gewerkschaftszugehörigkeit,
- bei der Bewerberin F nach einer bestehenden Schwangerschaft.

F wird am 1. Februar eingestellt; am gleichen Tage erhält der fachlich weniger qualifizierte M eine Absage mit der Begründung, dass man im Filialbetrieb ausschließlich Frauen beschäftigen wolle. Diese Entscheidung beruhe auf einer „Empfehlung" der von U verwendeten Personalsoftware „Recruiting-Pro", die künstliche Intelligenz nutzt.

Am 1. März erfährt U, dass F bei der Frage nach der Gewerkschaftszugehörigkeit und nach der Schwangerschaft vorsätzlich gelogen hat. F ist seit Jahren Mitglied in der Dienstleistungsgewerkschaft „fairdi" und außerdem ist sie im 5. Monat schwanger.
Frage 1: Kann U den Arbeitsvertrag mit F anfechten?
Frage 2: Kann M verlangen, beschäftigt zu werden?
Frage 3: Kann M Schadensersatz von U verlangen?

Lösung Frage 1:

1. Entscheidungsgrundlage: Eine Anfechtung wegen arglistiger Täuschung beurteilt sich nach § 123 Abs. 1 BGB.

Voraussetzungen: Die Kriterien nach dieser Vorschrift sind:
- Täuschung
- Arglist
- Ursächlichkeit für die abgegebene Willenserklärung
- Rechtswidrigkeit der Täuschung.

Überprüfung: Beantwortet ein Bewerber bei einem Einstellungsgespräch Fragen vorsätzlich unrichtig, so stellt dies eine arglistige Täuschung dar. Im vorliegenden Fall war die Täuschung auch kausal für die Einstellung.

Allerdings ist fraglich, ob die Täuschung der F widerrechtlich war. Nach höchstrichterlicher Rechtsprechung (EuGH NZA 2001, 124 u. 2451; BAG NZA 2003, 848) liegt nur dann eine widerrechtliche Täuschung vor, wenn die entsprechende Frage des Arbeitgebers überhaupt zulässig war. Maßgebend hierfür ist eine Interessenabwägung. Ein Arbeitgeber hat ein Interesse daran, sich bei der Einstellung ein möglichst genaues Bild über die persönlichen Verhältnisse eines potenziellen Mitarbeiters zu verschaffen. Ein Bewerber hingegen hat das Interesse, nicht in seinem Persönlichkeitsrecht verletzt zu werden, indem er über seine Individual- und Intimsphäre ausgefragt wird.

Hieraus ergibt sich, dass nur solche Fragen gestellt werden dürfen, die in einem sachlichen Zusammenhang mit dem Arbeitsplatz stehen. Unter diesem Gesichtspunkt gilt es, die beiden Fragen zu untersuchen.

Was die „Gewerkschaftszugehörigkeit“ angeht, so besteht ein sachlicher Zusammenhang mit dem Arbeitsbereich nicht. Für die Tätigkeit als Leitung der Filialen in einer Großbäckerei ist es gleichgültig, ob F organisiert ist oder nicht. Allenfalls könnte diese Frage unter dem Aspekt der beiderseitigen Tarifbindung (§ 4 Abs. 1 TVG) berechtigt sein. Dieser Gesichtspunkt scheidet hier aber aus, denn U ist nicht Mitglied des Arbeitgeberverbandes und daher nicht tarifgebunden (§ 3 Abs. 1 TVG), sodass es nicht mehr darauf ankommt, ob F der Gewerkschaft angehört. Die Frage nach der Gewerkschaftszugehörigkeit war also nicht zulässig. F hat hier nicht getäuscht.

Die Frage nach einer aktuellen Schwangerschaft beinhaltet stets das Risiko einer allgemeinen Diskriminierung von Frauen. Daher ist die Frage nach der Schwangerschaft immer und ausnahmslos unzulässig. Dies gilt auch dann, wenn die zu besetzende Stelle befristet ist und der Schwangerschaftsvertretung dient. Daher war die Frage des U nach einer Schwangerschaft der F rechtswidrig und unzulässig. Die F hatte somit als eine Art „Notwehr“ das Recht zur Lüge. Die Lüge der F war gerechtfertigt und somit nicht widerrechtlich.

Ergebnis: U kann den Arbeitsvertrag mit F nicht nach § 123 Abs. 1 BGB anfechten.

2. Entscheidungsgrundlage: Eine Anfechtung wegen Eigenschaftsirrtums beurteilt sich nach § 119 Abs. 2 BGB.

Voraussetzungen: Die Kriterien nach dieser Vorschrift sind:

- Irrtum
- über verkehrswesentliche Eigenschaft einer Person oder Sache
- Ursächlichkeit für die abgegebene Willenserklärung.

Überprüfung: U hat sich geirrt in Bezug auf die Gewerkschaftszugehörigkeit der F. Allerdings ist die Eigenschaft als „Gewerkschaftsmitglied“ nicht wesentlich für die Tätigkeit als Filialleiterin. Es fehlt somit an der Verkehrswesentlichkeit.

U hat sich auch in Bezug auf die Schwangerschaft der F geirrt. Nach § 119 Abs. 2 BGB sind jedoch nur solche Eigenschaften relevant, die einer Person dauerhaft anhaften. Eine Schwangerschaft ist nur vorübergehender Natur, daher fehlt es in Bezug auf die Schwangerschaft der F an der erforderlichen Dauerhaftigkeit dieses Zustands.

Ergebnis: U kann den Arbeitsvertrag mit F nicht nach § 119 Abs. 2 BGB anfechten.

Lösung Frage 2:

Entscheidungsgrundlage: M muss beschäftigt werden, wenn ein Arbeitsvertrag zwischen M und U besteht.

Voraussetzung: Abschluss eines Arbeitsvertrages.

Überprüfung: U wird nicht gezwungen, einen Arbeitsvertrag mit M zu schließen. Ein derartiger Kontrahierungszwang besteht nicht. Das gilt auch dann, wenn M wegen seines Geschlechtes benachteiligt wurde (§ 15 Abs. 6, § 7 Abs. 1, 1 AGG).

Ergebnis: Der Anspruch auf Begründung eines Beschäftigungsverhältnisses ist ausgeschlossen.

Lösung Frage 3:

1. Entscheidungsgrundlage: M könnte von U Schadensersatz nach § 15 Abs. 1 AGG verlangen.

Voraussetzungen: Erforderlich ist, dass

- U Arbeitgeber ist
- gegen das Benachteiligungsverbot verstoßen hat,
- Verschulden des U vorliegt und
- ein Schaden entstanden ist.

Überprüfung: U gilt nach § 6 Abs. 2 AGG als Arbeitgeber im Sinne des AGG, weil er Personen im Sinne von § 6 Abs. 1 AGG beschäftigt. Zu diesen Beschäftigten gehören nicht nur Arbeitnehmerinnen und Arbeitnehmer, sondern auch Bewerberinnen und Bewerber für ein Beschäftigungsverhältnis wie dies bei M der Fall ist, § 6 Abs. 1 Satz 2 AGG.

U hat gem. § 7 Abs. 1 AGG gegen das Benachteiligungsverbot verstoßen, wenn M aus einem Grund benachteiligt wurde, der in § 1 AGG erwähnt wird. Dort ist u.a. das Geschlecht aufgeführt. Wenn M deswegen nicht in das Arbeitsverhältnis übernommen wird, weil er ein Mann ist, dann ist das eine Benachteiligung wegen seines Geschlechts. Diese Benachteiligung ist nach § 8 AGG nur zulässig, wenn das Geschlecht wegen der Art der auszuübenden Tätigkeit oder der Bedingung ihrer Ausübung eine wesentliche und entscheidende berufliche Anforderung darstellt. Für die Leitung von Bäckereifilialen ist das Geschlecht keine Anforderung durch den Beruf, deswegen ist die Benachteiligung nicht zulässig.

Das Verschulden des U wird nach § 15 Abs. 1 Satz 2 AGG vermutet und kann hier auch nicht widerlegt werden. Denn U muss sich beim Einsatz von KI-Software relevante Benachteiligungen zurechnen lassen.

Der Schaden des M besteht darin, dass er nicht beschäftigt wird und deswegen Verdienstausfall hat. Bei einer benachteiligungsfreien Auswahl hätte U aber dennoch F wegen ihrer besseren beruflichen Qualifikation eingestellt. Aus diesem Grund wird das Vermögen des M durch die Nichteinstellung nicht verringert. Er hat keinen Schaden erlitten.

Ergebnis: M kann keinen Schadensersatz von U verlangen.

2. Entscheidungsgrundlage: M könnte von U Entschädigung nach § 15 Abs. 2 AGG verlangen.

Voraussetzungen: Erforderlich ist, dass

- U Arbeitgeber ist
- gegen das Benachteiligungsverbot verstoßen hat.

Überprüfung: U hat als Arbeitgeber gegen das Benachteiligungsverbot verstoßen. Dieser Anspruch ist – im Gegensatz zu Abs. 1 AGG – verschuldensunabhängig. M kann nach § 15 Abs. 2 AGG Ersatz des immateriellen Schadens durch angemessene Entschädigung in Geld verlangen. Die Höhe der Entschädigung steht im billigen Ermessen des Gerichts. Berücksichtigt werden kann die Schwere des Verstoßes, die Art der Beeinträchtigung oder das Vorliegen eines Wiederholungsfalles. Da M auch bei benachteiligungsfreier Auswahl wegen seiner geringerer Qualifikation nicht eingestellt worden wäre, darf die Entschädigung jedenfalls 3 Brutto-Monatsgehälter nicht übersteigen, § 15 Abs. 2 Satz 2 AGG. Im vorliegenden Fall dürften angesichts der Umstände des Einzelfalls 2 Monatsgehälter angemessen sein.

Ergebnis: M kann von U Entschädigung i.H.v. 2 Brutto-Monatsgehältern verlangen.

Fall 59 Häubchen für den Boxer

U ist Inhaber einer Großbäckerei, die bundesweit Lebensmitteldiscounter beliefert. Ein Betriebsrat besteht dort nicht.

Am 2. Januar ordnet U an, dass alle Beschäftigten im Produktionsbereich während der Arbeit weiße Kittel und Häubchen zu tragen haben. U schafft diese Schutzkleidung auf seine Kosten an und übernimmt die Reinigung. Dabei beruft er sich auf die Hygiene-Verordnung des betreffenden Bundeslandes. Diese schreibt für Betriebe, die Lebensmittel tierischer Herkunft und Back- oder Konditoreiwaren herstellen, vor, dass die Mitarbeiter in der Produktion sauber gekleidet sein müssen, eine Schutzkleidung zu tragen haben und dass der Kopf bedeckt ist, damit eine Verunreinigung der Lebensmittel durch Haare vermieden wird.

Der für die Steuerung und Überwachung der vollautomatischen Produktionsmaschinen zuständige Industriemechaniker A weigert sich – trotz eindringlicher Belehrungen und Ermahnungen – nachhaltig, die von U gestellten Kittel und Häubchen zu tragen. Er meint, diese seien völlig altmodisch; es sei eine Zumutung – gerade für ihn als Hobbyboxer und Kampfsportler – sich in derartiger Aufmachung zeigen zu müssen.

Wegen seiner Weigerung wird A fristlos entlassen.

Frage 1: Ist diese außerordentliche Kündigung berechtigt?

Frage 2: Wäre anders zu entscheiden, wenn bei U ein Betriebsrat bestanden und dieser seine Zustimmung zu der Bekleidungsanordnung des U versagt hätte?

Lösung Frage 1:

Entscheidungsgrundlage: Ob die außerordentliche Kündigung gegenüber dem A berechtigt ist, beurteilt sich nach § 626 Abs. 1 BGB.

Voraussetzungen: Danach kann ohne Einhaltung einer Kündigungsfrist gekündigt werden, wenn ein wichtiger Grund vorliegt. Ein solcher wird vor allem angenommen bei:

- erheblicher Pflichtverletzung
- Unzumutbarkeit der weiteren Fortsetzung des Arbeitsverhältnisses.

Überprüfung: Eine dem A obliegende Verpflichtung, weiße Kittel und Häubchen zu tragen, könnte sich aus dem Weisungsrecht des U ergeben. Da der Arbeitnehmer zur abhängigen Arbeit verpflichtet ist, hat er den Anordnungen des Arbeitgebers in Beziehung auf die ihm übertragene Arbeit Folge zu leisten, § 106 GewO. Diese Pflicht geht so weit wie das Direktionsrecht des Arbeitgebers. Es ist daher zu untersuchen, ob die Anordnung des U vom 2. Januar im Rahmen des billigen Ermessens des Arbeitgebers liegt, § 106 GewO. Hierbei müssen zwei Gesichtspunkte auseinandergehalten werden: zum einen der Aspekt der Hygiene, zum anderen die Frage der Ästhetik, auf die A abhebt.

Die Hygiene-Verordnung des betreffenden Bundeslandes schreibt vor, dass in den Betrieben der Backwarenfertigung Mitarbeiter in der Herstellung Schutzkleidung und Kopfbedeckung zu tragen haben. Damit ist die Anordnung des U gesetzlich geboten; eine Verletzung der Grenzen des Direktionsrechtes ist daher nicht gegeben.

Was die ästhetische Gestaltung der vorgeschriebenen Schutzkleidung angeht, besteht keine spezielle Regelung. Die Hygiene-Verordnung betrifft diese Frage nicht; auch sonst gibt es dazu keine gesetzliche Regelung. Auch Tarifverträge behandeln dies nicht. Eine Betriebsvereinbarung besteht nicht, weil kein Betriebsrat vorhanden ist (§ 77 Abs. 2 BetrVG). Eine betriebliche Übung ist auch nicht gegeben; die Schutzkleidung wird ja erst eingeführt. Der Einzelvertrag besagt gleichfalls nichts. Damit bleibt allein noch die Frage, ob die Anordnung des U im Rahmen des billigen Ermessens liegt. Bei einer Schutzkleidung können nicht die subjektiven Geschmackskriterien jedes einzelnen Arbeitnehmers maßgebend sein. Für einen Unternehmer, der Arbeitskleidung zur Verfügung stellt, stehen andere Aspekte im Vordergrund, etwa das einheitliche Erscheinungsbild, die Preisgünstigkeit der von ihm zu beschaffenden Kleidung, die Qualität, auch gute Reinigungseigenschaften, da sehr häufige Reinigung geboten ist. Demgegenüber haben subjektive Geschmacksvorstellungen des A und sein Ästhetik-Empfinden als Kampfsportler zurückzutreten. A verletzt durch seine Weigerung das Weisungsrecht des U, und zwar erheblich; er kommt trotz eindringlicher Belehrungen und Ermahnungen der Anordnung nicht nach. Diese Uneinsichtigkeit des A dürfte es für U unzumutbar machen, ihn bis zum Ablauf der Kündigungsfrist zu beschäftigen.

Ergebnis: Da somit ein wichtiger Grund nach § 626 Abs. 1 BGB vorliegt, ist die außerordentliche Kündigung gegenüber A berechtigt.

Lösung Frage 2:

Entscheidungsgrundlage: Ob auch in diesem Falle die außerordentliche Kündigung der A berechtigt ist, bemisst sich wiederum nach § 626 Abs. 1 BGB.

Voraussetzungen: Die Erfordernisse hierfür sind bereits erörtert.

Überprüfung: Auch hier geht es um das Direktionsrecht des U. Nach der gesetzlichen Regelung des § 87 Abs. 1 Nr. 1 BetrVG hat der Betriebsrat in den Fragen der Ordnung des Betriebes, wozu auch das Tragen der Arbeitskleidung gehört, ein Mitbestimmungsrecht.

Dieses Recht des Betriebsrates erstreckt sich nicht auf die Frage, ob überhaupt Schutzkleidung in der Backwarenfabrik des U einzuführen ist. Denn insoweit besteht für Betriebe der Back- und Konditoreiwarenfertigung eine gesetzliche Regelung, nämlich die Hygiene-Verordnung, die für Mitarbeiter in der Produktion diese Schutzkleidung vorschreibt. Zwingende gesetzliche Schutzbestimmungen dürfen durch das Mitbestimmungsrecht des Betriebsrates nicht unterlaufen werden (§ 87 Abs. 1 BetrVG).

Anders liegt es bei dem Aspekt der ästhetischen Gestaltung der Arbeitskleidung. Hier gibt es keine höhere Rechtsnorm, die das Mitbestimmungsrecht des Betriebsrats einengt. Bei den reinen Geschmacksfragen wie Farbe, Schnitt und Design von Schutzkleidung besteht ein erheblicher Ermessensspielraum. Insoweit hat der Betriebsrat hier ein Mitbestimmungsrecht nach § 87 Abs. 1 Nr. 1 BetrVG. Da der Betriebsrat seine Zustimmung versagt hat, trifft U eine einseitige und somit unzulässige Maßnahme. Er verletzt damit die Grenzen des Direktionsrechts; er hätte die Einigungsstelle anrufen müssen (§§ 87 Abs. 2, 76 Abs. 5 BetrVG). Aus diesem Grunde ist seine Anordnung in Bezug auf die Schutzkleidung nicht wirksam. A ist also nicht verpflichtet, die zur Verfügung gestellte Arbeitsbekleidung zu tragen.

Ergebnis: Die außerordentliche Kündigung gegenüber A ist nicht berechtigt.

Fall 60 Eine Nachlässigkeit kurz vor Feierabend

A ist als Mechatroniker für Kältetechnik bei Eis-Fabrikant U beschäftigt. Er ist für Wartung und Reparatur der Produktionsmaschinen verantwortlich. Eines Tages kurz vor Feierabend stellt A fest, dass sich vor der Großkühlanlage eine kleine Wasserpfütze gebildet hat. A stellt eine kurze Untersuchung an, entdeckt jedoch keinen Schaden. Am nächsten Morgen zeigt sich aber, dass die Umwälzanlage der Kühlanlage ausgefallen war, sodass die ganze Nacht hindurch immer größere Wassermengen nach außen traten. Der Mehrschaden an der Kühlanlage, der bei gründlicherer Prüfung durch A am Vorabend hätte erkannt und verhindert werden können, beläuft sich auf 50 000,– €. Ferner sind Gebäudeschäden in Höhe von 16 000,– € durch das austretende Wasser entstanden; der Betrieb ist in gemieteten Räumen des V untergebracht. Es gibt keinen Versicherungsschutz.

Frage 1: Ist A zum Ersatz des Maschinenschadens verpflichtet?

Frage 2: In welcher Höhe muss A haften?

Frage 3: Kann V, der sich wegen seines guten Verhältnisses zu U nicht an diesen halten will, seinen Gebäudeschaden von A ersetzt verlangen? Kann A für diesen Fall bei U Regress nehmen?

Lösung Frage 1:

1. Entscheidungsgrundlage: U könnte seinen Schadensersatzanspruch auf §§ 280 Abs. 1, 611a BGB stützen.

Voraussetzungen: Diese Vorschrift verlangt

- das Bestehen eines Schuldverhältnisses
- eine Pflichtverletzung
- die der Schuldner zu vertreten hat.

Überprüfung: Zwischen U und A besteht ein Schuldverhältnis, nämlich ein Arbeitsvertrag.

Daraus ergibt sich für A nicht nur die Verpflichtung zur Arbeitsleistung, sondern auch zur Rücksicht auf die Rechtsgüter und Interessen des U (§ 241 Abs. 2 BGB). Daher ist A verpflichtet, Schäden an der Kühlanlage festzustellen und zu beheben. Dies hat er nicht getan; er hat Anzeichen für einen drohenden Schaden nicht genügend untersucht.

Diese Pflichtverletzung ist von A zu vertreten. Er hat die Ursache der Wasserpfütze nicht mit der gebotenen Sorgfalt untersucht und somit fahrlässig gehandelt (§ 276 Abs. 2 BGB).

Ergebnis: A hat Schadensersatz wegen Pflichtverletzung zu leisten.

2. Entscheidungsgrundlage: Als weitere Grundlage für einen Ersatzanspruch kommt § 823 Abs. 1 BGB in Betracht.

Voraussetzungen: Hierfür wird vorausgesetzt:

- Verletzung eines dort aufgeführten Rechtsgutes
- Widerrechtlichkeit
- Verschulden.

Überprüfung: A hat das Eigentum des U an der Großkühlanlage dadurch verletzt. dass er den Schaden nicht abwendete, wozu er verpflichtet war.

Dies geschah widerrechtlich, weil A keinen Rechtfertigungsgrund hatte.

Das Verhalten des A war auch, wie bereits ausgeführt, schuldhaft, nämlich fahrlässig.

Ergebnis: Auch aus § 823 Abs. 1 BGB ist A also zum Schadensersatz verpflichtet.

Lösung Frage 2:

Entscheidungsgrundlage: Grundsätzlich muss ein zum Schadensersatz Verpflichteter den gesamten verursachten Schaden ersetzen. Dieses Ergebnis ist im Arbeitsrecht jedoch oft unbefriedigend. Ein Arbeitnehmer trägt oft enorme Verantwortung im Unternehmen. Er bedient teure Maschinen oder ist für immense Vermögenswerte verantwortlich. Bereits leichte Fahrlässigkeit kann dazu führen, dass der Arbeitnehmer in einer Höhe in Haftung genommen wird, die für ihn existenzvernichtend sein kann. Es berücksichtigt nämlich weder die typischen Gefahren, die von vielen Arbeiten ausgehen, noch den Grad des Verschuldens und die soziale Härte, die für den Arbeitnehmer mit einem vollen Schadensersatz verbunden ist.

Daher hat die Rechtsprechung aus der Fürsorgepflicht des Arbeitgebers Haftungserleichterungen für den schädigenden Arbeitnehmer entwickelt – die sog. Grundsätze des innerbetrieblichen Schadensausgleichs.

Voraussetzungen: Damit eine Haftungserleichterung eingreift, ist erforderlich

- Schädigung von Rechtsgütern des Arbeitgebers
- durch eine betriebliche Tätigkeit
- weder Vorsatz noch grobe Fahrlässigkeit des Arbeitnehmers
- keine Versicherung zugunsten des Arbeitnehmers.

Überprüfung: A hat, wie oben dargelegt, dem U Schaden zugefügt.

Der Schaden ist bei Ausführung der Arbeit, nämlich durch die ungenügende Untersuchung des A während der Arbeitszeit, entstanden.

A hat sich weder vorsätzlich noch grob fahrlässig verhalten. Er hat zwar die im Verkehr erforderliche Sorgfalt außer Acht gelassen, da seine Prüfung nicht gründlich genug war. Dies war aber keine elementare Sorgfaltsverletzung, da A immerhin eine Untersuchung angestellt hat und der Schaden bei der kleinen Wasserpfütze nicht ohne weiteres erkennbar war.

Ergebnis: Die Rechtsfolge ist, dass U nicht den ganzen Schaden von A ersetzt verlangen kann. Dem A kommt somit die von der Rechtsprechung entwickelte Haftungserleichterung zugute. Der Umfang dieser Haftungserleichterung richtet sich vorwiegend nach dem Grad des Verschuldens. Bei sleichtester Fahrlässigkeit wird A von der Haftung völlig frei. Bei normaler leichter Fahrlässigkeit findet eine Schadenverteilung statt; dabei sind die gesamten Umstände des Einzelfalles zu berücksichtigen. Im gegebenen Fall dürfte normale leichte Fahrlässigkeit vorliegen. Angesichts der Höhe des Schadens und der langjährigen Beschäftigung des A bei U dürfte Schadensersatz in der Größenordnung von einem Viertel gerechtfertigt sein.

Demnach kann U nur 1250,– € von A fordern.

Lösung Frage 3:

Entscheidungsgrundlage: V kann von A nach § 823 Abs. 1 BGB Ersatz des vollen Gebäudeschadens verlangen. A hat widerrechtlich und fahrlässig das Eigentum des V an dem Fabrikgebäude beschädigt. Er kann sich nicht auf die Haftungserleichterung des Arbeitsrechts berufen, da diese sich nur auf das Verhältnis zwischen Arbeitgeber und Arbeitnehmer bezieht (vgl. Erfurter Kommentar zum Arbeitsrecht, 23. Auflage, § 619a BGB, Randnr. 23 ff.).

Zu prüfen bleibt, ob A bei U Regress nehmen kann, wenn er seinerseits an V bezahlt hat. Auf den ersten Blick erscheint es paradox, dass der Schädiger seinerseits Regressansprüche stellen soll. Aus der Sicht des A ist es jedoch ein Zufall, ob der Schaden bei seinem Arbeitgeber U oder dem Dritten V entstanden ist. Wäre der Betrieb nicht in Mieträumen, sondern in eigenen Räumen untergebracht gewesen, dann wäre der Schaden bei U entstanden, und A hätte, wie oben angeführt, nur ein Viertel des Schadens zu ersetzen brauchen. Deshalb erfordert es die Fürsorgepflicht des Arbeitgebers, dass er auch den Drittschaden anteilmäßig übernimmt.

Voraussetzungen: Ein solcher Regressanspruch verlangt, dass A, wenn er diesen Schaden dem U zugefügt hätte, sich auf die Haftungserleichterung des Arbeitsrechts hätte berufen können. Die Voraussetzungen hierfür wurden bereits oben aufgeführt.

Überprüfung: Sie sind, wie ebenfalls bereits begründet wurde, erfüllt.

Ergebnis: Demgemäß kann A von U in Höhe von ¾ der an V gezahlten 16 000,– € Ersatz verlangen, somit 12 000,– €. Die restlichen 4000,– € muss er allein tragen.

Fall 61 Der verunglückte Tunnelbauer

A ist als Betonbauer bei Tunnelbau-Unternehmer U beschäftigt. Bei Betonarbeiten der Tunnelauskleidung ist er auf einem 6 Meter hohen Baugerüst eingesetzt. Als das Gerüst auf einer Seite im Erdreich einsinkt, stürzt das Baugerüst mitsamt A um. A erleidet mehrere Knochenbrüche und ist ein halbes Jahr arbeitsunfähig. Bei dem Sturz geht außerdem die Brille des A zu Bruch. Die nachträglichen Untersuchungen ergeben, dass der Untergrund für das Gerüst nicht den Unfallverhütungsvorschriften der Bau-Berufsgenossenschaft entsprochen hat.

Frage: Kann A vom Bauunternehmer U Schadensersatz verlangen? A denkt hierbei an ein angemessenes Schmerzensgeld und Ersatz für seine zerstörte Brille.

Lösung:

1. Entscheidungsgrundlage: Ein Schadensersatzanspruch des A könnte aus § 280 Abs. 1 BGB ergeben. Weitere Voraussetzung ist, dass kein Haftungsausschluss nach § 104 Abs. 1 Satz 1 SGB VII zugunsten des Arbeitgebers eingreift.

Voraussetzungen: Diese Grundlagen verlangen:

- Schuldverhältnis
- Pflichtverletzung
- Verschulden
- keine vorsätzliche Herbeiführung des Arbeitsunfalls, § 104 Abs. 1 Satz 1 SGB VII
- kein Wegeunfall, § 8 Abs. 2 Nr. 1 bis 4 SGB VII.

Überprüfung: Zwischen U und A besteht ein Schuldverhältnis, nämlich ein Arbeitsvertrag gem. § 611a BGB.

Hieraus ergab sich für U die vertragliche Pflicht zur Rücksicht auf die Rechte, Rechtsgüter und Interessen seines Arbeitnehmers A (§ 241 Abs. 2 BGB). Dazu gehört insbesondere die Schaffung eines gefahrlosen Arbeitsplatzes. Das bedeutet, dass U mindestens die Unfallverhütungsvorschriften seiner Berufsgenossenschaft einzuhalten hat. Das hat U aber nicht getan.

Diese Pflichtverletzung war auch fahrlässig (§ 276 Abs. 2 BGB). Wer Unfallverhütungsvorschriften nicht einhält, lässt die im Verkehr erforderliche Sorgfalt außer Acht. Der Schadensersatzanspruch wegen Pflichtverletzung besteht somit dem Grunde nach. Er umfasst sowohl den materiellen Schaden, nämlich die Uhr, als auch den immateriellen Schaden, das Schmerzensgeld (§ 253 Abs. 2 BGB).

Diese Schadensersatzansprüche können jedoch an einer Spezialbestimmung des Sozial- und Arbeitsrechtes scheitern, an § 104 SGB VII. Danach wird ein Arbeitgeber von an sich bestehenden Verpflichtungen entlastet, weil er zu laufenden Beiträgen an die Berufsgenossenschaft herangezogen wird.

U hat den Arbeitsunfall nicht vorsätzlich herbeigeführt. U hat nur fahrlässig gehandelt, ohne die Auswirkung seines Fehlverhaltens zu wollen oder zu wünschen.

Der Unfall hat sich am Arbeitsplatz des A und nicht auf dem Weg zur Arbeit ereignet. Es liegt kein Wegeunfall vor i.S.d. § 8 Abs. 2 Nr. 1 bis 4 SGB VII.

Ergebnis: A kann seinen Personenschaden samt Schmerzensgeld nicht von U ersetzt verlangen. A ist insoweit auf Ansprüche gegen die Berufsgenossenschaft verwiesen. Diese gehen aber nicht so weit wie normale Schadenersatzansprüche: Denn ein Schmerzensgeld wird dem A gerade nicht gewährt (vgl. Erfurter Kommentar zum Arbeitsrecht, 23. Auflage, § 104 SGB VII Randnr. 15). Dies mag dem A nachteilig erscheinen, andererseits erlangt er mit der Gesetzlichen Unfallversicherung einen immer solventen Schuldner. Dieser Vorteil überwiegt den Nachteil, kein Schmerzensgeld zu erhalten.

Ein Sachschaden, wie die zerstörte Brille, wird nicht vom Haftungsausschluss des § 104 SGB VII erfasst. Insofern bleibt es bei der Schadensersatzverpflichtung des Arbeitgebers. U muss dem A Schadensersatz für die zerstörte Brille leisten gem. § 280 Abs. 1 BGB.

2. Entscheidungsgrundlage: Schadensersatz könnte auch nach § 823 Abs. 1 BGB begründet sein. Weitere Voraussetzung ist, dass kein Haftungsausschluss nach § 104 Abs. 1 Satz 1 SGB VII zugunsten des Arbeitgebers eingreift.

Voraussetzungen: Diese Grundlagen verlangen:

- Verletzung eines aufgeführten Rechtsgutes
- Widerrechtlichkeit
- Verschulden
- keine vorsätzliche Herbeiführung des Arbeitsunfalls, § 104 Abs. 1 Satz 1 SGB VII,
- kein Wegeunfall, § 8 Abs. 2 Nr. 1 bis 4 SGB VII.

Überprüfung: Gesundheit und Eigentum des A wurden durch den Arbeitsunfall verletzt. Beides sind in § 823 Abs. 1 BGB aufgeführte Rechtsgüter. Die Verletzung geht auch auf U zurück. U hätte durch entsprechende Weisungen und Kontrollen die Gefährdung des A ausschließen müssen.

U hatte kein Recht, Gesundheit und Eigentum des A zu verletzen.

Auch liegt, wie oben bereits dargelegt wurde, Verschulden in Form der Fahrlässigkeit vor.

Allerdings sind die Ansprüche ebenfalls durch den Haftungsausschluss des § 104 Abs. 1 Satz 2 SGB VII ausgeschlossen.

Ergebnis: A hat keine Ansprüche auf Schadensersatz und Schmerzensgeld für seinen Personenschaden. U muss dem A aber Schadensersatz für die zerstörte Brille leisten gem. § 823 Abs. 1 BGB.

Fall 62 Weihnachtsgeld oder nicht?

Unternehmer U hat zu Weihnachten eine Gratifikation in Höhe eines Monatseinkommens gewährt und, wie in den früheren Jahren, mit folgendem Begleitschreiben versehen: „Die Bezahlung des Weihnachtsgeldes erfolgt einmalig und freiwillig in der Weise, dass hieraus für die Zukunft keinerlei Rechtsansprüche hergeleitet werden können".

Nur die Angestellten A und B haben kein Weihnachtsgeld erhalten, weil A auf 31. Dezember gekündigt hat und B dem U nicht sympathisch ist.

Frage 1: Ist der Angestellte A berechtigt, Weihnachtsgeld zu verlangen?

Frage 2: Wie verhält es sich mit dem Angestellten B?

Frage 3: Der Buchhalter X hat unter Einhaltung der Kündigungsfrist des folgenden Jahres zum 31.3. gekündigt. Im Arbeitsvertrag mit U heißt es: „Weihnachtsgeld ist zurück zu zahlen, wenn das Arbeitsverhältnis vor dem 1.6. des Folgejahres endet." Ist U berechtigt, das Weihnachtsgeld von X zurückzufordern?

Lösung Frage 1:

Eine gesetzliche Anspruchsgrundlage gibt es nicht. Auch bietet der Sachverhalt keinen Anhalt für Gratifikationsansprüche aus Tarifvertrag, Betriebsvereinbarung und Einzelarbeitsvertrag. Als Anspruchsgrundlage verbleiben daher allein betriebliche Übung und Gleichbehandlungsgrundsatz.

1. Entscheidungsgrundlage: Zunächst ist die betriebliche Übung zu prüfen.

Voraussetzungen: Ein auf die betriebliche Übung gestützter Anspruch verlangt, dass der Arbeitgeber die Sonderzahlung mindestens dreimal vorbehaltlos gewährt hat (vgl. Erfurter Kommentar zum Arbeitsrecht, 23. Auflage, § 611a BGB Randnr. 240).

Überprüfung: U hat in den vergangenen Jahren das Weihnachtsgeld durch ein Begleitschreiben als „einmalige und freiwillige Leistung ..." gekennzeichnet. Er hat also nicht vorbehaltlos geleistet.

Ergebnis: A hat also keinen Anspruch, weil wegen des Vorbehaltes keine betriebliche Übung entstanden ist.

2. Entscheidungsgrundlage: Nunmehr gilt es, den Gleichbehandlungsgrundsatz zu untersuchen. Die Rechtsprechung hat aus der Fürsorgepflicht des Arbeitgebers und aus § 75 BetrVG den Gleichbehandlungsgrundsatz entwickelt. Das bedeutet, dass ein Arbeitnehmer von seinem Arbeitgeber verlangen kann, mit den übrigen Arbeitnehmern gleichgestellt zu werden.

Voraussetzungen: Dabei wird verlangt, soweit es um freiwillige Leistungen geht:

- Ausschluss einzelner Arbeitnehmer von dieser Leistung
- kein sachlicher Grund für die Differenzierung.

Überprüfung: U gewährt das Weihnachtsgeld allen Arbeitnehmern. Nur A und B werden ausgeschlossen.

A hat zum 31. Dezember gekündigt. Dies kann ein sachlicher Grund sein, der U berechtigt, A anders zu behandeln als seine übrigen Arbeitnehmer, die sich in ungekündigtem

Zustand befinden. Die Weihnachtsgratifikation kann nämlich nicht nur eine Anerkennung für die im vergangenen Jahr geleistete Arbeit sein (Entgeltcharakter), sondern auch einen Anreiz für weitere Dienstleistungen darstellen und die künftige Betriebstreue belohnen. Ist eine solche Mischform des Weihnachtsgeldes gewollt, muss dies aber ausdrücklich vereinbart werden. Fehlt – wie hier – eine solche ausdrückliche Vereinbarung, ist die Sonderzahlung als Zusatz-Entgelt für bereits geleistete Arbeit zu werten. Auf den weiteren Fortbestand des Arbeitsverhältnisses darf es dann nicht ankommen. Die künftige Betriebstreue stellt hier somit keinen ausreichenden Differenzierungsgrund für die Weihnachtsgratifikation dar.

Ergebnis: A hat somit nach dem Gleichbehandlungsgrundsatz Anspruch auf Zahlung des Weihnachtsgeldes.

Lösung Frage 2:

Entscheidungsgrundlage: Auch für B kommt allein der Gleichbehandlungsgrundsatz als Grundlage für seine Gratifikation in Betracht.

Voraussetzungen: Die Erfordernisse hierfür wurden bereits dargestellt.

Überprüfung: Dass B dem U nicht sympathisch ist, stellt keinen sachlichen Grund dar, sondern einen rein persönlichen. Eine derartige willkürliche Behandlung rechtfertigt aber die Differenzierung nicht.

Ergebnis: Da U zur Ungleichbehandlung nicht berechtigt ist, hat er B so zu stellen wie seine übrigen Arbeitnehmer. U ist also verpflichtet, B Weihnachtsgeld in Höhe eines Monatseinkommens zu bezahlen.

Lösung Frage 3:

Entscheidungsgrundlage: Als Anspruchsgrundlage kommen auch für U Gesetz, Tarifvertrag, Betriebsvereinbarung, betriebliche Übung oder einzelvertragliche Vereinbarung in Frage.

Es gibt kein Gesetz, das den Arbeitgeber berechtigt, von seinem Arbeitnehmer die Weihnachtsgratifikation wegen Kündigung zurückzufordern.

Der Anspruch auf Rückzahlung steht U auch nicht auf Grund eines Tarifvertrages, einer Betriebsvereinbarung oder betrieblicher Übung zu; der Sachverhalt gibt hierzu keinen Anhaltspunkt.

Verbleibt als letzte mögliche Anspruchsgrundlage für U die individuelle Vereinbarung.

Eine vertragliche Abrede zwischen U und X ist nach dem Sachverhalt erfolgt. Diese sieht vor, dass die Weihnachtsgratifikation zurück zu zahlen ist, wenn das Arbeitsverhältnis vor dem 1.6. des Folgejahres endet. Fraglich ist, ob diese Klausel wirksam ist. Die Rechtsprechung gibt für die Zulässigkeit von Rückzahlungsklauseln sehr eindeutige Richtlinien vor. Danach dürfen Kleingratifikationen bis zu einem Betrag von 100 EUR brutto überhaupt keiner Rückzahlungsverpflichtung unterworfen werden (BAG NZA

2003, 1032). Beträgt die Weihnachtsgratifikation – wie hier – demgegenüber ein volles Monatsgehalt oder mehr, ist eine Bindung bis maximal zum 30.6. des Folgejahres zulässig (BAG NZA 2003, 617). Hier wurde ein Monatsgehalt mit einer Bindung bis lediglich zum 1.6. vereinbart. Dies ist nach der Rechtsprechung zulässig.

Ergebnis: U kann das Weihnachtsgeld von X aufgrund der getroffenen Vereinbarung zurückfordern.

Fall 63 Entlassung wegen HIV

> Die HIV-Infizierte H wurde zum 1. Juni 2022 von Online-Händler V (200 Arbeitnehmer) als Hilfskraft eingestellt. Sie arbeitete dort zur Zufriedenheit ihres Vorgesetzten. Als sich nach der Weihnachtsfeier 2022 das Gerücht verdichtete, H sei HIV-infiziert und auch der Betriebsrat Klärung wünschte, gab H im Rahmen eines Gesprächs mit der Personalabteilung freimütig zu: Sie habe beim Einstellungsgespräch die Frage nach schwerwiegenden Erkrankungen oder Behinderungen bewusst der Wahrheit zuwider verneint, weil sie nur so eine Chance gesehen habe, den Arbeitsplatz zu erhalten. Sie werde um diesen Arbeitsplatz mit letzter Konsequenz kämpfen.
>
> **Frage:** Kann Online-Händler V, auch gedrängt von einigen Mitarbeitern, H gegen ihren Willen entlassen?

Lösung:

Eine Entlassung könnte aus dreifachem Grunde berechtigt sein: bei berechtigter Anfechtung, bei begründeter fristloser oder fristgerechter Kündigung. Dabei ist die Anfechtung zuerst zu prüfen. Sie führt zur Nichtigkeit des Arbeitsvertrags (vgl. § 142 Abs. 1 BGB), während die Kündigung ein gültiges Arbeitsverhältnis voraussetzt.

1. Entscheidungsgrundlage: Eine Anfechtung könnte sowohl nach § 123 BGB als auch nach § 119 Abs. 2 BGB berechtigt sein. V zieht die Anfechtung nach § 123 BGB vor, weil hier die Rechtsfolgen für ihn günstiger sind (keine Schadensersatzpflicht nach § 122 BGB; längere Anfechtungsfrist, vgl. §§ 124, 121 BGB).

Voraussetzungen: Der Anfechtungsgrund des § 123 BGB verlangt:

- Täuschung
- Arglist
- Ursächlichkeit für die abgegebene Willenserklärung.

Überprüfung: H täuschte V beim Einstellungsgespräch. Sie sagte die Unwahrheit, als sie nach schwerwiegenden Erkrankungen gefragt wurde und darauf ihre HIV-Infektion verschwieg.

Problematisch ist die Arglist. Die Arbeitsgerichte schützen die Intimsphäre des Arbeitnehmers. Daher handelt ein Arbeitnehmer nicht arglistig, wenn er auf eine zu weitgehende Frage mit einer Lüge reagiert. Fragen nach Krankheiten betreffen Persönliches und sind daher nur in engen Grenzen zulässig, nämlich dann, wenn durch die Krankheit die Eignung des Arbeitnehmers jetzt oder in naher Zukunft ernsthaft in Frage gestellt ist. Das ist bei bloßer HIV-Infektion nicht der Fall. Dieser Arbeitnehmer ist, wie H beweist, voll leistungsfähig. Auch besteht für die Arbeitskollegen praktisch keine Ansteckungsgefahr. Anders kann es bei Tätigkeiten wie beispielsweise im medizinischen Bereich sein, bei denen das Risiko einer Berührung mit Blut, Körpersekreten und -flüssigkeiten besteht. Darunter fällt die Tätigkeit der H, Hilfskraft in einem Versandhaus, nicht. Der zukünftige Verlauf einer HIV-Infektion ist unsicher. Eine so ungewisse Möglichkeit, als Arbeitskraft auszufallen, berechtigt einen Arbeitgeber nicht, deswegen schon bei der Einstellung in die Intimsphäre des Arbeitnehmers einzudringen. Zudem stellt nach dem BAG die Frage nach einer HIV-Infektion eine Benachteiligung wegen Behinderung (§ 3 Abs. 1 Satz 1 AGG) dar (BAG, Urt. v. 19.12.2013 – 6 AZR 190/12). H durfte also die HIV-Infektion bei der Frage nach schwerwiegenden Erkrankungen verschweigen.

Ergebnis: Eine Anfechtung nach § 123 BGB ist nicht gerechtfertigt.

2. Entscheidungsgrundlage: Es bleibt die Anfechtungsmöglichkeit nach § 119 Abs. 2 BGB.

Voraussetzungen dafür sind:

- Abgabe einer Willenserklärung
- Irrtum über eine verkehrswesentliche Eigenschaft der Person
- Wesentlichkeit des Irrtums.

Überprüfung: V gab eine Willenserklärung ab, als er den Arbeitsvertrag mit H schloss.

V befand sich dabei im Irrtum über den Gesundheitszustand der H. Dieser Irrtum betraf zwar eine Eigenschaft der H, nicht aber eine verkehrswesentliche. Dazu müsste die verschwiegene Infektion die Leistungsfähigkeit des Arbeitnehmers dauernd erheblich herabsetzen. Das ist, anders als möglicherweise bei einer AIDS-Erkrankung, bei einer bloßen HIV-Infektion nicht der Fall.

Ergebnis: Eine Anfechtung ist daher auch nicht nach § 119 Abs. 2 BGB berechtigt.

3. Entscheidungsgrundlage: Eine fristlose Kündigung als weitere Möglichkeit, H zu entlassen, ist nach § 626 Abs. 1 BGB zu beurteilen.

Voraussetzungen: Diese Norm setzt voraus:

- ein Arbeitsverhältnis
- einen wichtigen Grund.

Überprüfung: Zwischen V und H besteht ein Arbeitsverhältnis, nämlich ein Dienstverhältnis zwischen Arbeitnehmer und Arbeitgeber.

Der wichtige Grund setzt eine erhebliche Pflichtverletzung voraus, die es unzumutbar macht, das Arbeitsverhältnis fortzusetzen. Eine HIV-Infektion, wie sie bei H vorliegt, ist kein wichtiger Kündigungsgrund. Die Infizierte ist, solange die Krankheit nicht ausgebrochen ist, voll arbeitsfähig. Auch besteht für die Arbeitskollegen keine Ansteckungsgefahr. Dass einige Mitarbeiter das anders einschätzen und deshalb auf Entlassung drängen, reicht nicht aus. In einer solchen Situation ist es einem Arbeitgeber zuzumuten, sich schützend vor den HIV-infizierten Arbeitnehmer zu stellen und dem Druck zu widerstehen. Anders mag das dann sein, wenn die Mitarbeiter trotz eingehender Aufklärung Eigenkündigungen androhen, die den Betrieb gefährden würden. Dafür aber gibt der Sachverhalt keinen Anhalt.

Ergebnis: Eine fristlose Kündigung ist also gleichfalls nicht begründet.

4. Entscheidungsgrundlage: Es bleibt die fristgerechte Kündigung, gegen die sich H mit einer Kündigungsschutzklage zur Wehr setzen wird. Ob diese Klage erfolgreich sein wird, richtet sich nach § 1 i.V.m. § 23 KSchG.

Voraussetzungen: Kündigungsschutz setzt danach voraus:

- ordentliche Kündigung durch den Arbeitgeber
- mehr als 10 Beschäftigte
- ununterbrochene Betriebszugehörigkeit für länger als 6 Monate
- keine soziale Rechtfertigung der Kündigung.

Überprüfung: V erwägt eine ordentliche Kündigung.

Online-Händler V hat mit 200 Arbeitnehmern mehr Beschäftigte als § 23 Abs. 1 Satz 3 KSchG verlangt.

Auch gehört H, die zum 1. Juni 2022 eingestellt wurde, zur Zeit der Weihnachtsfeier – Dezember 2022 – schon länger als 6 Monate zu den Arbeitnehmern des V.

Nach alledem hängt der Prozessausgang von der materiellen Voraussetzung ab, ob nämlich die Kündigung nach § 1 Abs. 2 KSchG sozial gerechtfertigt ist. Eine bloße HIV-Infektion ist, anders als möglicherweise eine AIDS-Erkrankung, kein personenbedingter Kündigungsgrund. H ist voll leistungsfähig; für Dritte besteht keine Ansteckungsgefahr. Genauso scheidet eine verhaltensbedingte Rechtfertigung aus. H arbeitet ja zur Zufriedenheit ihres Vorgesetzten. Eine betriebsbedingte Kündigung, die noch bleibt, kann allein mit dem Druck der Mitarbeiter, H zu entlassen, nicht begründet werden. Ein Arbeitgeber muss einem solchen Druck grundsätzlich widerstehen und aufklärend wirken. Das hat V bis jetzt nicht getan. Wenn ein Arbeitgeber damit scheitert, kann eine Kündigung ausnahmsweise berechtigt sein. Dabei würde hier – anders als bei der fristlosen Kündigung – schon eine weniger dramatische Situation für die soziale Rechtfertigung ausreichen.

Ergebnis: Eine Kündigungsschutzklage der H hätte Erfolg. Es gibt keine Handhabe, H zu entlassen.

Fall 64 Kündigung wegen Krankheit

Der Angestellte A ist seit dem 1.2.2018 im Technologieunternehmen des U (1500 Arbeitnehmer) beschäftigt. A ist häufig krank. Er hat im Jahr 2019 an 34 Tagen, 2020 an 46 Tagen, 2021 an 66 Tagen und 2022 an 69 Tagen krankheitshalber gefehlt. Insgesamt hat es sich dabei um 14 Krankheitsfälle gehandelt. Als er sich eines Tages im Mai 2023 nach gerade überstandener erneuter Krankheit wieder zur Arbeit einfindet, bittet ihn der U zu sich und fragt, ob er wieder völlig hergestellt sei. A erwidert wahrheitsgemäß, sein Arzt habe ihm geraten, in nächster Zeit eine Genesungskur zu beantragen. Da A dem betrieblichen Eingliederungsmanagement nicht zustimmt, teilt U dem Betriebsrat mit, dass er beabsichtige, dem A wegen häufiger Krankheit ordentlich zu kündigen.

Der Betriebsrat, zu dem A einen guten Draht hat, erklärt dem U schon am nächsten Tag schriftlich, er erhebe gegen die beabsichtigte Kündigung Widerspruch. Als Begründung wird angegeben, es sei unsozial, einem Arbeitnehmer wegen Krankheit zu kündigen, schließlich könne der A nichts dafür. U spricht gleichwohl fristgerecht die Kündigung aus. A erhebt zwei Wochen später Kündigungsschutzklage beim zuständigen Arbeitsgericht. Ferner beantragt er, das Arbeitsgericht möge den U verpflichten, ihn zu den alten Arbeitsbedingungen weiter zu beschäftigen, „bis die Sache endgültig ausgefochten ist".
Frage 1: Muss U den A bis zur Erledigung des Rechtsstreits weiterbeschäftigen?
Frage 2: Ist die Kündigung des U berechtigt?

Lösung Frage 1:

1. Entscheidungsgrundlage: Ob U den A weiterbeschäftigen muss, beurteilt sich nach § 102 Abs. 5 BetrVG.

Voraussetzungen: Diese Vorschrift verlangt:

- ordentliche Kündigung durch den Arbeitgeber
- frist- und ordnungsgemäßen Widerspruch des Betriebsrates
- Erhebung der Kündigungsschutzklage durch den Arbeitnehmer
- Verlangen nach Weiterbeschäftigung.

Überprüfung: U hat dem A ordentlich gekündigt.

Der Betriebsrat hat dieser Kündigung widersprochen. Der Widerspruch war auch rechtzeitig, nämlich innerhalb der Wochenfrist des § 102 Abs. 2 Satz 1 BetrVG. Er war aber nur ganz allgemein gehalten und nicht auf einen der in Absatz 3 aufgeführten Widerspruchsgründe gestützt. Da der Betriebsrat nur aus bestimmten, im Gesetz aufgeführten Gründen widersprechen kann, gehört es mindestens zur Ordnungsmäßigkeit des Widerspruchs, dass auf einen dieser Gründe Bezug genommen wird. Daran fehlt es hier.

Ergebnis: U braucht also den A über den Ablauf der Kündigungsfrist hinaus nicht zu beschäftigen.

2. Entscheidungsgrundlage: Nach der Rechtsprechung kann auch außerhalb der Regelung des § 102 Abs. 5 BetrVG ein Weiterbeschäftigungsanspruch bestehen. Dieser wird aus dem Arbeitsverhältnis selbst hergeleitet, das ein personenrechtliches Gemeinschaftsverhältnis ist und daher dem Arbeitnehmer nicht nur einen Anspruch auf Lohnzahlung, sondern auch auf Beschäftigung gibt.

Voraussetzungen: Dieser Anspruch besteht im Falle einer Kündigung, wenn

- der Arbeitnehmer Kündigungsschutzklage erhebt,
- der Arbeitnehmer die Weiterbeschäftigung verlangt und
- keine überwiegenden schutzwürdigen Interessen des Arbeitgebers entgegenstehen.

Überprüfung: A hat gegen die ordentliche Kündigung rechtzeitig, nämlich innerhalb der dreiwöchigen Frist des § 4 Satz 1 KSchG, Klage erhoben.

A verlangt von U die Weiterbeschäftigung.

Bei der Frage, ob das schutzwürdige Interesse des Arbeitgebers einer Weiterbeschäftigung entgegensteht, differenziert die Rechtsprechung. Normalerweise soll ein Arbeitgeber nicht das Risiko tragen, dass er trotz eines später gewonnenen Prozesses den Arbeitnehmer über einen längeren Zeitraum weiterbeschäftigen muss. Anders ist es aber bei offensichtlich unwirksamen Kündigungen. Da in solchen Fällen eine Unsicherheit über den Fortbestand des Arbeitsverhältnisses objektiv gar nicht vorliegt, kann sich der Arbeitgeber auf kein schutzwürdiges Interesse berufen. Im gegebenen Fall ist die Kündigung des U nicht offensichtlich unwirksam. Formfehler sind nicht ersichtlich. In materieller Hinsicht können häufige Erkrankungen eine Kündigung sozial rechtfertigen (vgl. dazu die 2. Frage). U hat auch nicht verantwortungslos gehandelt, denn er hat die Krankheitsentwicklung des A über mehrere Jahre hinweg beobachtet, das betriebliche Eingliederungsmanagement nach § 167 Abs. 2 SGB IX angeboten und erst dann seine Kündigung ausgesprochen.

Ergebnis: Auch aus dem Arbeitsverhältnis besteht kein Anspruch auf Weiterbeschäftigung.

Lösung Frage 2:

Entscheidungsgrundlage: Die Berechtigung der Kündigung ist nach § 1 i.V.m. § 23 KSchG zu prüfen.

Voraussetzungen: Danach genießt der Arbeitnehmer Kündigungsschutz unter folgenden Bedingungen:

- ordentliche Kündigung durch den Arbeitgeber
- mehr als zehn Beschäftigte
- ununterbrochene Betriebszugehörigkeit für länger als 6 Monate
- keine soziale Rechtfertigung der Kündigung.

Überprüfung: Eine ordentliche Kündigung des Arbeitgebers U liegt vor.

Die Maschinenfabrik hat die erforderliche Betriebsgröße; sie beschäftigt 1500 Arbeitnehmer.

A ist bereits über fünf Jahre bei U beschäftigt.

Die Frage, ob Krankheit des Arbeitnehmers eine Kündigung sozial rechtfertigt, hat die Rechtsprechung unter folgenden Voraussetzungen bejaht:

- häufige Erkrankungen bei negativer Zukunftsprognose
- erhebliche Beeinträchtigung der betrieblichen Interessen
- Unzumutbarkeit der Fortsetzung des Arbeitsverhältnisses.

Hier liegen bei A wiederholte kürzere Erkrankungen vor. A hat 2015 an 34 Arbeitstagen, 2020 an 46, 2021 an 66 und 2022 an 69 Arbeitstagen gefehlt; dabei handelt es sich insgesamt um 14 Krankheitsfälle. Die Fehlzeiten sind also erheblich; im Durchschnitt der letzten drei Jahre lagen sie über 25 %. Die Krankheitsfälle sind mit einer gewissen Regelmäßigkeit aufgetreten. Auch war die Krankheitsrate in den letzten Jahren ansteigend. Schließlich hat der behandelnde Arzt dem A zu einer Kur geraten. Aus alledem muss man schließen, dass die Gesundheit des A ernstlich und auf Dauer geschädigt ist.

Betriebliche Interessen können zum einen beeinträchtigt sein, wenn Betriebsabläufe nachhaltig gestört werden. Ob das hier der Fall ist, lässt der Sachverhalt offen. Außerdem erkennt die Rechtsprechung die Beeinträchtigung durch erhebliche wirtschaftliche Belastungen in Form von Lohnfortzahlungen an. Dabei hat ein Betrieb als sog. Mindestbelastung eine Lohnfortzahlung von sechs Wochen (30 Arbeitstagen) im Jahr hinzunehmen. Im gegebenen Fall liegen die tatsächlichen Lohnfortzahlungskosten aber erheblich über dieser Belastungsgrenze.

Im Rahmen der Prüfung, ob eine Fortsetzung des Arbeitsverhältnisses unzumutbar ist, muss eine Interessenabwägung vorgenommen werden. Im Interesse des A könnte es liegen, an einen anderen Arbeitsplatz versetzt zu werden, wo seine Ausfälle weniger Auswirkungen haben. Ob das hier möglich ist, erscheint zweifelhaft, zumal der Betriebsrat, der dem A wohlgesonnen ist, auf diesen Gesichtspunkt nicht abgehoben hat. Auf der anderen Seite jedoch sind die erforderlichen Lohnfortzahlungskosten zu berücksichtigen, die durch eine Versetzung nicht verändert werden. Diese erhebliche wirtschaftliche Belastung muss von U nicht hingenommen werden.

Ergebnis: Die Kündigungsschutzklage hat wenig Aussicht auf Erfolg.

Fall 65 Die Einführung von Betriebsferien

Unternehmer U möchte Betriebsferien einführen. Dazu legen U und der Betriebsrat in einer Betriebsvereinbarung schriftlich fest, dass der Betrieb während der ersten drei Wochen der Sommerferien an den Schulen geschlossen wird und alle Mitarbeiter während dieser Zeit ihren Urlaub zu nehmen haben.

Dies führt zu einer gewissen Beunruhigung unter den Beschäftigten, die es bisher als besonderen Vorteil angesehen haben, dass der Urlaub meist nach ihren Wünschen bewilligt worden ist. Besonders Prokurist P, dem U weitgehende Befugnisse erteilt hat, der Angestellte X und der Angestellte Y sind aufgebracht und glauben, dass die Betriebsvereinbarung für sie nicht gelte. P ist der Auffassung, dass eine derartige Regelung für einen Prokuristen unwirksam sei. X, begeisterte Wintersportlerin, möchte ihren Urlaub im Winter nehmen. Sie meint, dass ihre Urlaubswünsche zu berücksichtigen seien, da dies im Gesetz so bestimmt sei. Y bringt vor, dass bei ihm auf Grund seines besonderen Wunsches als einzigem Arbeitnehmer von U im Arbeitsvertrag steht, dass er seinen Urlaub in der Vorsaison nehmen kann. Daran ist ihm besonders gelegen, da er kinderlos ist und den Hauptsaisonrummel scheut.

Fragen: Sind die Auffassungen von P (1), X (2) und Y (3) richtig?

Lösung Frage 1:

Entscheidungsgrundlage: Für den Prokuristen P ergibt sich die Antwort aus § 77 Abs. 4 BetrVG i.V.m. § 5 dieses Gesetzes.

Voraussetzungen: Danach gilt die Regelung über den Betriebsurlaub für P unmittelbar und zwingend, wenn

- eine wirksame Betriebsvereinbarung vorliegt,
- die für den betroffenen Arbeitnehmer Anwendung findet.

Überprüfung: Die Betriebsvereinbarung über die Betriebsferien ist wirksam. Sie ist zwischen den richtigen Partnern abgeschlossen, nämlich zwischen U und dem Betriebsrat (§ 77 Abs. 2 BetrVG); auch ist die gesetzlich vorgeschriebene Schriftform gewahrt (§ 77 Abs. 2 BetrVG). Die Betriebsvereinbarung ist auch inhaltlich möglich. Die Lage des Urlaubs wird üblicherweise nicht durch Tarifvertrag bestimmt (§ 77 Abs. 3 BetrVG).

Das Betriebsverfassungsgesetz findet jedoch nicht auf alle Arbeitnehmer im Betrieb Anwendung. Nach § 5 Abs. 3 Nr. 2 BetrVG ist P als Prokurist ausdrücklich ausgenommen, weil seine Prokura auch im Verhältnis zum Arbeitgeber U weitgehende Befugnisse enthält.

Ergebnis: Die Auffassung von P ist also richtig.

Lösung Frage 2:

Entscheidungsgrundlage: Auch für den Angestellten X ist § 77 Abs. 4 i.V.m. § 5 BetrVG maßgebend.

Voraussetzungen: Die Erfordernisse hierfür sind bereits dargelegt.

Überprüfung: Bei der Bewertung der Wirksamkeit der Betriebsvereinbarung stellt sich hier die zusätzliche Frage, ob die zeitliche Festlegung der Betriebsferien gegen § 7 Abs. 1 BUrlG verstößt. Nach dieser Vorschrift sind die Urlaubswünsche der Arbeitnehmer grundsätzlich zu berücksichtigen. § 7 Abs. 1 BUrlG, worauf sich X beruft, ist zwar zwingendes Recht (§ 13 Abs. 1 Satz 3 BUrlG), sodass dies der Betriebsvereinbarung an sich vorgeht. § 7 Abs. 1 BUrlG macht jedoch von dem Grundsatz, dass die Urlaubswünsche der Arbeitnehmer zu berücksichtigen sind, dort eine Ausnahme, wo dringende betriebliche Belange entgegenstehen. Rechtswirksam eingeführte Betriebsferien begründen solche betrieblichen Belange, hinter denen die individuellen Urlaubswünsche der Arbeitnehmer zurückstehen müssen. Daher verstößt die Betriebsvereinbarung über die Betriebsferien nicht gegen § 7 Abs. 1 BUrlG und ist daher wirksam.

Die Betriebsvereinbarung findet auf X Anwendung. Er ist Arbeitnehmer nach § 5 Abs. 1 BetrVG.

Ergebnis: Die Betriebsvereinbarung gilt somit für X; er hat seinen Urlaub im Sommer zu nehmen.

Lösung Frage 3:

Entscheidungsgrundlage: Auch für den Vorarbeiter Y ist § 77 Abs. 4 i.V.m. § 5 BetrVG einschlägig.

Voraussetzungen: Die Kriterien sind bereits erörtert.

Überprüfung: Bei der Frage, ob die Betriebsvereinbarung wirksam ist, ergibt sich hier zusätzlich das Problem, welches Verhältnis zwischen Betriebsvereinbarung und einzelvertraglicher Abrede besteht. Die Betriebsvereinbarung gilt zwingend (§ 77 Abs. 4 BetrVG). Sie hat insoweit die gleiche Wirkung wie die Rechtsnormen eines Tarifvertrages (§ 4 Abs. 1 Satz 1 TVG). In § 4 Abs. 3 TVG ist diese zwingende Wirkung jedoch auf die Mindestbedingungen zugunsten der Arbeitnehmer beschränkt. § 77 BetrVG beinhaltet dieses Günstigkeitsprinzip für den Arbeitnehmer zwar nicht. Es ist jedoch anerkannt, dass hier § 4 Abs. 3 TVG entsprechend anzuwenden ist. Darüber, welche Regelung im Einzelfall gilt, Vertrag oder Betriebsvereinbarung, entscheidet ein Günstigkeitsvergleich. Maßgebend ist die für den Arbeitnehmer günstigere Regelung. Dies ist für Y sein Arbeitsvertrag. Dort war ihm auf seinen speziellen Wunsch, ohne jeden kollektiven Bezug, als einzigem Mitarbeiter zugesagt worden, seinen Urlaub in der Vorsaison nehmen zu können.

Ergebnis: Da das Günstigkeitsprinzip somit für Y Geltung hat, darf er seinen Urlaub in der Vorsaison nehmen.

Fall 66 Der neue Tariflohn

Arbeitgeberverband und Industriegewerkschaft Metall haben zum 1. März eine 4%ige Lohnerhöhung durch Tarifvertrag ausgehandelt. Die Metallfabrik M, die dem Arbeitgeberverband angehört, hat bisher immer alle Mitarbeiter an einem solchen Tarifabschluss beteiligt. Inzwischen hat sich die konjunkturelle Lage jedoch verschlechtert; es musste schon zweimal Kurzarbeit durchgeführt werden. M möchte daher die Lohnerhöhung dieses Mal nur soweit mitgehen, wie es rechtlich geboten ist.

Drei Problemfälle ergaben sich:

1. Arbeiter A, der Gewerkschaftsmitglied ist, erhielt seit Jahren zum tariflichen Stundenlohn – derzeit 20,– € – einen Erschwerniszuschlag von 2,– €, weil an seinem Arbeitsplatz starker Lärm herrscht. Dieser Zuschlag wurde auf jeder Lohnabrechnung besonders aufgeführt.
2. Arbeiter B, der ebenfalls organisiert ist, bekam zum tariflichen Stundenlohn von 20,– € gleichfalls schon jahrelang 2,– € Zuschlag, der an keiner Stelle als getrennter Lohnbestandteil ausgewiesen wurde. Bei den bisherigen tariflichen Lohnerhöhungen wurde jedoch stets vermerkt, dass die Fortzahlung des Zuschlags von der wirtschaftlichen Leistungsfähigkeit des Unternehmens abhänge.
3. Dem nicht organisierten Arbeiter C wurde bisher ständig, ohne dass dies besonders vereinbart worden wäre, der Tariflohn von zurzeit 20,– € ausbezahlt.

Frage: Zu welchen Lohnzahlungen ist die Metallfabrik M in diesen drei Fällen ab 1. März verpflichtet?

Lösung Frage 1:

Entscheidungsgrundlage: Eine höhere Lohnforderung des A könnte auf Grund des § 4 Abs. 1 TVG berechtigt sein, der festgelegt, dass Tarifverträge die Rechtslage unmittelbar und zwingend verändern.

Voraussetzungen: Diese Bestimmung verlangt:

- die beiderseitige Tarifbindung
- einen gültigen Tarifvertrag
- eine Regelung, die zum normativen Teil gehört.

Überprüfung: Die Metallfabrik M ist Mitglied des Arbeitgeberverbands, der Arbeiter A der Gewerkschaft. Beide Seiten sind damit tarifgebunden (§ 3 Abs. 1 TVG).

Der abgeschlossene Tarifvertrag ist wirksam. Er dürfte schriftlich niedergelegt sein (§ 1 Abs. 2 TVG) und bewegt sich inhaltlich im Rahmen des § 1 Abs. 1 TVG.

Die festgelegte 4%ige Lohnerhöhung gehört zum normativen Teil des Tarifvertrags. Es handelt sich dabei um eine Regelung, die – nach der Aufzählung der §§ 1 Abs. 1, 4 Abs. 1 TVG – den Inhalt des Arbeitsverhältnisses betrifft.

Ergebnis: A hat also ab 1. März Anspruch auf Tariflohn. Das ist ein Stundenlohn von 20,80 €, nämlich 4 % mehr als der bisherige Lohn von 20,– €.

Nachdem A bereits 22,– € erhält, 20,– € Lohn und 2,– € Erschwerniszuschlag, hängt alles davon ab, ob die bisherige übertarifliche Zulage von 2,– € auf den neuen Tariflohn anzurechnen ist oder nicht. Diese Frage kann von vornherein im Arbeitsvertrag geregelt sein. Fehlt es daran, wie hier, so entscheidet der Charakter der Zulage. Relativ selbstständige Lohnbestandteile sind nicht anrechenbar. Die Erschwerniszulage des A gehört hierher. Sie wird als Ausgleich für eine besondere Leistung gewährt, dass nämlich A bei der Arbeit starken Lärm ertragen muss. Auch ist die Zulage in der Lohnabrechnung immer getrennt ausgewiesen worden.

Die Metallfabrik M muss nach alledem A ab 1. März den neuen Tariflohn von 20,80 € sowie weitere 2,– € Erschwerniszulage, zusammen also 22,80 €, bezahlen.

Lösung Frage 2:

1. Entscheidungsgrundlage: Auch hier ist zunächst § 4 Abs. 1 TVG heranzuziehen.

Voraussetzungen: Die Kriterien wurden oben dargelegt.

Überprüfung: Sie liegen bei B, der Gewerkschaftsmitglied ist, in gleichem Maße vor wie bei A.

Ergebnis: Dem B stehen also gleichfalls 20,80 € Tariflohn zu. Da ihm bereits 22,– € ausbezahlt werden, wiederholt sich hier die Frage, ob der bisherige übertarifliche Zuschlag von 2,– € anrechenbar ist oder nicht. Es fehlt an einer vertraglichen Regelung. Auch gibt es keine Indizien, dass es sich dabei um einen relativ selbstständigen Lohnbestandteil handelt. Es erfolgte keine Aufgliederung in der Lohnabrechnung. Auch ist kein besonderer Grund für den übertariflichen Zuschlag ersichtlich, anders als beim Erschwerniszuschlag des A. Der Zuschlag dürfte erfolgt sein, weil es die konjunkturelle Lage des Betriebs erlaubte. Unter diesen Umständen ist eine Anrechnung möglich. Die Metallfabrik M ist aus § 4 Abs. 1 TVG nicht verpflichtet, dem B einen höheren Lohn als bisher auszubezahlen; 22,– € liegen ja noch immer um 1,20 € über dem tariflich gesicherten Lohn.

2. Entscheidungsgrundlage: Es bleibt zu bedenken, ob B unter einem anderen rechtlichen Gesichtspunkt eine Lohnerhöhung erreichen kann. Dabei ist an die von der Rechtsprechung entwickelten Grundsätze zur betrieblichen Übung zu denken.

Voraussetzungen: Ein Arbeitgeber ist nach diesen Grundsätzen zu fortgesetzter Erfüllung verpflichtet:

- wiederholte Leistung
- ohne Vorbehalt.

Überprüfung: Diese Voraussetzungen sind hier nicht erfüllt. Zwar können auch übertarifliche Zuschläge, nicht lediglich die klassischen Gratifikationen wie bspw. Weihnachtsgratifikationen, Gegenstand betrieblicher Übung sein und M ließ wiederholt bei Erhöhungen des Tariflohns den übertariflichen Zuschlag von 2,– € unangetastet. Dies erfolgte jedoch ausdrücklich unter dem Vorbehalt der wirtschaftlichen Leistungsfähigkeit des Unternehmens. B durfte also nicht darauf vertrauen, dass auch bei weiteren Tariferhöhungen sein Zuschlag nicht angerechnet wird.

Ergebnis: Die Metallfabrik M ist also unter dem Gesichtspunkt einer betrieblichen Übung nicht verpflichtet, den Lohn des B über die bisherigen 22,– € zu erhöhen.

3. Entscheidungsgrundlage: Als letzter Aspekt bleibt die Frage der Gleichbehandlung, zu der ein Arbeitgeber unter anderem gem. § 75 BetrVG verpflichtet ist.

Voraussetzungen: Diese Verpflichtung ist bedingt durch:

- eine ungleiche Behandlung von Mitarbeitern
- ohne sachlichen Grund.

Überprüfung: Die Metallfabrik M würde – sollte es bei dem jetzigen Ergebnis bleiben – zwei Mitarbeiter ungleich behandeln; A würde ab 1. März 22,80 € Lohn erhalten, B dagegen nur 22,– €, obwohl beide bisher den gleichen Lohn von 22,– € empfangen hatten.

Für diese ungleiche Behandlung liegt ein sachlicher Grund vor. A erhielt ja den übertariflichen Zuschlag aus einem besonderen Grund, nämlich als Ausgleich für den Lärm, den er an seinem Arbeitsplatz ertragen muss. Einen derartigen Zuschlag bei schlechter wirtschaftlicher Lage des Unternehmens anders zu behandeln als Zuschläge, die allein auf Grund der früheren günstigen Lage des Betriebs gezahlt wurden, ist vernünftig und daher nicht sachfremd.

Ergebnis: Die Metallfabrik M ist also auch nicht nach § 75 BetrVG verpflichtet, dem Arbeiter B den gleichen Lohn wie dem Arbeiter A zu bezahlen. Es gibt nach alledem keinen rechtlichen Gesichtspunkt, unter dem M den Lohn des B ab 1. März erhöhen müsste.

Lösung Frage 3:

1. Entscheidungsgrundlage: Zuerst ist wiederum § 4 Abs. 1 TVG zu prüfen.

Voraussetzungen: Die Kriterien stehen bei Frage 1.

Überprüfung: Der Arbeiter C ist nicht Gewerkschaftsmitglied. Es fehlt also von seiner Seite aus an der Tarifbindung (§ 3 Abs. 1 TVG).

Ergebnis: Die Metallfabrik M ist daher nach § 4 Abs. 1 TVG gegenüber C nicht zur Bezahlung des neuen Tariflohns verpflichtet.

2. Entscheidungsgrundlage: Genau so wenig ist M durch eine betriebliche Übung zu einer Lohnerhöhung ab 1. März verpflichtet. Bei nicht tarifgebundenen Arbeitgebern, wie hier gegenüber C, kann eine betriebliche Übung zur Anpassung der Löhne nur bei Vorliegen deutlicher Anhaltspunkte im Hinblick auf eine dauerhafte Bindung eine betriebliche Übung begründen. Hier ergibt der Sachverhalt keine Anhaltspunkte. Für die ungleiche Behandlung gilt als sachlicher Grund, dass C nicht tarifgebunden ist.

Fall 67 Content-Moderator

X arbeitet seit Oktober 2022 als Content-Moderator für den IT-Dienstleister I-AG. Er erhält einen Bruttomonatslohn von 1700,– €. Außerdem zahlt ihm die I-AG eine Erschwerniszulage von 300,– €. Damit soll ein Ausgleich dafür geschaffen werden, dass zu seinem Job gehört, eine Social Media Plattform auf Video-Inhalte wie Hinrichtungen, Vergewaltigungen, Missbrauch, Hetze etc. zu durchforsten. Dabei bekommt X sehr verstörende Inhalte zu sehen.

Die Einsatzpläne für die Mitarbeiter werden monatlich festgelegt. Danach hat X im Januar 2023 täglich 8 Stunden, also 176 Stunden, im Februar 2023 ebenfalls 8 Stunden täglich, also 160 Stunden und im März 2023, da ein Kollege erkrankte, 10 Stunden täglich gearbeitet. Da X infolge der Überlastung im März gleichfalls erkrankte, fiel er noch im März 2 Tage krankheitsbedingt aus. Im März erbrachte er daher 210 Stunden tatsächliche Arbeit, ohne die 20 Stunden, die er krankheitsbedingt selbst ausfiel.

X ist der zunehmenden, vor allem psychischen Belastung seines Jobs kaum mehr gewachsen und ärgert sich zudem über die „unterirdische" Bezahlung. Er fragt sich, ob er für die drei genannten Monate nicht mehr Lohn verlangen kann.

Frage: Prüfen Sie, ob X für die Monate Januar, Februar und März über den jeweils in Höhe von insg. 2000,– € gezahlten Lohn hinaus Ansprüche zustehen.

Lösung:

1. Entscheidungsgrundlage: Eine höhere Lohnforderung des X könnte sich aus § 1 Abs. 1 MiLoG ergeben.

Voraussetzungen: Diese Bestimmung verlangt:

- wirksames Arbeitsverhältnis
- Anwendbarkeit des MiLoG
- Höhe des Anspruchs.

Überprüfung: Zwischen X und der I-AG besteht ein wirksames Arbeitsverhältnis (§ 611a BGB). Das MiLoG ist auch anwendbar, da es auf alle Arbeitnehmerinnen und Arbeitnehmer, die eine Tätigkeit in Deutschland verrichten, anwendbar ist. Eine der Ausnahmen aus § 22 MiLoG liegt hier nicht vor.

Fraglich ist die Höhe des Anspruchs. Ein Anspruch liegt nur vor, wenn der tatsächlich gezahlte Lohn des X unter den Mindestlohnvorgaben des MiLoG liegt. Das MiLoG sieht nach § 1 Abs. 2 MiLoG für die betreffenden Monate einen Mindestlohn von 12,– € brutto je Zeitstunde vor. Anzurechnen auf den tatsächlich gezahlten Lohn sind dabei alle Zahlungen mit Entgeltcharakter für die geleistete Arbeit. X erhält die Erschwerniszulage gerade für die von ihm zu verrichtende Tätigkeit und ist damit anzurechnen. Ausgangspunkt ist daher insgesamt der von der I-AG für die betreffenden Monate gezahlte Lohn von 2000,– €.

Die I-AG hat umgerechnet auf Zeitstunden damit im Januar 11,36 €, im Februar 12,50 € und im März 9,52 € je Zeitstunde gezahlt. Damit hat X für die Monate Januar und März, nicht aber für Februar einen Lohn unterhalb des Mindestlohns erhalten. Die beiden Tage à je 10 Stunden, die X krankheitsbedingt ausgefallen ist, sind dabei nicht zu berücksichtigen, da das MiLoG nur für tatsächlich geleistete Arbeitsstunden Ansprüche gewährt.

Ergebnis: X hat damit für die Monate Januar und März einen Anspruch auf entsprechenden Differenzausgleich.

2. Entscheidungsgrundlage: Eine höhere Lohnforderung des X könnte sich für den Monat März zudem aus § 611a Abs. 2 BGB i.V.m. § 3 Abs. 1 EFZG ergeben.

Voraussetzungen: Diese Bestimmungen verlangen:

- wirksames Arbeitsverhältnis
- Erfüllung der Wartezeit
- Arbeitsunfähigkeit infolge unverschuldeter Krankheit.

Überprüfung: Ein wirksames Arbeitsverhältnis besteht zwischen X und der I-AG. Auch hat X die vierwöchige Wartezeit (§ 3 Abs. 3 EFZG) erfüllt und konnte seine Arbeitsleistung krankheitsbedingt nicht erbringen. Anhaltspunkte für ein Verschulden von X an seinem krankheitsbedingten Ausfall sind aus dem Sachverhalt nicht ersichtlich. Dieser dürfte vielmehr in der hohen psychischen Belastung zu sehen sein, die die Tätigkeit des X mit sich bringt.

Die Höhe des Anspruchs nach § 4 Abs. 1 EFZG knüpft an die Vergütung an, die X ohne den krankheitsbedingten Arbeitsausfall erhalten hätte. Dies schließt den gesetzlichen Mindestlohn nach dem MiLoG mit ein. Wie oben bereits dargelegt, lag der tatsächlich gezahlte Lohn, den X erhielt, im Monat März unter dem gesetzlichen Mindestlohn.

Ergebnis: X hat also auch für die beiden krankheitsbedingten Ausfalltage Anspruch auf die Differenz zwischen dem tatsächlich gezahlten Lohn und dem gesetzlichen Mindestlohn von 12,– €.

Fall 68 Folgen eines wilden Streiks

Bei den Arbeitnehmern des Unternehmens U sprach es sich herum, dass auf Weihnachten keine Gratifikationen ausbezahlt werden sollen. Ein Teil der Arbeitnehmer war darüber so erbost, dass er für drei Tage in Streik trat, obwohl U ständig auffordern ließ, die Arbeit wieder aufzunehmen. Auch die zuständige Gewerkschaft missbilligte das Verhalten der Streikenden.

Im Laufe dieses Arbeitskampfes sprach U zwei fristlose Kündigungen aus. Diese Maßnahme betraf einmal A, der den Kampf vor allem angezettelt und geschürt hatte. Die Kündigung galt außerdem B, der zunächst weitergearbeitet hatte. Als er aber streikbedingt seine eigene Arbeit nicht mehr durchführen konnte, hatte U von ihm verlangt, den Arbeitsplatz eines Streikenden zu übernehmen.

Frage 1: Ist die Kündigung gegenüber A berechtigt?

Frage 2: Wie steht es mit der Kündigung gegenüber B?

Frage 3: Kann B, der sich am wenigsten mit der Kündigung abfinden will, auch Fortzahlung seines Arbeitslohnes verlangen?

Lösung Frage 1:

Entscheidungsgrundlage: Maßgebend ist § 626 Abs. 1 BGB.

Voraussetzungen: Es wird ein wichtiger Grund verlangt, der vorliegt bei

- erheblicher Pflichtverletzung
- Unzumutbarkeit der weiteren Fortsetzung des Arbeitsverhältnisses.

Überprüfung: Das Bundesarbeitsgericht wertet die Arbeitsniederlegung während des Streiks nur dann als Verletzung der aus dem Arbeitsvertrag hervorgehenden Arbeitspflicht, wenn dieser Streik rechtswidrig gewesen ist. Ein Streik kann einmal dann rechtswidrig sein, wenn er gegen die Friedenspflicht des Tarifvertrags verstößt. Dazu sagt der Sachverhalt nichts. Zum anderen kann sich die Rechtswidrigkeit aus § 823 Abs. 1 BGB ergeben. Ein Streik greift in den eingerichteten und ausgeübten Gewerbebetrieb ein, der als sonstiges Recht anerkannt ist. Die Widerrechtlichkeit – weitere Tatbestandsvoraussetzung des § 823 Abs. 1 BGB – ist dann anzunehmen, wenn der Streik nicht wegen Vorliegens sozialer Adäquanz gerechtfertigt ist. Ein von der Gewerkschaft nicht unterstützter, wilder Streik ist niemals sozialadäquat. Es fehlt hier nämlich die Kontrolle durch die Gewerkschaften, wie sie in unserer Arbeitsverfassung geschichtlich überkommen ist. Danach beteiligte sich A an einem rechtswidrigen Streik; er verletzte damit die Arbeitspflicht. Diese Pflichtverletzung war erheblich; sie erstreckte sich auf drei Tage.

U ist eine weitere Fortsetzung des Arbeitsverhältnisses bis zum Ablauf der Kündigungsfrist nicht zumutbar, nachdem A den Streik trotz der Missbilligung durch die Gewerkschaft und trotz der ständigen Aufforderungen des Arbeitgebers, zur Arbeit zurückzukehren, weiterhin maßgeblich unterstützte.

Ergebnis: Die fristlose Kündigung gegenüber A war also berechtigt. Daran ändert auch der Umstand nichts, dass U anderen streikenden Arbeitnehmern nicht kündigte; der Gleichbehandlungsgrundsatz findet nämlich nach einer Entscheidung des Bundesarbeitsgerichtes auf Kündigungen keine Anwendung. Hinzu kommt, dass A den Streik angezettelt und geschürt hat. Seine Streikbeteiligung kann daher mit der eines bloß schlichten Teilnehmers nicht verglichen werden.

Lösung Frage 2:

Entscheidungsgrundlage: Die Berechtigung der Kündigung richtet sich gleichfalls nach § 626 Abs. 1 BGB.

Voraussetzungen: Die Voraussetzungen für den wichtigen Grund ergeben sich aus Frage 1.

Überprüfung: B könnte gegen die Treuepflicht, der jeder Arbeitnehmer unterworfen ist (§ 241 Abs. 2 BGB), verstoßen haben, als er sich weigerte, den Arbeitsplatz eines Streikenden zu übernehmen. Diese Treuepflicht hat aber Grenzen, die durch Gesetz, Tarifvertrag, Betriebsvereinbarung, Arbeitsvertrag und letztlich durch die Zumutbarkeit gezogen sind. Die Anweisung des U, B solle Streikarbeit verrichten, verletzt diese Grenze der Zumutbarkeit. Einem Arbeitnehmer ist es nämlich nicht zuzumuten, seinen streikenden Arbeitskollegen dadurch in den Rücken zu fallen, dass er deren Arbeit ausführt. B durfte sich daher dieser Weisung widersetzen, ohne seine Treuepflicht zu verletzen.

Ergebnis: Die Kündigung gegenüber B war somit nicht berechtigt.

Lösung Frage 3:

Die Lohnforderung des B könnte auf Grund des § 611 Abs. 1 BGB, § 615 BGB oder den von der Rechtsprechung entwickelten Leitsätzen zum Betriebsrisiko gerechtfertigt sein.

1. Entscheidungsgrundlage: Zunächst ist § 611 Abs. 1 BGB heranzuziehen.

Voraussetzungen: Es wird vorausgesetzt:

- ein Arbeitsvertrag
- die Erbringung der Arbeitsleistung.

Die zweite Voraussetzung ergibt sich aus § 320 BGB; der Arbeitsvertrag ist ein gegenseitiger Vertrag, bei dem die Leistung bis zur Bewirkung der Gegenleistung verweigert werden kann.

Überprüfung: Zwischen U und B war ein Arbeitsvertrag – also ein Dienstvertrag zwischen Arbeitnehmer und Arbeitgeber – geschlossen worden.

B erbrachte keine Arbeitsleistung mehr, weil er seine Arbeit nicht mehr leisten konnte.

Ergebnis: B kann also von diesem Zeitpunkt an keinen Lohn nach § 611 Abs. 1 BGB verlangen.

2. Entscheidungsgrundlage: Für die sich anschließende Zeit, von der Ablehnung der Streikbrecherarbeit an, kommt eine Lohnzahlung auf Grund des § 615 Satz 1 BGB in Betracht.

Voraussetzungen: Nach dieser Bestimmung ist ein Arbeitgeber bei Annahmeverzug zur Lohnfortzahlung verpflichtet. Annahmeverzug setzt nach §§ 293 ff. BGB voraus:

- Angebot der Arbeitsleistung durch den Arbeitnehmer (§§ 294-296 BGB)
- Leistungsbereitschaft und Leistungsfähigkeit des Arbeitnehmers (§ 297 BGB)
- Nichtannahme der Arbeitsleistung durch den Arbeitgeber (§ 293 BGB).

Überprüfung: B hat die Arbeit angeboten (vgl. § 295 BGB). Seine ursprüngliche Arbeit zu erbringen, war B immer bereit. Fraglich ist aber, ob B imstande war, der Arbeitspflicht nachzukommen.

Leistungsfähigkeit könnte man deswegen bejahen, weil B ja bereit und willens war, seine ursprüngliche Arbeit zu verrichten. Leistungsfähigkeit – so könnte man dagegen argumentieren – verlangt mehr, nicht nur den arbeitsfähigen Arbeitnehmer, sondern auch den intakten Betrieb, in dem die Arbeit erbracht werden soll. Daran fehlt es in den Streiktagen. Die Rechtsprechung hat erkannt, dass die Streitfrage, was Leistungsfähigkeit bei Arbeitsverhältnissen bedeutet, vom BGB nicht befriedigend gelöst ist. Die Rechtsprechung hat daher eine eigenständige Lösung entwickelt und abgelehnt, dass Leistungsfähigkeit bestand.

Ergebnis: § 615 Satz 1 BGB scheidet damit als Anspruchsgrundlage auf Lohnfortzahlung für die Streiktage aus.

3. Entscheidungsgrundlage: Nach § 615 Satz 3 BGB muss U die Vergütung in den Fällen weiterzahlen, in denen er das Risiko des Arbeitsausfalles trägt.

Voraussetzungen: Nach der gesicherten Rechtsprechung setzt das voraus

- Betriebsstörung
- nicht entstanden aus der Sphäre der Arbeitnehmer
- keine Gefährdung der Betriebsexistenz durch diese Vergütungsfortzahlung.

Überprüfung: Der Betrieb des U wurde durch den Streik gestört.

Diese Störung ist durch die eigenen Arbeitskollegen des B entstanden. Sie traten in den Streik, der die Weiterbeschäftigung des B unmöglich machte. In einem solchen Fall ist es unter dem Gesichtspunkt der Kampfparität nicht zu rechtfertigen, den Arbeitgeber das Lohnrisiko tragen zu lassen.

Ergebnis: B hat also nach § 615 Satz 3 BGB keinen Vergütungsanspruch für die Streiktage. B kann nur für die Zeit nach dem Streikende Vergütung beanspruchen.

Stichwortverzeichnis

Die Zahlen beziehen sich auf die Nummer des Falles.